KB271758

개혁주의 구원론

개혁주의 구원론

SOTERIOLOGY

• 이 홍 찬 지음

한국학술정보㈜

서 문

　성경은 하나님께서 인간에게 주신 구원을 위한 특별 계시요 예수께서 그리스도(메시아)이심을 믿게 하여 구원에 이르게 하는 생명의 책이다(딤후 3:15). 하나님의 천지 창조의 위대한 역사(창 1:1)에서 시작하는 성경은 인간의 타락(창3장)으로부터 구원 완성의 웅장한 장관(계 21:22)으로 끝나기까지 연속적이며 점진적인 구원 역사의 위대한 드라마이다. 성경은 증언하기를 "이것을 기록함은 너희로 예수께서 하나님의 아들 그리스도이심을 믿게 하려 함이요 또 너희로 믿고 그 이름을 힘입어 생명을 얻게 하려 함이니라."(요 20:31) 그러므로 '하나님의 말씀은 오직 인간이 그 위에 설 수 있는 튼튼한 기초요, 매달릴 수 있는 반석이요, 그의 사상의 출발이요, 그의 지식의 원천이요, 그의 생애의 법칙이요, 그의 길의 빛이요, 그의 발의 등이다.'

　그렇다면 과연 성경이 말하는 구원이란 무엇인가? 또 구원은 우리에게 구체적으로 어떻게 실현되는가? 이러한 두 가지 질문에 대답을 성경에서 찾는 것이 구원론이다. 따라서 본서 내용들은 '진리의 체계를 하나님의 자증적 계시(自證的 啓示)인 신구약성경에서 찾으려는' 개혁주의 신학 원리를 따랐다. 특히 한국 신학계의 보수신학의 거목이신 故박형룡 박사의 '교의신학 전집'을 비롯하여 개혁주의 신학을 대표하는 칼빈(John Calvin), 핫지(A. A. Hodge), 메이첸(John

G. Machen), 바빙크(Herman Bavinck), 벌코프(Louis Berkhof), 머레이(John Murray), 훅크마(Herman Heokema) 등의 저서에서 대부분의 많은 빚을 졌다.

본서의 내용은 2부로 구성되어 있는데 제1부에서는 '구원의 개념'이라는 제목으로 하나님의 구원의 계획과 성경적 구원의 개념, 그리고 각 시대별 및 다양한 교파들의 구원의 서정의 견해들을 다루었다. 제2부에서는 '구원서정의 각론'으로서 주 예수 그리스도께서 완성하신 구원의 역사를 성령께서 우리 각 개인에게 적용시키시는 구원의 순서를 다루었다. 따라서 그리스도의 연합을 기초하여 아홉 가지 구원 서정의 각 의미, 내용, 성질, 특징 등에 대해 자세히 다루었다.

이 책을 출판할 수 있도록 섭리해 주신 하나님께 영광을 드리며, 여러 모양과 모습으로 부족한 사람을 이끄시는 동료 교수님들, 그리고 간절한 기도와 잔잔한 격려로 지원해 준 아내 남경우, 듬직한 믿음의 아들 데이빗, 존귀히 여김을 받는 사랑스런 딸 에스더의 후원에 감사드린다. 무엇보다 이 책이 세상에 널리 읽혀질 수 있도록 기회를 허락하신 한국학술정보(주) 대표이사님과 수고를 아끼지 않으신 직원 여러분께 진심으로 감사를 드린다!

주후 2008년 6월

연구실에서 이 홍 찬

제1부

구원의 개념

구원은 삼위일체 하나님께서 주시는 은혜의 선물이다. 성경에 "나는 여호와라 나 외에는 구원자가 없느니라"(사43:11), 또한 사도 베드로의 설교에서 "이 예수를 너희 건축자들의 버린 돌로서 집 모퉁이의 머릿돌이 되었느니라 다른 이로서는 구원을 얻을 수 없나니 천하 인간에 구원 얻을 만한 다른 이름을 우리에게 주신 일이 없음이니라"(행4:11~12)고 하신 증언에서와 같이 범죄한 인간의 구원은 오직 하나님의 주권적인 사역에 의해 이루어진다. 인간을 구원하시려는 하나님의 뜻은 먼저 영원 전에 삼위일체 하나님의 계획으로 예정되었다. 이 놀라운 하나님의 구원 계획은 성부 하나님께서 창세전에 계획하시고, 성자 하나님께서 십자가에서 성취하신 구원을, 성령 하나님에 의해 각 사람에게 인치심으로 우리의 구원을 적용하신다.

Ⅰ. 하나님의 구원 계획

「구원론」(Soteriology)은 구원을 의미하는 헬라어 「소테리오스」($\sigma\omega\tau$

ἥριος)에서 나온 말이다. 교의신학에서 성령론(Pneumatology)이라 칭하기도 한다. 그 이유는 그리스도께서 성취하신 구속의 사역을 성령께서 우리에게 적용하시는 사역이기 때문이다. 「우리로 그리스도의 사신 구속에 참여하게 하시는 것은 그의 성령께서 우리에게 구속을 효력 있게 적용하심을 인함이다」(소요리문답 29문). 성령의 역사는 속죄를 구원 얻을 자들에게 효력 있게 적용하시는 것이다. 구속의 적용은 성령의 사역임이 틀림없지만 그 목적은 사람을 실제로 구원하려는 목적을 달성하는 것이므로 이러한 관점에서 구원론이라 칭함이 적정하다고 하겠다.

그러나 구원은 삼위 하나님의 역사이다. 그 역사 전체를 가리켜 구원론이라고 하지 않는다. 구원은 삼위 하나님의 합동 사역으로 이루어진다. 이 사실은 구원 역사가 얼마나 위대한 사업인가를 보여준다. 하나님께서 우주를 창조하시는 일에도 삼위가 함께 역사하셨다. 창조에는 성부(고전 8:6), 성자(요 1:3; 골 1:15−17), 성령(창 1:2; 욥26:13; 33:4; 시 104:30; 사 40:12, 13)이 함께 참여하시었다. 그러나 창조는 6일로 끝났다. 인간 구원이라는 이 위대한 역사는 영원 전부터 영원까지 계속되는 삼위 하나님의 역사이다. 하나님은 우리의 구원을 위하여 엄청난 일을 하고 계신다. 그러면 구원을 위한 삼위 하나님의 역사는 각각 무엇이며 그 가운데 무엇이 구원론인가를 살펴보자!

1. 성부—계획

개혁파 신학에서 구원론의 첫머리에 구원의 계획을 고찰하는 것은 자연스러운 일이요 통례이기도 하다. 성경은 우리의 구원을 계획하신 분이 삼위의 구별 없이 하나님이라고 표현하기도 하나(롬 9:13, 18, 21; 11:7; 딤전 2:8), 구원의 경륜에 있어서 구원의 계시, 즉 예정의 주권적 행위는 성부에게 돌려진다. 택한 백성을 성부가 성자에게 주였으며(요 17:6, 9) "우리 주 예수 그리스도의 아버지께서 …… 그 기쁘신 뜻대로 우리를 예정하셨으며"(엡 1:3, 5), "하나님 아버지의 미리 아심을 따라 …… 택하심을 입은 자"(딤전 1:2)라고 성경은 말씀하고 있다. 하나님께서는 죄인들을 구원하시기 위해 독생자를 보내어 그의 대속을 통해 구원하시기로 영원 전에 계획하셨고, 또한 그리스도 안에서 그의 기쁘신 뜻대로 구원할 자를 미리 예정하셨다.

2. 성자―성취

영원 전에 성부께서 계획하신 대로 때가 되매 성육신하신 예수 그리스도의 십자가의 죽으심과 부활을 통해 죄인들의 속죄와 구원을 이루셨다. "그리스도께서 장래 좋은 일의 대제사장으로 오사 …… 자기 피로 영원한 속죄를 이루시었다."(히 9:11, 12) "한 사람의 순종치 아니함으로 많은 사람이 죄인된 것같이 한 사람의 순종하심으로 많은 사람이 의인이 되게 되었다."(롬 5:19) 그러므로 구세주로 오신 예수 그리스도께서 십자가에서 형벌을 받으시고 "다 이루었다"(요 9:30)하시고 돌아가셨다. 이는 곧 성부 하나님께서 계획하신 구원의 길을 성육신하신 성자께서 단번에 성취하시고 완성하신 것이다.

3. 성령—적용

십자가에서 예수 그리스도께서 성취하신 구속의 객관적인 사역을 죄인의 마음과 생활에 주관적으로 적용되어 우리가 구원을 받게 되는 것은 성령께서 하시는 일이다. 그러므로 주님께서 "그가 또 다른 보혜사를 너희에게 주사 영원토록 너희와 함께 있게 하시리니 저는 진리의 영이라 세상은 능히 저를 받지 못하나니 이는 저를 보지도 못하고 알지도 못함이니라. 그러나 너희는 저를 아나니 저는 너희와 함께 거하심이요 또 너희 속에 계시겠음"(요 14:16, 17)이라고 하셨다. 성령은 믿는 자 안에 있어 그들을 중생시키시며(요 3:5), 약속의 성령으로 인치시며(고후 1:22), 하나님을 아바 아버지로 부르짖게 하며(롬 8:15), 마침내 영광으로 영광에 이르게(고후 3:18) 하는 등 구원을 각 개인에게 적용시키는 일을 하신다. 성령께서는 각 개인의 영혼에게 구원을 적용시키시는 대행자로서 하나님의 뜻에 따라 그리스도께서 이루신 구원을 하나님의 택한 사람들의 마음과 삶에 적용시키시고 유효케 하신다.

II. 구원론의 명칭

구원론은 삼위 하나님의 역사 중에 성령의 구원 적용이다. 그러므로 성령의 사역에 의한 구속의 적용을 논하는 이 부분을 구원론이라 칭함이 가정 적정(適正)한 것이다. 이는 교의신학의 체계에서 신론에

서는 작정과 예정에서 인류의 구속을 위한 신적 계획을, 인죄론에서
는 하나님의 형상으로 창조된 인간의 타락으로 죄인된 인류를 위한
구속을 위한 언약적 준비를, 기독론에서는 구주 예수 그리스도를 통
해 성취된 구속의 개관적 사역을, 구원론에서 그리스도께서 조성하
신 구속의 객관적 사역을 성령의 구속 적용을 통해 구원론에서 그
실현을 보이는 것이다. 그러므로 구원론에서는 성령께서 우리 각 개
인에게 그리스도의 구속 효과를 어떻게 적용시키는가 하는 문제를
취급하게 된다. 구원론이란 삼위 하나님의 구원 사역 중에 성령께서
각 개인에게 십자가의 구속 효과를 적용시키는 과정을 논하는 것이
다. 따라서 구원론은 다음과 같은 명칭으로도 불리기도 한다.

1. 성령론

구원론이 「성령론」으로 불리는 이유는 자명하다. 죄인을 대신하여
십자가에서 대속의 죽음을 죽으시고 구원을 성취하신 그리스도의 구
속의 효과를 각 개인에게 적용시켜 실제적으로 구원을 이루어가는
일은 성령께서 하시는 일이기 때문이다. 그러므로 우리로 그리스도
의 성취하신 구속에 참여케 하시는 것은 성령께서 우리에게 구속을
효력 있게 적용하시는 사역의 결과이다. 박형룡 박사는 이 사실을
가리켜 말하기를 "구속이 그리스도에 의하여 조성된 후에라도 성령
의 역사가 없으면 사람들은 여전히 죄악 생활을 계속할 것이니 그리
스도의 속죄는 공연한 일이 되고 말 것이다"라고 하였다.[1] 구원론은
구속 적용론이며 구속 적용은 성령께서 하시는 일이므로 성령론이라

---

[1] 박형룡, *교의신학: 구원론* (한국기독교교육연구원, 1977), 23.

고 칭할 수 있으나 성령론이라는 명칭보다는 구원론이라는 명칭이
더 보편적으로 쓰인다. 왜냐하면 성령론이라고 하면 성령의 속성과
사역 전체를 포함시켜야 하기 때문이다.

2. 구속 적용론

구속 적용론이란 말은 구원론이 무엇인가 그 내용을 좀 더 확실
히 알려 주는 명칭이라고 할 수 있다. 이 명칭은 특히 칼빈주의 구
원관의 특징을 잘 나타내 준다. 왜냐하면 칼빈주의 구원관의 특징은
구원이 인간의 노력에 의하여 이루어지는 것이 아니라 전적인 하나
님의 은혜임을 강조하는데 구속 적용이란 말은 바로 이런 특성을 잘
나타내 주고 있기 때문이다. 포프(Pope)는 이 용어의 사용을 반대하
여 말하기를 "우리는 그리스도의 종결된 사역이 은혜로운 선택에 따
라 각 개인에게 적용된다고 하는 예정론적 오류에 빠질 위험에 처한
다"고 하였다(Pope, Christian Theology, II, p. 319). 이 사실만 보더
라도 이 용어가 얼마나 칼빈주의의 구원관을 잘 묘사해 주고 있는지
를 알 수 있다.

III. 성령의 특별은혜

성자 하나님께서 "은혜와 진리가 충만"하신 분로 나타나신 것같이

(요 1:14), 성령은 "은혜의 성령"이시다.(히 10:29) 성령의 은혜란 널리 우주에 보편하고 깊은 사람의 마음을 감화하는 그의 사역이다. 성경에 의하면 성령의 특별은혜는 만사만물에 넓게 진행하여 자연계와 인생의 세속계와 타락한 인류를 죄에서 건지시는 구속계(救贖界)를 아울러 포함한다. 교의신학에서 세속계에서의 성령의 공작은 보통 은혜라 칭하고, 구속계에서는 그것을 특별은혜라 칭한다. 성령의 특별은혜의 공작은 구원론의 전부를 포괄하는 논제이기도 하다.

1. 성령세례

1) 정화성

신약에서 물세례가 죄를 씻어 깨끗하게 하시는 정화의 의미를 가지며, 성령세례 또한 죄를 제거하여 정화하는 사역인 것이다. 성경은 세례가 영적으로 씻어 깨끗하게 하는 정화를 상징한다는 것을 매우 명백하게 가르쳐 준다.(행 2:38, 22:16; 고전 6:11; 딛 3:5; 히 10:22; 벧전 3:21) 물세례의 의미가 씻어 깨끗하게 하는 것이니 만큼, 성령세례는 죄를 씻어 제거함으로 속사람을 정화함이다.

따라서 개혁파 신학은 세례의 본질을 죄를 씻어 깨끗케 하는 정화라고 주장한다. 그러나 침례교인들은 마가복음 10:38, 39; 누가복음 12:50; 로마서 6:3, 4; 골로새서 2:12에 근거하여 세례는 물 가운데로 내려갔다가 물 가운데서 올라오는 것(침례)이며, 따라서 신자의 영적 죽음과 부활, 즉 중생을 상징하는 것이라 한다. 그러나 앞에서 언급하는 성구들 중에 첫째와 둘째는 그리스도의 미래 수난을 가리키는 표현뿐이요, 셋째와 넷째만이 세례에 완만한 관설을 가지나, 그것은 직접으로 물세례를 말하지 않고 물세례가 대표하는 영적 세례를 논하고 있을 뿐이다. 중생은 영적 죽음과 부활이요, 영적 죽음과 부활은 영적 세례라는 진술에 그치고 만다. 따라서 물세례가 중생을 상징하는 것으로 보면, 중생에도 죄를 제거하여 정화하는 성령의 역사이므로, 성령세례는 죄인의 정화를 목적하는 결론에 이르게 된다. "중생의 씻음과 성령의 새롭게 하심"이라는 성경말씀(딛 2:3:5)은 이 해석을 지지하고 있다. 그러므로 침례교인들의 죽었다가 부활하는 것이 세례의 이념이라고 하는 변론도 결국 성령세례의 정화성을 지시하는 것이다.

2) 최초성

사도행전 2장, 8장, 19장에 의하면 성령세례는 신자의 영적 생활의 최초의 체험이다. 성령세례를 특수하게 말하는 성구 일곱을 살펴보면, 네 구절은 복음서에 있는 세례요한의 예언이요(마 3:11; 막 1:8; 눅 3:16; 요 1:33), 다섯째는 사도행전에 기록되어 있는 예수님의 인용구요(행 1:5), 여섯째는 사도 베드로의 말씀이요(행 11:16), 일곱째는 사도바울의 말씀이다.(고전 12:13) 이 말씀들에 의해 세례의 개념을 살펴보면, 물세례는 성령세례를 상징하는 것으로 그리스도와의 관계에 들어가는 최초의 의식이며 모든 신자들에게 보편적으로 적용되는 것이다. 따라서 물세례의 실체인 성령세례도 최초의 보편적 은혜인 것이다.

3) 보편성

신앙의 발단에서 받는 성령세례는 모든 신자들에게 공통적인 체험이므로 보편적이라고 할 수 있다. 고린도전서 12:12의 "다 한 성령으로 세례를 받아 한 몸이 되었고 또 다 한 성령을 마시게 하셨다"는 말씀은 이 은사의 보편성을 명확히 제시한다. 이와 같은 성령세례는 분리된 요소가 아니라 하나의 요소이며 그리스도의 지체가 되는 수단이므로 모든 그리스도인에게 보편적인 것이다. 은혜언약의 중보이시며 행복을 주는 자이신 주 예수님은 모든 죄의 용서와 성령의 선물을 자기 언약에 참여하는 모든 사람에게 주신다.(John R. W. Stott, *The Baptism and Fullness of the Holy Spirit*; 「성령의 세례와 충만」, p. 10-22)

2. 성령 충만

성도가 성령의 세례로 구원받고 영적 생활을 계속하는 도중에 반복하여 성령의 비상한 은혜를 받게 되는데 이것이 곧 성령의 충만이다. 성령 충만은 성도들의 영적 생활의 전 영역에 중심 요건이며 영적 행복을 영위하게 된다. 성령의 충만은 그 자체에서 정상적이었고, 봉사와 생활을 위한 이중 목적을 가졌다.

1) 정상한 경험

사도시대 성령 충만의 사실들에 이적인 현상들이 동반하거나 따라온 실례들이 있었으나 그 경험 자체는 정상적이었다. 그때에 나타난 이적적인 것은 성령 충만의 성질에 속하지 않으니, 그 경험 자체는 오늘의 성령 충만한 사람에게 오는 경험과 상이하지 않다. 사도시대에 성령 충만에 동반하거나 따라온 이적적인 현상들은 그 특별한 계시의 시대에 독특한 일이었다.

2) 생활과 봉사

스데반과 바나바의 경우에 사용된 「성령이 충만한」이란 말은 원문에는 형용사 「플레레스」(πλήρης)라고 하였으며, 다른 구절에서는 「성령이 충만하여」라고 과거분사(플레데이스)(πληθείς)가 쓰여져 확실히 된 무엇을 지시한다. 첫째는 영혼의 영구한 상태인 성령의 평소적(habitual) 충만을 언급하고, 둘째는 특별한 목적을 위한 특별한 경우의 경험들을 가리킨다. 이는 곧 생활을 위한 충만과 봉사를 위한 충만을 뜻한다.

다시 말하면 어떤 사람이 경건하며 성령이 충만하여 평소에 참으로 중생하고 성화되어 성령에 사로잡힌 생활을 산다는 것을 의미한다. 또한 봉사를 위한 성령 충만이란 어떤 특별한 기회에 어떤 특별한 목적 성취하기에 충분한 성령의 은혜를 소유함을 뜻하는 것으로, F. B. 마이어(F. B. Meyer, A Castaway, p. 100)는 「성령이 충만하여」는 특별한 목적을 위하여 특별한 장비를 갖추는 것을 뜻한다고 하였다.

3) 다른 하나의 행복

성령의 충만은 회심에서 받은 성령의 은사에 추가하여 우리의 가장 깊은 내심에 공작되는 별다른 하나의 영적 행복이다. 그 이유는 첫째로 성령 충만은 성령의 세례와 다르다. 성령세례란 위에서 언급한 '회심에서 받은 은사'요 성령의 충만이란 그 세례의 은사에 추가하여 받는 '다른 하나의 행복'이니 이 둘은 서로 다르다. 둘째로 회심은 중생의 결과이니 중생할 때에 이미 성령세례가 있는 것으로 추정하여야 되며, 성령 받아 중생한 증거는 물세례받기 전에 그리스도를 믿는 신앙을 고백하는 것이다.

신약 성경에 성령세례를 받으라는 호소와 명령은 없고, 성령의 충만에 관하여는 모든 신자들이 계속하여 성령 충만을 받으라는 명령과 권면이 자주 있다. 이 사실은 이미 성령세례를 받은 신자들이 성령으로 충만하여 있지 못한다는 것을 증명하여 준다.

성령세례나 성령충만의 증거는 이적적인 것이 아니라 도덕적인 것이다. 갈라디아서 5:22-23의 성령의 아홉 가지 열매, 에베소서 5:18-21의 성령 충만의 네 가지 표시에서 나타난다. "시와 찬미와 신령한 노래들로 서로 화답하는 것", "마음으로 주께 노래하며 찬송"하는 것, "항상 하나님 아버지께 감사하는 것", "그리스도를 경외함으로 피차 복종하는 것"은 모두 도덕적인 거룩한 생활 행동이다. 성령 충만을 위한 여러 가지 조건들이 신약성경에 직접적으로 진술되었다. 첫째는 하나님의 성령을 근심하게 하지 말라(엡 4:30). 둘째는 성령을 소멸하지 말라(살 5:19). 셋째는 성령으로 행하라(갈 5:16). 즉 성령으로 행하는 것은 성령에 의뢰하는 것을 의미한다. 성령은 성도 안에 내주하여 새롭게 하시며(딛 3:5), 진리를 믿게 하시며(살후 2:13), 모든 것을 가르치시며(요일 2:27), 하나님의 사랑의 성도들의 마음에 부으시며(롬 5:5), 성령의 열매를 맺게 하신다(갈 5:22).

제2장 성경적 구원 개념

성경이 말하는바 구원이란 무엇인가? 「구원」이란 단어는 히브리어에서 「예수아」, 헬라어에서 「쏘테리아」(($\sigma\omega\tau\dot{\eta}\rho\iota\alpha$), 라틴어에서 「살바레」(Salvare), 영어에서는 Salvation으로 나타나 있다. 이 단어는 어떤 위험이나 질병으로부터 구출하는 행위 또는 결과를 뜻한다고 하였다. 이 말은 원래 육체적인 위험이나 질병에서의 건짐을 뜻하였으나 성경에서는 보다 특수한 의미로 승화되어 도덕적, 영적 구원의 의미로 쓰였다.

그러면 성경에서 말하는 구원은 무엇을 말하는가? 이 질문에 답하기 위하여 우리는 다음과 같은 점을 착안해야 할 것이다. 첫째, 하나님의 형상으로 지음 받은 인간은 처음에 어떤 상태에 있었는가? 둘째, 범죄 후 인간은 어떤 위험의 상태에 떨어졌는가? 셋째, 성경에서 말하는 구원이란 그 인간의 전적 부패와 전적 무능의 상태로부터 어떤 상태로의 구원을 말하는가? 이런 순서대로 논리를 전개하면서 성경적 구원 개념을 살펴보기로 하겠다.

Ⅰ. 창조 시의 인간

하나님은 우주 만물을 창조하신 후 인간을 지으실 때 모든 피조물과는 그 생명의 구조상 근본적으로 상이한 독특한 존재로 창조하셨다. 곧 인간 창조에는 하나님의 특별하신 도모가 계셨으니 그 특별하신 도모란 인간은 하나님의 형상으로 지으시기로 하셨다는 것이다. 그러면 하나님의 특별하신 도모 가운데 창조된 인간은 모든 동물들과 다른 어떤 생명의 구조적 특성을 지닌 존재가 되었는가?

1. 창조 면에서 본 구조적 차이점

성경은 인간과 동물의 창조에 관한 기사에서, 그들이 각각 어떻게 다른 방법으로 창조되었는가? 따라서 인간은 다른 동물과는 달리 어떻게 판이한 존재가 되었으며 어떤 특권을 누리게 되었는가를 보여주고 있다. 먼저 인간과 동물의 창조에 관한 성경의 기사를 비교하여 보면 그 차이점을 발견할 수 있다.

* 인간창조: "여호와 하나님이 흙으로 사람을 지으시고 생기를 그
  코에 불어넣으시니 사람이 생령이 된지라."(창 2:7)
* 동물창조: "여호와 하나님이 흙으로 각종 들짐승과 공중의 각종
  새를 지으시고."(창 2:19)

여기에서 우리는 하나님은 인간과 다른 동물을 근본적으로 다른

방법으로 창조하셨고 따라서 그 결과 동물의 생명과는 본질적으로 다른 것임을 알 수 있다. 즉 동물들은 그 재료에 있어서 흙으로만 지으셨고 인간은 흙으로 지으신 후에 하나님의 생기를 불어넣으셨다. 이렇게 지어진 결과는 무엇인가? 동물들은 우리가 보는 대로 육적 생명밖에 없는 존재가 되었으나 인간은 흙으로 지음 받아 육적 생명을 소유하였을 뿐만 아니라 생령 곧 영적 생명을 가진 존재가 되었다. 인간이 영적 생명을 가진 존재가 되었다는 것은 곧 하나님께서 창세기 1:26에서 언급된 하나님의 형상을 따라 인간이 창조되었음을 의미한다.[2] 그러면 인간이 이처럼 하나님의 형상을 따라 영적 생명을 가진 존재가 된 결과 어떤 특권을 누리게 되었는가?

2. 영적 생명을 소유한 인간의 특권

인간이 하나님의 형상[3]에 따라 영적 생명을 가진 존재로 창조되었다는 사실은 인간이 다른 모든 생물과 구별되는 창조의 면류관이요 만물의 영장으로서의 존재가 되었음을 의미한다. 인간은 영적 생명을 가진 결과로 다음과 같은 다른 동물들이 누리지 못하는 특권들을 소유하게 되었다.

---

2) "우리의 형상을 따라 우리의 모양대로 우리가 사람을 만들고"(창1:26).
3) 하나님의 형상으로 창조된 인간은 범죄 이전에는 참지식, 의 거룩, 이성, 양심, 만물 통치권 등 모든 특질 등을 가지고 있었으나 범죄 후에 그 영혼이 타락한 후에는 넓은 의미의 하나님의 형상(참지식, 의, 거룩)은 상실하고(엡4:24, 골3:10), 좁은 의미의 하나님의 형상(이성, 지성, 양심, 만물통치권, 신령한 몸, 불멸성)만 남게 되었다.

1) 영생의 특권

성경은 하나님께만 영생이 있다고 단언하여(딤전 6:16) 영생은 하나님의 본질적 속성들인 것을 분명히 밝혀주고 있다. 그런데 하나님이 영생의 속성을 지니고 있다는 것은 곧 그분이 영이시기 때문이라고 할 수 있다.(요 4:24) 다시 말해서 영적 생명은 본질적으로 죽지 않는 생명이다. 예를 들면 천사와 마귀는 모두 영적 존재인 고로 그 존재가 소멸되지 않는다는 사실을 보아 알 수 있다. 따라서 하나님의 생기로 말미암아 영적 생명을 소유하게 된 인간은 본질적으로 좁은 의미에서 영생하는 존재로 창조되었다. 이 영생은 다른 어떤 동물에서도 찾아볼 수 없는 인간만이 부여받은 특권이었다.

그러나 여기서 말하는 영생이란 단순히 생명의 소멸되지 않는 존속을 뜻하는 것이 아니라 그리스도와 더불어 영원히 누리게 될 지복한 상태의 행복한 삶을 가리킨다는 것이다. 단순한 생명 또는 존재의 지속 상태는 범죄로 말미암아 타락한 이후에도 구원받지 못한 인간은 지옥에 가서 형벌을 받으며 계속될 것이기 때문이다. 전자를 좁은 의미의 영생, 후자를 넓은 의미의 영생이라고 한다. 즉 선한 천사들은 죽음에 굴복하지 않는다는 의미에서 불사적(不死的) 영생적이다. 거룩은 그들의 특징이며 그들은 사람과 함께 천당에 참여한다고 성경은 말한다. 그러나 마귀는 죽지 않고 최종에는 그들의 최종 처소인 지옥에 던지울 것이니(마 25:41), 거기서 영원히 고초를 당할 것이다. 처음 지음 받은 아담과 하와는 죄를 범하기 전에는 죽지 아니하고 영생할 수 있는 복된 상태의 삶이었고(창2:8, 9, 25), 또 우리가 장차 천국에서 누리게 될 영생이란 천국에서 영원토록 누리게 될 영화로운 삶을 가르쳐 주고 있음을 보아 알 수 있다(고전 15:51−56; 계 1:1−7).

2) 하나님과 교제의 특권

인간이 하나님의 형상으로 창조된 영적 생명을 가진 존재인 고로 하나님과 교제하고 영적 세계를 분별할 수 있다는 사실에 대해 성경은 기록하기를 "신령한 일은 신령한 것으로 분별하느니라. 육에 속한 사람은 하나님의 성령의 일을 받지 아니하나니 저희에게는 미련하게 보임이요 또 깨닫지도 못하나니 이런 일은 영적으로라야 분별함이니라."(고전 2:13, 14). 우리는 이 말씀을 깊이 음미하게 되면 다음과 같은 사실을 깨닫게 된다. 신령한 일은 신령한 것으로라야 분별된다는 진리는 영적 세계에서만 통하는 것이 아니라 물질세계와 학문적 정신세계에서도 통하는 원리이다. 다시 말해서 물질세계는 물질적인 것 곧 육안과 육체적인 오관을 통하여만 분별되고 눈에 보이지 아니하는 학문적 진리 세계는 정신적인 것을 이성과 지성으로만 분별된다는 사실이다. 육안의 시력이 아무리 좋아도 머리가 백치가 되면 학문적 진리는 분별할 수 없고 지력이 아무리 높아도 육안이 소경이라면 밤하늘의 아름다운 별들을 감상할 수는 없는 것이다. 이처럼 인간은 영적 생명을 갖고 영안을 소유하고 있음으로써만 그것을 통하여 영적 세계의 진리들을 분별할 수 있는 것이다.

이와같이 "사람은 하나님과 유사한 성질을 가지고 있어 능히 그와 교제할 수 있게 되었다. 사람과 하나님 사이에 있는 성질의 유사는 지상 만물 가운데 인류만이 가진 특징일 뿐 아니라 또한 그들이 하나님을 알 수 있는 재량에 필요한 조건이며 따라서 그들의 종교적 성질의 기초이다"라고 하였다.[4] 따라서 처음 창조된 인간은 영적 생명을 소유하였으므로 하나님을 알고 영적 세계를 분별하며 하나님과

---

4) 박형룡, *교의신학: 인죄론* (은성문화사, 1973), 21.

교제할 수 있었고 한 걸음 더 나아가 영적인 선을 행할 능력을 가
지고 있었다.

3) 만물 통치의 특권

하나님의 형상으로 창조된 인간이 영적 생명을 소유하므로 누리게
된 또 하나의 특권은 만물 통치권이다. 하나님은 인간을 만물의 영
장이요 창조의 면류관으로 창조하신 후 만물의 통치하는 특권을 인
간에게 부여하셨다. 하나님은 사람에게 관(冠) 씌우신 영화와 존귀로
이 만물 치리의 권위를 부여하셨다(시 8:5, 6).

이상에서 보는 바와 같이 인간은 영적 생명을 소유한 존재, 즉 하
나님의 형상으로 창조된 존재이므로 다른 동물들이 누리지 못하는
영생의 특권과, 하나님과의 교제권, 그리고 만물의 통치권을 향유하
는 특권을 가진 독특한 존재가 되게 하셨다(창1:26 - 28).

II. 범죄 후 인간

하나님은 첫 사람 아담을 참된 지식과 의로움과 거룩함을 지닌
하나님의 형상을 따라 창조하신 후에 그와 생명의 언약을 맺으셨다.
그 언약은 아담과 그 후손들에게 완전한 순종을 조건으로 생명이 약
속되었다. 그러나 선악을 알게 하는 나무의 열매를 먹지 말라는 하
나님의 명령에 불순종하여 타락함으로 말미암아 두 가지의 큰 변화

를 받게 되었다.

1. 신분의 변화

아담이 범한 죄는 하나님과 맺은 행위 언약5)의 위반이었다. 이 범죄는 곧 아담과 그의 모든 후손들로 하여금 법정적 정죄에 이르게 하였으니(롬 5:16), 이것은 하나님 앞에서 법적 지위의 변화를 뜻하며 따라서 신분상의 변화를 가져온 것이다. 다시 말해서 인간은 죄의 값 곧 형벌을 받아야 할 자리에 떨어졌고 "본질상 진노의 자녀."(엡 2:3참조) 또는 "마귀의 자식"(요 8:44, 행 13:10)이라는 신분으로 전락되었다.

2. 상태의 변화

아담의 타락은 모든 인간의 법적 지위 곧 신분상의 전락은 필연적으로 그 실질적인 상태의 변화를 가져왔다. 그러면 아담의 타락으로 아담과 그의 모든 후손들은 범죄 후에 어떤 상태에 떨어졌는가?

---

5) A. A. Hodge는 행위언약을 여러 가지 명칭으로 불릴 수 있음을 말하였는데, 첫째는 타락하지 아니한, 또는 자연적인 인간과 맺은 언약이므로 자연 언약, 둘째는 절대적이며 도덕적인 율법에 대한 완전 순종을 조건으로 하기 때문에 율법 언약, 셋째는 인간 자신의 존재와 행위에 대한 한계를 요구하고 있기 때문에 행위 언약, 그리고 넷째는 그 언약을 지킬 때 그에게 영생의 면류관을 씌워주기로 약속한 언약이기에 생명 언약이라고 하였다(A. A. Hodge, *Outline of Theology*, p. 317-18)

1) 하나님과 관계의 변화

신앙생활이란 하나님과 인간의 관계이며 좁은 의미로 말하면 성령
이 내주하시며 하나님과 영적인 교제를 이루는 생활이다. 범죄 이전
의 아담과 하와는 에덴동산에서 하나님과 교제하며 동행하는 가운데
서 행복하게 살았다. 그러나 아담의 죄는 하나님과 아담과의 친밀한
교제의 단절을 초래하였다. "오직 너희 죄악이 너희와 너희 하나님
사이를 내었고 너희 죄가 그 얼굴을 가려서 너희를 듣지 않으시게
함이니."(사 59:2)

하나님은 거룩하신 분이시다. 그의 거룩하심은 특히 도덕적인 악
(惡), 곧 죄와 분리되어 있는 하나님의 윤리적인 거룩함을 뜻한다. 따
라서 죄인이 그 앞에 용납될 수 없다. 그러므로 죄를 범한 "아담과
그 아내가 여호와 하나님의 낯을 피하여 동산 나무 사이에 숨을 수
밖에 없었고"(창 3:8), 또 하나님은 그들을 에덴동산에서 쫓아 내셨
다(창 3:23, 24). 이것은 곧 아담의 범죄의 결과로서 하나님의 진노
와 견책과 저주이었다. 한마디로 말해서 죄는 하나님과 인간 사이에
'단절', 즉 '분리'를 가져왔다. 죄를 범한 인간에게서 하나님의 신은
떠나 버리신 것이다.(창 6:3)

2) 하나님과 이중적 단절

아담의 범죄로 말미암아 하나님과 분리된 인간은, 뿌리에서 단절
된 식물과 같이 은혜와 축복의 공급이 끊겨진 것이다. 이로 말미암
아 창조 시에 창조의 면류관으로 씌어주신 3가지 특권, 즉 영생의
특권과 하나님과의 교제의 특권과 만물 통치의 특권 가운데 두 가지
를 상실하게 되었다. 즉 영생의 특권과 교제의 특권을 상실하였다.

이 세 가지 특권 중에 두 가지만 상실된 이유는 하나님은 죄를 범한 인간에게 형벌을 내리시는 중에도 긍휼과 자비를 남겨두셨으니 이로 말미암아 만물 통치의 특권을 범죄 후에도 빼앗지 않으셨다. 하나님은 범죄 후의 인간에게도 남겨두신 은혜와 축복을 신학적 용어로는 일반은총이라고 한다. 그리고 범죄 후에 상실된 특권들을 그리스도 예수 안에서 다시 회복시켜 주시는 하나님의 은총을 특별은총이라고 한다. 그러면 이 두 가지 단절에 대하여 살펴보자.[6]

① 생명의 단절

'생명'은 본래 하나님에게만 있고(요 1:4, 5:26), 인간은 그에게서 생기를 공급받아 생명을 갖게 되었다.(창 2:7) 그러나 죄는 하나님과 인간 사이를 단절로 말미암아, 인간은 뿌리에서 끊겨진 생명 없는 나무와 같이 되어 버렸다. 따라서 인간은 포도나무인 예수님에게서 분리된 상태에 있으며(요 15:5, 6참조), '저희 총명이 어두워지고 저희 가운데 있는 무지함과 저희 마음이 굳어짐으로 말미암아 하나님의 생명에서 떠나 있게 되었다.(엡 4:18) 그러므로 인간에게는 죽음이 찾아오기 마련이다.(창 2:17; 히 9:27)

② 교제의 단절

창조 시 인간 상태는 영적 생명을 부여받아 신령한 영적 세계를 분별할 수 있는 능력과 아울러 영적 선을 행할 수 있는 능력을 가지고 있었다. 이로 말미암아 인간은 하나님과 그의 뜻을 분별하고 그 뜻을 따라 살았다. 그러나 죄는 인간의 그러한 능력을 상실케 하여 "눈이 있어도 소경이요 귀가 있어도 귀머거리인 백성"(사 43:8)이

---

6) 하문호, *교의신학: 구원론* (한국로고스연구원, 1983), 36-41.

되게 하였다. 그리하여 "깨닫는 자도 없고 하나님을 찾는 자도 없게" 되었으며(롬 3:11), "다 치우쳐 …… 선을 행하는 자는 없나니 하나도 없게" 되었다.(롬 3:11) 또한 에덴동산에서 쫓겨남으로 인해 하나님과 교제의 단절을 가져왔다. 그러면 이제 이 생명의 단절과 교제의 단절이 구체적으로 우리 인간에게 어떤 형태로 그 결과가 찾아오는가를 살펴보자.

3) 생명 단절의 결과

아담이 범죄 후에 하나님의 생명에서 떠난(엡 4:18참조) 결과 영생의 가능성을 가진 특권을 잃게 되었는데 이로 인하여 아담과 그의 후손들에게 3단계의 사망이 찾아왔다.

① 영적 사망(인생의 출생에서)

인간은 이 세상에 출생할 때부터 벌써 영적 생명을 잃어버린 죽은 상태에 있다. 그러므로 성경은 우리가 성령으로 거듭나기 이전의 상태를 가리켜 "너희의 허물과 죄로 죽었던 너희"(엡 2:1)라고 말한다. 예수님께서도 불신자들을 가리켜 '죽은 자들'이라고 하였으니 "가라사대 죽은 자들로 자기의 죽은 자들을 장사하게 하고"(눅 9:60)라는 말씀이 그것이다. 이 말씀에서 "죽은 자들로"라는 말씀은 영적으로 죽은 자들이며 "죽은 자들"이란 말씀은 육적으로 죽은 자를 가리킴이 분명하다. 이처럼 인간은 영적으로 전적으로 부패하여 영적 진리를 분별하거나 영적 선을 전혀 행하기 불능하여 "허물과 죄로 죽었던"(엡2:1) 상태에서 이 세상에 출생한다.

② 육체적 사망(인생의 죽음에서)

성경은 영적 사망 이외에 육체적 사망을 말하고 있으니 이것이 죄로 인한 생명 단절의 두 번째 결과이다. "너는 흙이니 흙으로 돌아갈 것이니라."(창 3:19) "한번 죽는 것은 사람에게 정하신 것이요 그 후에는 심판이 있으리니"(히 9:27)라는 말씀들은 육체적 사망을 가리킨다. 뿐만 아니라 아담의 범죄로 인해 이 땅 위에 사는 동안 일평생 해산의 고통과 또한 땅이 저주를 받아 가시덤불과 엉겅퀴를 냄으로 이마에 땀 흘러 수고하여 소산을 먹는 고통이 따른다.(창 3:16-19) 아담의 범죄로 말미암아 죄는 아담에게만 영향을 미친 것이 아니라 전 인류에게 영향을 미쳤다. 그 결과 그의 성향과 감정과 정서상의 고뇌가 그의 전 심령을 사로잡았고, 죄책감과 빚으로부터 떠나려는 수침감과 공포감을 가져온 것이다.

③ 영원적 사망(내세에서)

하나님과의 생명의 단절은 장차 내세에서 완전하게 실현되는바, 이것을 영원적 사망이라고 한다. 영원적 사망을 성경은 "둘째 사망(계 2:11; 20; 6, 14)이라고 부른다. 이것은 예수 그리스도의 재림 후에 영혼과 육체가 함께 지옥에 들어가 영원토록 지옥 형벌을 받는 것을 뜻한다. 죄인에 대한 하나님의 진노는 이 영원적 사망에서 완전히 내려지며 하나님으로부터의 분리는 완전하며 가장 무서운 고통의 상태이기도 하다. 이러한 영원적 사망은 영적 사망의 최종적 결과라고 할 수 있으며 형벌의 완성이라고 할 수 있다. 이 형벌은 성경의 명백한 증언이기도 하다.(마 25:46; 막 9:43-45; 살후 1:9)

4) 교제 단절의 결과

① 영적 소경

아담이 타락하기 이전에는 신령한 영적 분별력을 가지고 하나님과 교제할 수 있는 특권을 소유하고 있었다. 범죄한 후로는 하나님과 교제할 수 있는 신령한 교제의 능력을 상실하고 말았다. "신령한 일은 신령한 것으로 분별"(고전 2:13)한다. '성령은 모든 것 곧 하나님의 깊은 것이라도 통달"하시기 때문이다.(고전 2:10) 그런데 하나님의 성령은 죄를 범한 인간에게서 떠나 버리셨다.(창 6:3) 따라서 "하나님의 지혜에 있어서는 이 세상이 자기 지혜로 하나님을 알지 못하는"(고전 1:21) 상태에 떨어졌다. 저들은 "하나님 나라를 볼 수 없게" 되었고(요 3:3), 또 영적 진리에 대하여 눈이 있어도 소경이요 귀가 있어도 귀머거리인 백성"(사 43:5)이 되었다. 그러므로 사도바울은 "오히려 그 생각이 허망하여지며 미련한 마음이 어두워졌나니 스스로 지혜 있다 하나 우준하게 되어 썩어지지 아니하는 하나님의 영광을 …… 우상으로 바꾸었다"(롬 1:21-23)고 하였으며, 이사야 선지자는 다시 "그러므로 공평이 우리에게서 멀고 의가 우리에게 미치지 못한즉 우리가 빛을 바라나 어두움뿐이요 밝은 것을 바라나 캄캄한 가운데 행하므로 우리가 소경같이 담을 더듬으며 눈 없는 자같이 두루 더듬으며 낮에도 황혼 때같이 넘어지니 우리는 강장한 자 중에서도 죽은 자 같은지라"(사 59:9, 10)고 하였다. 그러므로 깨닫는 자도 하나님을 찾는 자도 없게 되었다.(롬 3:11)

② 죄의 지배

아담의 타락은 모든 인간이 죄의 종이 되어 외부적 행동뿐만 아니라 인간의 심령 자체를 더럽혀서 어둡고 완악하며 무지하게 만들었다. 그러므로 사도바울은 "선지자들에게 너희가 본래 죄의 종"이었다고 말한다.(롬 6:17) 그리하여 죄는 인간을 '주관'하고 있으며(롬 6:14) "죽기를 무서워하므로 일생에 매여 종노릇하는"(히 2:15) 자들이 되었다. 이것은 악령 곧 "무서워하는 종의 영"(롬 8:15)에게 포로가 되었기 때문이다. 그리하여 인간들은 "감각 없는 자 되어 자신을 방탕에 방임하여 모든 더러운 것을 욕심으로 행하고"(엡 4:19) 있으니, 이런 생활을 가리켜 사도바울은 신자들에게 경고하기를 "유혹의 욕심을 따라 썩어져 가는 구습을 좇는 옛사람"(엡 4:22의 생활이라고 하였다. 죄는 이처럼 인간 속에 들어와서 그 인간의 심령을 '죄의 법 아래로 …… 사로잡아 오는 것"(롬 7:23)이다. 인간은 사단의 종이 된 것이며 죄의 노예가 되어 전적으로 그의 지배를 받고 있는 것이다.

③ 친죄 성향

인간은 타락 후에 얼마나 깊은 죄의 병에 걸렸는가? 성경은 "저희 목구멍은 열린 무덤이요 그 혀로는 속임을 베풀며 그 입술에는 독사의 독이 있고 그 입에는 저주와 악독이 가득하고 그 발은 피를 흘리는데 빠른지라."(롬3;13-15)고 하였다. 아담으로부터 전가된 그 죄가 인간의 전 심령을 부패시켰다. 그럼 이렇게 전 심령이 전적으로 부패한 자들이 얼마나 되는가? 이에 대해 성경은 선언하기를 "의인은 없나니 하나도 없으며 깨닫는 자도 없고 하나님을 찾는 자도 없고 다 치우쳐 한 가지로 무익하게 되고 선을 행하는 자는 없나니 하나도 없도다"(롬 3:10-12). 타락한 인간은 죄의 노예가 되어 그가 시키는 대로 움직이는데 그것도 마지못해 억지로 죄를 짓는 것이 아니라 그 죄에 대하여 매력을 느끼고 또는 쾌감을 맛보면서 그 길로 치닫는 성향을 가지고 있으니 이것은 친죄 성향이다. "하나님의 아들들이 사람의 딸들의 아름다움을 보고"(창 6:2) 세속화되며 저들은 "세상을 사랑"(딤후 4:10)하여서 범죄의 길로 가는 자이며 "강포함을 좋아하는 자"(시 11:5)이며 하나님의 "영광을 변하여 욕되게 하며 허사를 좋아하는"(시 4:2) 자들이며 "저희의 신은 배요 그 영광은 저희의 부끄러움에 두는 자들"(빌 3:19)이다. 죄는 인간에게 "꿀을 떨어뜨림"과 "기름보다 미끄러움"(잠 5:3) 같은 매력을 느끼게 한다. 그러나 그 나중은 쑥같이 쓰고 두 날 가진 칼같이 날카로워 음부에 떨어지게 한다(잠 5:4). 인간은 영적, 육적, 영원적 사망 때문에 현세의 모든 꿈이 공허하게 되며 불안과 공포에 사로잡힌다. 영적 소경이 되어 하나님을 모르고 철학을 연구하고 종교를 만들어 보나 참된 행복의 길을 찾지 못한다. 일평생 죄의 노예가 되어 끌려 다님으로 파멸과 고생이 그 길에 있어 평강의 길을 알지 못한다(롬 3:16, 17).

III. 아담의 죄와 전 인류와의 관계

아담의 범죄가 모든 인간에게 가져온 결과가 무엇인가를 살펴보았다. 아담의 범죄로 말미암아 그의 후손들 곧 전 인류 가운데 얼마나 많은 사람들에게 영향을 미쳤는가? 그 죄는 인간의 심령 전체를 부패시켰으나 또한 전 인류를 부패시켰다. 이를 가리켜 부패의 전체성 또는 부패의 보편성이라 한다. 모든 인간은 하나님께서 그리스도 안에서 조성하신 구원이 모든 인류에게 얼마나 절실히 필요한 것이며, 그 구원의 방도가 얼마나 고귀한 것인가를 깨닫게 된다.

1. 아담의 죄는 전 인류를 사망에 이르게 하였다

하나님은 아담을 참된 지식과 의로움과 거룩함을 지닌 하나님의 형상을 따라 창조하신 후에, 아담과 생명의 언약을 맺으셨다. 그 언약은 선악을 알게 하는 나무의 열매를 먹지 말라 하신 것으로 이는 완전한 순종을 조건으로 하는 생명의 언약이요 율법의 언약이었다. 그러나 아담은 선악과를 따 먹음으로 인해 하나님과의 언약을 파괴하였다. 그 결과는 그에게만 미친 것이 아니라 그의 후손들, 즉 전 인류에게 미쳤다고 성경은 말한다. "이러므로 한 사람으로 말미암아 죄가 세상에 들어오고 죄로 말미암아 사망이 왔나니 이와 같이 모든 사람이 죄를 지었으므로 사망이 모든 사람에게 이르렀느니라."(롬 5:12) 그 이유는 아담은 행위 언약을 하나님 앞에 개인의 자격이 아니라 전 인류의 언약적 대표이었기 때문이다.[7]

2. 아담의 죄는 전 인류에게 두 가지로 영향을 미쳤다

1) 정 죄

아담의 죄는 모든 후손들에게 전가되어 "모든 사람이 죄를 지었으므로"(롬 5:12)라는 말씀은 아담의 최초의 범죄에 모든 후손들이 참여하였음을 의미한다. 또한 " …… 심판은 한 사람을 인하여 정죄에 이르렀다."(롬 5:16) "한 범죄로 많은 사람이 정죄에 이른 것"(롬 5:18)이다. 다시 말해서 아담이 죄를 범함으로 받게 된 정죄 곧 형벌

---

7) Louis Berkhof, *Manual of Christian Doctrine* (Eerdmans, 1965), 145.

은 전 인류에게 똑같이 받게 된 것이다. 그리하여 "죄를 짓지 아니한 자들 위에도 사망이 왕노릇" 하게 되었다.(롬 5:14)

다시말해서, "아담이 범죄할 때 전 인류는 그 안에 배종적(胚種的)으로 존재했던 유기적 단일성으로 말미암아 하나님은 아담의 죄를 직접적으로 그의 모든 후손들에게 전가시키신다. 그때에 전인류의 생명은 아담 안에 있었다. 그들의 실체는 아직 개체화 되지 않았고 그들의 힘은 아직 분배되지 않았었다. 아담의 의지는 종(種)의 의지였다. 아담은 자유로운 행동에서 전인류의 의지가 하나님을 배반하였고 인류의 성질은 자체를 부패하게 했다. 그러므로 아담의 죄는 우리에게 직접적으로 전가되나니 우리 밖에 있는 무엇으로가 아니라 바로 그것이 우리의 것이기 때문이다. 즉 우리와 다른 사람이 하나님의 도덕적 인간 안에 존재했고 그 범죄의 결과로 모든 사람이 죄악된 속성을 가지게 되었다."8) 즉 아담은 하나님과의 행위언약에서 개인의 지격으로 선 것이 아니라 모든 후손들의 언약의 대표, 또는 법적인 대표로 서게 되었다. 이를 사도 바울은 고전 15:22, 45-49에서 아담은 첫째 사람이요, 그리스도는 마지막 아담이라고 했고, 또 "아담 안에서 모든 사람이 죽은 것 같이 그리스도안에서 모든 사람이 삶을 얻으리라(22절)고 했는데 이는 분명 그리스도께서 은혜언약의 대표라고 하면 아담은 분명코 행위언약에서 전 인류의 대표라는 것이다. 따라서 사도 바울은 아담의 범죄로 모든 사람이 범죄하여 정죄 아래 놓이게 된 사실과 그리스도의 의의 한 행동으로 말미암아 칭의받게 되는 사실을 같은 원리로 설명하고 있다.(롬5:12, 19 참조)

---

8) August H. Strong, *Systematic Theology* (Judson, 1976), 619-20.

2) 부 패

아담의 죄는 곧 그와 그 후손들에게 전가되어 모든 심령에 죄책과 부패를 가져와 그들을 주장하는 결과를 초래하였다. 그리하여 인간은 나면서부터 '죄의 종'(롬 6:20)이며, '불의의 병기'(롬 6:13)이며, '마귀의 자식'(행 13:10)이 되었다. 따라서 인간은 "죄악 중에 출생"한다.(시 51:5) 그러면 인간의 심령 속에 들어온 죄는 인간을 어느 정도까지 부패시켰는가?

① 부패의 전체성(정도)

아담의 죄가 후손들에게 전가되어 얼마나 많은 사람들에게 어느 정도 영향을 미쳤는가? 모든 인류는 언약적 대표자인 아담의 범죄로 인하여 완전히 심령이 전체적으로 부패한 것이다. 죄악은 사람의 심령을 부분적으로만 부패시킨 것이 아니라 심령 전체를 부패시켰다. 인간의 심령이 전적 부패하여 영적 진리를 분별하거나 영적인 선을 행하기에 전혀 불능하게 되었다. 성경은 "여호와께서 사람의 죄악이 세상에 관영함과 그 마음의 생각의 모든 계획이 항상 악할 뿐임을 보시고 …… "(창 6:5) 하나님은 한탄하시었다. 또 "만물보다 거짓되고 심히 부패한 것은 마음"이라(렘 17:9)고 하였다. "저희 목구멍은 열린 무덤이요 그 혀로는 속임을 베풀며 그 입술에는 독사의 독이 있고 그 입에는 저주와 악독이 가득하고 그 발은 피 흘리는 데 빠른지라."(롬 3:13 – 15)

② 부패의 보편성(범위)

아담의 죄가 후손들에게 전가되어 부패한 자들이 얼마나 되는가? 죄가 인간의 심령을 전적으로 부패시켰는데 심령이 전적으로 부패하지 아니한 인간은 한 사람도 없다. 그러므로 성경은 "의인은 없나니 하나도 없으며"(롬 3:10), "선을 행하고 죄를 범치 아니하는 의인은 세상에 아주 없느니라."(전 7:20) 이상의 설명에서 우리는 무엇을 알 수 있는가? 이 땅위에 오는 모든 인생들은 하나도 빠짐없이 정죄 아래 놓여 있으며 또한 죄악으로 완전 부패한 심령을 가지고 있다는 사실이다. 그러므로 구원은 누구에게나 필요한 것이면서도 또 자기 힘으로 구원을 이룰 수 없다. "모든 사람이 죄를 범하였으매 하나님의 영광에 이르지 못하게"(롬 3:23) 된 것이다.

Ⅳ. 성경적 구원의 의미

성경은 말하기를 디모데후서 2:19에서 「주께서 자기 백성을 아신다」하였는데 성도 안에 내주하신 성령으로 인치심을 받는다. 성경은 성도의 구원은 사람 편에서 보다 하나님 편에서 알려지는 것임을 말하고 있다. 사도 바울은 선언하기를 「저가 또한 우리에게 인치시고」(고후1:22), 「그 안에서 또한 믿어 약속의 성령으로 인치심을 받았으니」(엡1:13), 「그 안에서 너희가 구속의 날까지 인치심을 받았느니라」(엡4;30). 성경은 성도들에게 구원의 길을 계시하신 하나님의 특별계시이다. 성경이 말하는 「구원」이란 무엇을 뜻하는가?

1. 죄로부터의 구원

하나님의 형상으로 창조된 인간 하나님께서 맺으신 생명의 언약을 어기고 불순종한 결과 아담과 그의 후손들에게 영생의 면류관 대신 죄와 사망의 형벌이 주어졌다. 성경은 죄와 사망과 모든 형벌이 아담을 통하여 세상에 들어왔다고 선언하고 있다(롬 5:12; 고전15:22). 성경이 말하는 구원은 바로 이 죄로부터의 구출인 것이다. 그러므로 주의 사자가 구원자로 이 세상에 오시는 예수님의 성육신을 예고할 때에 "아들을 낳으리니 이름을 예수라 하라 이는 그가 자기 백성을 저희 죄에서 구원할 자이심"(마 1:21)이라고 하였다. 첫 번째 아담이 생명의 언약을 어겼으나 둘째 아담이신 예수 그리스도께서 성육신하셔서 피택자들을 대신하여 그들의 받을 형벌을 대신 받으시고 십자가에 죽으심으로 속죄를 위한 화목 제물이 되심으로 구속의 언약을 이루셨다. 구속주가 되신 예수님의 속죄 사역에 근거하여 모든 피택자들에게 예수그리스도를 믿음으로 말마암아 죄에서 구원받고 하나님의 자녀가 되는 권세를 주셨다. 그러므로 구속언약은 성부와 성자 사이에 맺으신 언약으로 삼위일체의 대표자이신 성부와 하나님의 백성의 대표자이신 성자가 맺으신 언약이다. 성자께서는 자원하여 피택자들의 죄값을 친히 담당하시고, 성부께서는 그것을 조건으로 피택자들에게 구속의 축복을 성자를 통하여 주실 것과 하늘과 땅의 모든 권세를 주실 것을 약속한 언약이라고 할 수 있다(빌 2:9-11). 이 언약은 아담의 범죄로 인하여 사망과 영원한 형벌을 받게 된 인간들 가운데 예정된 자들을 은혜로 값없이 구원하시기 위하여 그리스도안에서 세우신 무조건적인 언약이다. 그러므로 성경은 「너희가 그 은혜로 인하여 믿음으로 말미암아 구원을 얻었나니 이것이 너희에게서 난 것이 아니고 하나님의 선물이라」(엡2:8)고 하였다.

2. 죄의 모든 결과로부터의 구원

아담의 범죄로 인하여 그와 그의 후손들에게 가져온 결과가 무엇인가? 하나님은 범죄한 아담에게 찾아오셔서 뱀과 원수가 되게 하셨고(창 3:15), 여자에게 해산을 고통을 주셨고(창3:16), 땅이 저주를 받아 가시덤불과 엉겅퀴를 내였고, 수고하여야 식물을 얻을 수 있게 되었고(창 3:17, 19), 에덴동산에서 내어 쫓겨남으로 하나님과 영적 교제가 끊겨진 영적 고아가 되었고(창 3:23－24), 필경은 흙으로 돌아가는 죽음의 형벌을 받았다. 따라서 하나님과의 생명의 단절로 인하여 영적 사망과 육체적 사망과 영원적 사망과 함께 생활의 고난이 찾아왔다. 또한 하나님과 교통의 단절로 인하여 영적 소경이 되었으며 죄의 지배 하에 종노릇하며 즐겨 죄를 짓는 성향을 갖게 되었다. 그러므로 구원은 영적 사망, 육체적 사망, 영원적 사망, 영적 소경, 죄의 지배, 친죄 성향으로부터의 구원이다. 다시 말해서 구원이란 죄와 그 죄의 모든 결과로부터의 구원인 것이다.

그런데 여기서 한 가지 주목할 것은 성경에 나타난 구원은 이미 성취된 것으로 말하는 경우도 있고, 현재 진행 중인 것으로 말하는 경우도 있고, 장래에 이루어질 미래의 사건으로 성경에 표현한 경우도 있다. 이러한 성경에 나타난 구원의 개념들을 이해하지 못하면 성경적 구원의 의미를 정립하지 못하였다고 할 수밖에 없다. 그럼 위에서 말한 대로 구원은 이미 성취된 것으로, 현재 진행 중인 것으로, 또 장래에 이루어질 것으로 성경에 표현되고 있는데 그 이유와 성경적 근거를 찾아보기로 보자.

V. 세 가지 의미의 구원

삼위일체 하나님의 구원 계획은 성부께서 구원을 계획하시고, 성자께서 구원을 성취하시고, 성령께서 각 개인에게 구원을 적용하시는 성질에서 해답을 찾게 된다. 즉 성령께서 인간을 죄에서 구원하실 때, 단번에 단일 동작으로 하시는 것이 아니라 죄의 여러 가지 결과로부터 단계적으로 실현하시기 때문에 세 가지 의미의 구원이 있게 된다. 구원에는 과거와 현재와 미래의 세 측면이 있다. 즉 성취된 구원, 현재 진행 중인 구원, 미래에 이루어질 구원 등이다.

1. 성취된 구원

성경에는 성도가 이미 구원을 받은 것으로 증거하고 있다. "너희가 그 은혜를 인하여 믿음으로 말미암아 구원을 얻었나니 이것이 너희에게서 난 것이 아니요 하나님의 선물이라."(엡 2:8) 또한 "우리를 구원하시되 우리의 행한바 의로운 행위로 말미암지 아니하고 오직 그의 긍휼하심을 좇아 중생의 씻음과 성령의 새롭게 하심으로 하셨나니."(딛 3:5) 이러한 성구에서 "구원하시되"라는 말은 헬라어 성경에 「에쏘센」(εσωσεν)으로 나타나 있어 제1부정과거형이다. 이미 성취된 구원으로서 과거적 사건을 의미하는 것이다.

2. 현재 진행 중인 구원

성경에는 성도에게 구원이 아직 완성되지 아니하고 현재 진행 중인 것으로 증거하고 있기 하다. "십자가의 도가 멸망하는 자들에게는 미련한 것이요, 구원을 얻는 우리에게는 하나님의 능력이라."(고전1:18) 이 성구에서 '구원을 얻는'이라는 말은 헬라어 성경에 「보조메노이스」(σωζομένοις)로 나타나 현재 수동형 분사이다. 따라서 이 말은 현재 우리에게 구원의 실현이 진행되고 있음을 나타내 준다. "우리는 뒤로 물러가 침륜에 빠질 자가 아니요, 오직 영혼을 구원함에 이르는 믿음을 가진 자니라."(히 10:39) 이 성구에서 '구원함'이란 말은 헬라어 성경에서 「페리포이에신」(περιποίησιν)으로 나타나 있다. 이 단어는 영어 성경에서 'Salvation'으로 번역되지 않고 'Saving'으로 번역되어 현재 구원이 계속적으로 진행되고 있는 현재적 사건을 뜻한다. 빌립보서 2:12에서 "항상 복종하여 두렵고 떨림으로 너희 구원을 이루라"는 말씀은 하나님께서 너희에게 주신 구원을 "경작하라"(cultivate)는 뜻으로 곧 우리의 삶의 영역 곧 가정생활, 노동, 문화, 예술, 사회생활 전반에 적용하라9)는 의미로서 성도들이 현재적 삶 속에서 이루어야 할 성화적 구원을 의미한다.

3. 미래에 이루어질 구원

"그러므로 모든 더러운 것과 넘치는 악을 내어버리고 능히 너희 영혼을 구원할 바 마음에 심긴 도를 온유함으로 받으라."(약 1:21)

---

9) 최홍석, *구원의 의미와 구원의 확신* (도서출판 두란노, 1993), 24.

이 말씀에서 '너희'는 19절에 "내 사랑하는 형제들" 곧 성도들이다. 그런데 그 성도들의 영혼 구원이 미래적 사건으로 표현되었다. "주께서 나를 모든 악한 일에서 건져내시고 또 그의 천국에 들어가도록 구원하시리니 ……"(딤후 4:18). 이 말씀은 분명히 아직 완성되지 않고 미래에 성취될 구원으로 미래적 사건을 뜻한다. "피조물이 다 이제까지 함께 탄식하며 함께 고통하는 것을 우리가 아나니 이뿐 아니라 또한 우리 곧 성령의 처음 익은 열매를 받은 우리까지도 속으로 탄식하여 …… 우리 몸의 구속을 기다리느니라"(롬8:22~23). 성도들은 개인의 종말 곧 죽을 때에 그 영혼이 천국에 들어감으로서 현재적 구원이 종결되며, 세상의 종말 곧 그리스도께서 재림하실 때에 죽은 몸이 그리스도의 몸과 같이 신령하게 변화됨으로서 영화 곧 미래의 구원이 완성된다. 모든 피조물과 더불어 우리 몸의 구속 곧 구원의 완성을 고대하는 것은 구원의 미래적 사건임을 뜻한다.

VI. 세 가지 의미의 구원 내용

구원은 과거와 현재와 미래의 세 측면이 있으나 본질상 하나의 구원이다. 현재 신앙생활을 하고 있는 성도들에게 이미 얻은 구원이 있고, 현재 구원을 이루어 가는 구원이 있고, 또 장차 미래에 이루어 질 구원이 남아 있다. 그러면 각각 그 내용은 무엇인가? 우리는 앞에서 죄의 결과들에 대해 살펴보았다. 영적 사망, 육적 사망, 영원적 사망, 영적 소경, 죄의 지배, 친죄 성향이 그것이었다. 구원은 바로 이 모든 파생적 결과로부터의 구출인데 그것이 단번에 실현되는 것이 아니라 여러 단계로 실현된다는 사실도 이미 언급하였다. 이제 그 구체적인 내용을 살펴보자.

1. 성취된 구원의 내용

1) 영적 사망과 영적 소경으로부터의 구원-중생

이미 예수 그리스도를 생명의 구주로 영접한 성도들의 입장에서 볼 때, 성령의 주권적이고 초자연적인 사역으로 중생하여 이미 과거에 죄와 허물로 죽었던 영적 생명이 다시 살림 받은 것이며(엡 2:1), 또 성령으로 난 사람은 더 이상 영적 소경이 아니며, 성령의 내주와 인도하심을 받아 하나님 나라 곧 영적 세계의 진리를 분별하게 된다(요 3:3; 고전 2:13~14 참조) 그러면 이 구원은 언제 이루어진 것인가? 이것은 전적으로 성령의 재창조의 사역인 중생으로 말미암은 것이다. 중생은 죄와 허물로 죽었던 영적 생명을 살리시는 일로서 구원을 이루시는 하나님의 특별은혜이다. 주님은 이 사실을 니고데모와의 대화에서 밝혀 주셨다. 사람은 성령으로 거듭나야 하고(요 3:5, 6), 거듭나면 하나님 나라를 볼 수 있고(요 3:3), 또 하나님 나라에 들어갈, 즉 영생을 누릴 자격을 얻은 것이다.(요 3:5)

2) 정죄의 신분으로부터의 구원-칭의, 양자

하나님께서는 정죄 하에 있는 인간들로 하여금 그 자신이 죗값을 지불함이 없이, 그리고 어떤 선행이나 공로 없이 정죄의 신분에서 벗어나 의의 신분, 하나님의 자녀 되는 신분을 얻을 수 있게 하셨으니 그것이 곧 믿음으로 말미암아 의롭다 칭하시고(롬 3:30), 하나님의 자녀가 되는 권세를 주시는 일이다.(요 1:12) 이 칭의는 인간이 예수님을 영접하여 최초 신앙을 가질 때 이루어지며 반복되는 것도 아니며 과정도 아니다. 단번에 즉각적으로 완성되는 것으로 하나님의 법정적 결정에 의해 단행되는 것이다. 마치 성화가 우리 안에서 이루어지는 하나님의 행동이라면 칭의는 우리 밖에서 되는 하나님의 법정에서 우리를 의롭다고 선언하시는 일이다. 따라서 그리스도 예수 안에 있는 자는 결코 정죄함이 없다.(롬 8:1)

양자란 칭의된 자에게 주어지는 자격이다. 성경은 "영접하는 자 곧 그 이름을 믿는 자들에게는 하나님의 자녀가 되는 권세를 주셨으니"(요 1:12)라고 한 것이다. 그리고 하나님의 자녀가 될 권리를 받은 자들은 "혈통으로나 육정으로나 사람의 뜻으로 나지 아니하고 오직 하나님께로서 난 자들이니다."(요 1:13) 양자란 예수 그리스도를 믿음으로 받는 하나님이 값없이 주시는 선물이다. 이것만이 우리에게 하나님을 아버지로 부를 권리와 그 앞에 기쁨으로 나아갈 특권을 얻는 것이다(마 25:34, 41).

2. 현재 진행 중인 구원의 내용

1) 친죄 성향으로부터의 구원 - 성화

죄와 허물로 죽은 심령에 중생의 역사를 일으키시는 성령은 그 심령 속에 새로운 성향을 심어준다. 그것은 곧 성령의 감화 아래 하나님 편으로 향하여 움직이는 생명을 산출하는 것으로 것이다. 이 변화는 온 사람(全人)에게 영향을 미쳐 지력, 의지, 감정에 이르기까지 성령의 소욕을 따르게 이끄신다. 그리하여 육체의 소욕을 거슬러 대적하게 한다.(갈 5:17) 따라서 성령의 소욕은 죄를 미워하게 하며(잠 8:7), 지은 죄를 애통하게 여기며(마 5:4), 회개를 이루게 하신다. 그러나 이런 성향의 변화는 중생에서 시작되나 결코 현세에서 완성되지 않는다. 중생 후에도 친죄 성향은 아직도 남아 있어 순간적으로 범죄의 자리에 떨어지게 한다. 그러므로 사도바울은 이 두 가지 성향이 계속적인 싸움을 하고 있음을 자신의 체험을 통하여 가르치고 있다.(롬 7:17~25) 성령께서는 신자로 하여금 신앙과 회개를 통하여 이 친죄 성향에 대항하여 계속적인 싸움을 하게 하시는데 이것을 「성화」의 과정이라고 하며 이 싸움은 중생에서 시작하여 죽을 때까지 계속된다. 그러므로 구원은 현재 진행 중이라고 말하게 된다.

2) 죄의 지배로부터의 구원 - 성화

죄의 지배로부터 구원은 죄의 성향으로부터의 구원과 같은 것의 양면이라고 할 수 있다. 중생에서 시작된 성령의 역사는 친죄 성향을 바꿔 그것을 미워하게 하고 애통하게 할 뿐만 아니라 '죄의 종' 된 상태에서부터 해방되어 이제는 의에게 종이 되게 하시며(롬 6:18), 성도들로 하여금 하나님께 의의 병기로 드리게 한다.(롬 6:13) 전에는 "죄가 사망 안에서 왕노릇" 하였으나 이제는 "의로 말미암아 왕노릇" 하게 하신다.(롬 5:21) 그러나 죄는 아직도 구원받은 성도들에게 남아 있다. 이 잔존(殘存) 죄를 몰아내는 작업은 일평생 계속되며 결코 현세에서 완성되지 않는다. 이것이 역시 성화의 과정이며 이 축출 작업은 중생에서 시작하여 계속 진행 중이므로 현재 진행 중인 구원이라고 말하게 된다.

3. 미래에 이루어질 구원의 내용

1) 육체적 사망으로부터의 구원 — 부활

육체적 사망은 죄의 결과일 뿐만 아니라 죄에 대한 형벌이었다. 죄의 삯은 사망이다(롬 6:23 참조). 한번 죽는 것은 하나님의 정하신 법칙이며(히 9:27), 성도에게도 육체적 사망이 찾아온다.(시 116:15) 이 육체적 죽음으로부터의 구원은 부활이다. 지금의 육체는 썩을 것이나 썩지 아니할 것으로 살 것이며(고전 15:53), 육의 몸이 신령한 것으로 다시 살 것이다.(고전 15:43) 부활의 시기는 마지막 나팔의 때이며(고전 15:51), 이 세상 마지막 날이며(요 6:39; 11:24), 그리스도의 재림의 때이다.(살전 4:16-17) 그러므로 이 구원은 미래에 이루어질 구원이다.

2) 영원적 사망으로부터의 구원 — 영화

성도가 죽을 때에 그 영혼이 성령에 의해 완전한 정화를 받아 거룩하게 되어 즉시 영광 중에 들어가고 그 몸은 여전히 그리스도께 연합하여 부활할 때까지 무덤에서 쉰다(웨스트민스터 소요리문답 37 참조). 장차 예수 그리스도께서 재림으로 부활 때에는 죽었던 육체가 신령한 몸으로 다시 살아나서 천국에 들어가 영생하게 된다(요 14:2; 계 21:1-3). 신자의 영혼이나 육체가 천국에 들어갈 때는 이미 성령께서 죄로부터 완전히 정화하심을 인하여 죄의 세력과 오염으로부터 제거되고 흠점이 없는 순결한 상태로 변화시켜 주신다.(계 21:26) 이것을 곧 영화의 상태라고 한다. 바울은 그리스도께서 재림하셔서 "만물을 자기에게 복종케 하실 수 있는 자의 역사로 우리의

낮은 몸이 자기의 영광의 몸의 형체와 같이 변케 하시리라"고 했다
(빌3:20,21). 성도는 현세 생활에서 성령에 의해 중생하는 순간에 우
리의 영혼이 생명의 주(主)와 생명적 접촉을 가질 때에 이미 영적
죽음으로부터 해방된다. 그러나 죄의 모든 형벌들이 제거되지 않고
오직 영화에서 흠없는 영혼들과 완전한 신체들이 구원의 원천이신
삼위일체 하나님과의 친밀하고 깨칠 수 없는 교제의 모든 행복들에
허락되어 들어간다. 비로소 우리는 몸과 영혼이 구원을 받아 영화롭
게 되고 영원한 천국의 복락을 누리게 되는 것이다. 이 구원은 미래
에 이루어질 사건이다.

제3장 구원서정

이제 성령께서 우리 각 개인에게 그 구원을 어떤 순서로 적용하시는가를 살펴보려고 한다. 이 순서는 하나님의 제정과 지혜와 은혜에 의해 설치된 것이다. 하나님은 어지러움의 하나님이 아니시오 질서의 조성자이시기 때문이다. 여기에 「구원의 서정」(*ordo salutis*)이 발견할 수 있다. 구원의 서정은 그리스도가 이루신 구속의 객관적 사역이 죄인의 마음과 생활에 주관적으로 실현되는 과정을 묘사한다. 이것은 그리스도 안에 있는 구원의 다양한 행복들이 피택 받은 죄인에게 적용되는 순서이다. 이것은 구속의 사역에서의 성령의 다양한 역사를 논리적으로, 그 상호관계에 의해서 묘사하기로 목적한다. 그러나 이 순서는 구원의 행복들이 명확한 시간의 선후에 따라 죄인에게 주어지듯이 순전히 시간적인 의미로 이해될 것이 아니며, 구속적용에서 하나님이 하시는 바에 있는 것이다. 따라서 개혁파의 구원의 적용순서는 구원의 열쇠가 전적으로 하나님께서 가지고 계신다는 개혁파의 구원관을 바탕으로 배열된다. 그러나 로마카톨릭교회, 루터파, 알미니안주의의 순서들은 구원을 받기 위해 하나님의 은혜의 면보다 인간의 의지나 선행이나 공로에 의존한다는 점에서 개혁파와는 판이하게 구별되고 있다.

Ⅰ. 종교개혁 이전의 구원서정

1. 초대교회의 문헌

구원의 순서를 구성하는 개념들의 배열에 착수한 최초의 사람은 종교개혁자 칼빈이었으나 그 배열에서 명확하지 못하였다(기독교 강요 3장). 그러므로 초대교회의 교부들에게 있어서는 교리적 관심의 초점이 개인의 심령과 생활에 구원이 어떻게 적용되는가 하는 주관적 문제보다도 그리스도의 신분과 사역에 쏠려 있었기 때문에 구원에 관한 교리는 아직 발전되지 못하고 있었다. 우리가 어떻게 구원을 받는가? 이에 대답이 될 만한 교부들의 언급을 참아보면 한마디로 말해서 행함과 그 공로를 강조하는 경향으로 흐르고 있다. 이제 그 예를 찾아보면 다음과 같다. 먼저 클레멘트(Clement)에게서 다음과 같은 말을 들을 수 있다. "그들은 모두 영광을 얻고 높임을 받게 되었는데, 이는 그들 자신의 힘으로나 또는 그들이 행한 의로운 행실에 의하여 된 것이 아니라 하나님의 뜻으로 된 것이다. 그러므로 하나님의 뜻을 좇아 그리스도 안에서 부르심을 받은 우리는 우리 자신의 힘으로 의롭게 되는 것이 아니라, 전능하신 하나님이 모든 사람을 의롭게 하신 믿음에 의해서 의로운 자가 되는 것이다."[10) 여기서 클레멘트는 믿음으로 의롭게 됨을 말하고 있으나 이것은 그 자신에게도 일관된 주장이 못된다. 그 이외에 초대교회 시대의 문헌들을 살펴보면 구원에 있어서 행함과 공로를 강조하는 많은 문구를 발견하게 된다. "선한 일을 행하여 네 죄를 속량하라"11), "너희가 만일 마음을 다하여 주를 의지하고 남은 생애 동안 의를 행하여 주의 못을 따라 그를 온전히 섬기면, 그는 지난 죄를 고쳐 주실 것이다."12) "자선은 참회의 으뜸이 된다. 금식은 기도보다 낫지만 그러나 자선은 그 둘보다 더 나은 것이다. 왜냐하면 자선은 죄의 짐을 가볍게 해 주는 것이기 때문이다."13) "너희가 만일 하나님이 명하신 것보다 더 많이 행하면 너희 자신을 위하여 더 많은 영광을 얻게 되는 것이며 하나님 앞에서 많은 칭찬을 받게 될 것이다."14)

2. 초대 교부들

초대 교부들 가운데 구원을 위하여 성령의 은혜가 필요함을 지적한 이들도 발견하게 된다. 유스티누스(Justinus)는 말하기를 "우리의 모든 공로에 앞서서 우리를 조명하여 믿음으로 인도하는 성령의 은혜가 있다"고 하였다.15) 이레니우스(Irenaeus)는 성부의 뜻을 인간 내

---

10) Clement, I Clement XXXII. ed A. Clement Coxe, Fathers of the Second Century(Grand Rapids: Eerdmans, 1951), 53. 재인용; 하문호, *교의신학 구원론* (한국로고스연구원,1983), 59.
11) Barnabas, XIX, 10. 재인용: 하문호, *op. cit.*, 60.
12) Hermas Mandata, XII, 6.2, J Reling, *Hermas and Christian Prophecy* (Leiden: E. J. Brill, 1973), 27
13) Homily of Clement, Karl Paul Donfield, *The Setting of Second Clement in Early Christianity* ((Leiden: E. J. Brill, 1973), 91.
14) Hermas, Similitude, V.3., ed, A. Cleveland Coxe, *Fathers of the Second Century* (Grand Rapid: Eerdmans, 1951), 33.

부에 실현시키고 우리를 새롭게 하시는 성령의 역사가 필요함을 강조하였다. 그는 말하기를 "성령은 비와 이슬이 땅을 적셔 파토를 만드는 것처럼 인간 심령을 변화시키는 데에도 마찬가지로 필요한 일이다"라고 하였다.[16]

3. Augustinus

성령의 구속 적용에 있어서 어떤 역할을 하는가에 대하여 보다 분명한 실명을 해 주고 있는 사람은 Augustinus이다. 그는 내부적 은혜(Internal grace)를 말하여 구원교리에 현저한 공헌을 한 사람이다. 그는 말하기를 "내부적 은혜는 인간 편에서의 모든 공로보다 우선한다고 하였다. 그리고 이 은혜는 인간의 마음을 조명해 주고 선한 의지를 창조하여 주며 선을 사랑하고 행할 능력을 심어준다"고 하였다.[17] 그러나 Augustinus 시대까지도 구원서정에 관한 교리는 전혀 발전하지 못한 상태이었다.

---

15) Justin Martyr, Dialogue with Trypho Ch. 95, ed Cleveland Coxe, *The Apostolic Fathers* (Buffalo: The Christian Literature Pub. Co., 1885), Vol. I. p. 146, 246.

16) Irenaeus Adversus, *Omnes Haersese Book* III. Ch.17, ed Cleveland Coxe, *The Apostolic Fathers* (Buffalo: The Christian Literature Pub. Co., 1885), Vol. I. p. 444.

17) Augustinus, The City of God, ed. Phillip Schaff, *Nicene and Post Nicene Fathers of Christian Church* (Charles Scrber's Sons, 1887), 412.

4. 스콜라 철학

스콜라 철학에 있어서도 구원서정에 관한 교리는 발전을 보지 못한 상태에 머물러 있었다. 그 중에 롬바르드(Peter Lombard)도 하나님이 어떻게 인간 내부에 구원을 점진적으로 이루시며 완전한 축복의 상태까지 한 단계씩 인도하시는가를 설명하지 못하였다. 그에게서 겨우 성례가 영생을 얻게 할 수 있는 공로적 선행을 가능케 하는 힘을 공급한다는 주장을 찾아볼 수 있을 정도이다.

토마스 아퀴나스(Thomas Aquinas)도 직접 구원서정 문제를 다루지 못하였다. 다만 구원의 서정과 관련하여 생각할 수 있는 몇 가지 질문들을 제시하고 있다. 그의 명저 'Summa Theologica'에서 그는 하나님의 은혜가 어떻게 인간의 마음과 의지에 영향을 미치는가를 설명하였다. 즉 그는 "자연적인 선도 은혜 없이 행할 수 없으나 하나님을 사랑하고 율법을 지키며 영생의 근거가 되는 선과 같은 초자연적인 것은 이 은혜 없이는 전혀 불가능하다고 단언한다. 그는 칭의가 주입은혜에 의하여 성취되는 즉각적 행위라고 가르치며 이 주입은혜를 말하는데 죄의 용서를 가져온다고 하였다. 그리고 그는 또한 협력은혜를 말하는데, 이 은혜는 인간에게 공로적 선행을 할 수 있는 능력을 갖게 한다고 말한다.[18] 오늘 우리 입장에서 볼 때, 토마스 아퀴나스의 이론은 결함이 있음을 알게 된다. 주입은혜를 그가 말할 때 그 은혜의 내용은 그리스도께서 성취하신 십자가의 구속으로 말미암은 것임을 지적하지 못하였고 지금도 하늘에서 중재대언사역을 하고 계신 그리스도를 바로 구원과 연결시켜 설명하지 못한 점이다. 그의 이론을 따르는 한, 그리스도의 구속은혜와 현재 우리에게

---

18) Thomas Aquinas, *Summa Theologica*, Pars I. Q, 105, 109~114.

이루어진 은혜 사이에 아무 관계도 없는 것이 되고 만다.[19]

5. 종교개혁시대

종교개혁자들에 의해서 로마카톨릭교회의 신앙, 회개, 선행관의 비평으로부터 출발하면서 그리스도 안에 있는 새 생활의 기원에 집중되므로 인해 구원서정의 문제는 본격적인 관심의 대상이 되었다. 그것은 루터가 로마카톨릭교회를 반대하여 종교개혁의 기치를 높이 든 이유가 바로 로마카톨릭교회의 고해 제도에 반대하여 믿음으로 말미암은 칭의를 부르짖은 때문이었다. 다시 말해서 이신득의란, 구원의 서정에 속한 문제이며 루터가 이 진리를 종교개혁의 표어로 들고 나오자 로마카톨릭교회에서도 이에 대한 관심을 돌리지 않을 수 없었고, 따라서 그 이후에는 계속해서 구원서정 문제가 신학적 관심의 초점으로 발전하게 되었다. 종교개혁에 자극을 받아 로마카톨릭교회 자체 내의 반종교개혁의 집약적 표현은 1545년부터 1563년까지 열려 로마카톨릭교회의 모든 교리를 재정립한 트렌트회의(The Council of Trent)이었다. 트렌트회의 회원들은 신앙, 구의, 참회, 은혜, 공로 등의 교리에 보다 깊은 관심을 기울였다. 그러나 이들은 올바른 구원서정교리를 발전시키는 데 기여하지 못하였다. 그들은 교회론과 성례론에 더욱 강조점을 두어 구원문제를 성령으로 말미암는 은혜임을 강조하지 못하였다. 초기 개혁자들만 놓고 본다면 역시 그들 중에도 교원서정 문제를 조직적으로 또는 전체적으로 다룬 사람은 없었다.[20]

---

19) Herman Kuiper, *By Grace Alone* (Eerdmans, 1955), 18.

루터는 구원방법을 회개, 신앙, 선행의 3단계를 말했고 칼빈은 기독교 강요에서 주관적 구독교리를 말함으로써 다른 사람보다 뛰어난 점이 있었다. 끝으로 말해둘 것은 *"Ordo Salutis"*라는 용어를 처음 사용한 것은 1737년 루터파의 학자 칼포브(Jakob Carpov)에 의하여서였다는 사실이다.[21]

II. 로마카톨릭교회의 구원서정

엄밀히 말하면 로마카톨릭교회는 성령이 사람의 영혼에 직접 역사하심으로 구속을 적용하신다는 의미의 구원 서정의 교리를 가지고 있지 않다. 종교개혁자들이 로마카톨릭교회를 공격한 초점의 하나가 고해제도 등 공로에 의한 구원이었기 때문에 로마카톨릭교회는 자연히 이에 대한 대답이 필요하였다. 이런 목적을 내포한 로마카톨릭교회의 움직임은 트렌트회의로 나타났고 거기에서 로마카톨릭교회의 구원서정에 관한 교리들이 확정하기에 이르렀다.

---

20) *Ibid.*, 18−19.
21) *Ibid.*, 20.

1. 구원 서정의 내용

1) 충족 은혜(*Sufficens Gratia*)

로마카톨릭교회는 개인의 구원이 실현되는 과정을 3단계로 설명한다. 첫째 단계로 충족 은혜는 교회 밖에서 들어온 성인들이 세례를 받기에 적합한 마음의 자세가 되도록 연도하는 초보적, 예비적 은혜를 말한다. 이 충족은혜로 말미암아 갖게 되는 신앙은 개혁자들이 말하는 신앙이 아니다. 이 신앙은 단순히 교회의 가르침을 지적으로 찬동하는 행위로 칭의 받는 신앙이 아니다. 칭의는 오직 그다음에 세례를 받을 때 주입되는 은혜로 말미암는다.[22]

2) 주입 은혜(*Gratia Infusia*)

두 번째 단계로 주입은혜는 신자가 세례를 받을 때 은혜와 공로가 그 사람에게 기계적으로 주입되어 원죄와 과거의 죄를 사함받고 하나님의 의자(義子)가 되게 하는 은혜를 말한다.[23] 그러므로 로마카톨릭교회에 의하면 이 성례를 떠나서는 구원이란 있을 수 없고 성례는 곧 구속 적용에 있어서 성령의 활동을 실제로 행하게 하는 마술적인 힘을 가진 것이다.[24] 그리고 이 주입은혜를 자세히 살펴보면 교회 안에서 출생한 어린아이는 세례를 받음으로써 주입은혜로 칭의된다.[25] 교회 밖에서부터 온 성인들은 칭의될 수 있는 이 주입은혜를 받으려면 먼저 충족은혜를 받아야 한다. 즉 그들이 말씀에 접하게

---

22) 하문호, *op. cit.*, 67.
23) 윤형중, *상해천주교요리* 하권 (경향잡지사, 1961), 103.
24) Schultz, *Studien und Kritiken;* 재인용, 하문호, op. cit., 68.
25) 윤형중, *op.cit.*, 114.

될 때에 하나님이 먼저 성경으로 그 마음을 조명하고 의지를 강화하게 하는 예비적 은혜를 받게 된다. 이 은혜는 인간 편에서의 어떤 공로 없이 주어진다. 이 은혜로 말미암아 그들은 하나님께서 계시하시고 약속하신 바를 믿게 되고 자기가 죄인인 것을 깨닫게 된다. 그리고 세례받을 마음의 준비를 갖추게 된다. 그리하여 그가 세례를 받게 되면 주입되는 은혜로 말미암아 구죄함을 받아 칭의되고 하나님의 자녀가 된다.[26] 이것을 다음에 말하는 협력은혜로 말미암아 주어지는, 곧 선행에서 비롯되는 칭의와 구별하여 제일칭의라 하고 주입은혜는 상존은총, 협력은혜는 조력은총이라고 부른다. 그리고 상존은총은 그 이후의 생활 여하에 따라 상실될 수 있는 것으로 말한다.[27]

3) 협력 은혜(*Grotia Cooperans*)

세례에서 주입 은혜로 말미암아 제일칭의를 받은 사람은 날마다 새로워지고 거룩함으로 나아가지 아니하면 안 된다. 이것은 응분의 공로로 인정받게 될 선행을 쌓는 일을 말하며, 선행은 힘을 돕는 하나님의 은혜에 인간이 계속하여 협력하여 쌓을 수 있다. 그러므로 로마카톨릭교회 요리는 "협력은혜는 우리 영혼의 힘을 돕는 초자연적 은혜이니 이로써 천주는 때를 따라 우리 영혼을 비추시며 그 마음을 움직이사 선을 행하고 악을 피하여 천당 영복을 얻게 하시느니라"고 하였다.[28] 만일 주입은혜를 받은 자가 대죄 하나만이라도 범하면 그 은혜는 "곧 잃어버리게 된다."[29] 잃어버린 주입은혜 곧 상

---

26) Loraine Boettner, *Roman Catholicism* (Bamer, 1977);재인용 하문호, *op. cit.*, 68.
27) 윤형중, *op. cit.*, 24.
28) *Ibid.*
29) *Ibid.*

존은총을 회복하는 것은 "고해나 혹 상등통회"이다.[30]고해란 영세받
은 후로 범한 모든 죄를 신부 앞에 고하여 신부의 구죄로 죄사함받
는 것이며, 상등 통회란 천주 사랑하는 마음으로 죄를 뉘우침이니,
내 죄로 인하여 만유보다 사랑하여야 할 지선하신 천주께 욕되게 한
것을 생각하고 아파하는 것이다. 이처럼 로마카톨릭교회는 구원을
얻기 위하여 계속 부단한 고해와 상등통회가 요구되며 또한 선행을
쌓는 길이 된다. 그리고 이 세상에서 다 구죄받지 못한 죄는 연옥의
불에 의한 만족이 요구된다.[31]

2. 로마카톨릭교회의 구원 서정 비판

1) 영세 전 충족 은혜는 있을 수 없다

로마카톨릭교회의 구원서정은 그 순서와 구원교리에는 몇 가지를
지적하면 다음과 같다. 로마카톨릭교회에서는 중생을 영세 받을 때
주어지는 주입은혜로 된다고 하는데 중생 전에 인간이 그 변화를 받
기에 합당한 행동을 할 수 있는 것으로 기대하는 충족은혜란 전혀
존재할 수 없는 것이다. 왜냐하면 중생은 전적으로 하나님의 단독사
역이며 인간은 전혀 피동적이기 때문이다. 찰스 하지는 이 사실을
가리켜 "중생은 하나님의 행동이다. 중생시키는 자는 하나님이시다.
영혼은 중생에서 피동적이며 우리가 행하는 변화가 아니다"라고 말
하였다.[32]

---

30) *Ibid.*
31) 하문호, *op. cit.*, 69.
32) Charles Hodge, *op. cit.*, 7.

2) 선행은 공로가 아니므로 구원조건이 될 수 없다

로마카톨릭교회는 협력 은혜로 말미암는다는 선행을 공로라고 주
장하고 구원의 조건으로 말하나 선행은 공로가 아니다. 성경은 선행
의 비공로성을 제시하고 있다.(눅 17:9; 10; 롬 5:15－18:6:23; 엡 2:8
－10; 딤후 1:9; 딛 3:5) 그리고 찰스 하지는 선행이 인간의 공로가
될 수 없음을 강력히 주장하기를 "행위가 공로가 되려면 행위가 채
무이행이 아닐 것, 우리 자신의 행위 일 것, 그것이 공로로 받은 상
과 같을 것, 공로로 말미암은 상의 청구권이 존재하기란 전연 불가
능하다고 하였다."[33]

3) 세례는 중생의 표이며 사죄능력이 없다

로마카톨릭교회는 영세로 생득적 부패로부터 깨끗해지고, 원본죄
에서 사함받고, 성화하는 은혜가 주입되며, 그리스도에게 연합시켜,
하늘의 문을 열어준다고 하는데'[34] 이것은 비성경적으로 세례는 중
생의 표이며 인이지 세례는 중생이나 사죄의 능력이 없다.

4) 주입 은혜는 취소될 수 있다고 함이 잘못이다

로마카톨릭교회가 말하는 주입은혜는 곧 우리가 말하는 중생, 신
앙, 칭의를 가져오게 하는 하나님의 은혜인데 그들은 이 은혜가 상
실될 수 있다고 하였다.[35] 그러나 한번 중생하여 예수를 믿어 의롭
다 함을 받은 자는 결단코 정죄함이 다시 있지 아니하며 구원은 확

---

33) *Ibid.*, 243.
34) 윤형중, *op. cit.*, 102.
35) *Ibid.*

정된다.(롬 11:29; 고후 7:10; 빌 1:6; 살후 3:3; 딤후 4:18; 벧전 5:10; 요 10:27, 28; 요 6:37 참조) 이것은 칼빈이 견인교리를 주장한 이래 오늘까지 개혁파의 전통적인 성도의 견인교리를 이루고 있다.

5) 고해성사는 사죄의 근거가 될 수 없다

성부 앞에서 죄를 고하고 신부의 선언에 따라 사죄가 된다고 하는 이 교리는 신성을 모독하는 일이다. 왜냐하면 신부의 사죄는 하나님께서 사죄하신 것을 알려 주는 단순한 선언이 아니라 재판적이며 효과적이라 하니 이는 죄의 중대성을 부정하고 사람이 구주의 직권을 자행함이기 때문이다. 영세 후에 범한 죄의 용서를 위하여 그리스도의 만족은 충족하지 못하고 사람들의 만족이 충족하다 함이기 때문이다.[36] 이상에서 몇 가지 지적한 바와 같이 로마카톨릭교회의 구원서정론은 어느 면으로 보아도 성경에 어긋나는 교리임을 알 수 있다.[37]종교개혁자들은 로마의 구원서정에 포함된 두 요소에 특별히 반대하였는데 곧 선행을 칭의의 공로적 근거로 보는 교리와 인생의 동작자들의 손에 거행되는 성례들을 통해 은혜가 전달된다는 교리이다. 선행의 공로성에 대항하여 개혁자들은 "신앙으로만 칭의된다"는 슬로건으로 종교개혁을 단행하였다.

---

36) 박형룡, *op. cit.*, 211.
37) 하문호, *op. cit.*, 67~72.

Ⅲ. 루터파의 구원서정

　종교개혁자 루터는(Martin Luther) 이신득의의 교리를 강력히 주장하여 구원조건으로서 선행을 강조하는 로마카톨릭교회의 주장에 반대하여 *"Sola Gratia"*(오직 은혜)로 말미암는 구원교리를 강조하였다. 알덴트(W. Aldent) 교수는 *"Soli Deo Gloria"*(오직 하나님께 영광) 이것은 루터파 교회가 인간의 구원을 말할 때 즐겨 사용하는 말이다. 루터파는 당신은 은혜로 말미암아 믿음으로 구원받았고 당신 자신으로 말미암아 구원받은 것이 아니다. 구원은 하나님의 선물이요 행위로 말미암은 것이 아니다. 하나님은 구원을 창조적이고도 독자적인 역사로 수행하신다. 따라서 구원은 처음부터 끝까지 하나님 자신에 의하여 이루어진다.[38) 그러나 루터의 후계자들은 하나님의 역사라는 점에 치중하지 않고 구원조건으로 인간 행위적 요소를 강조하는 방향으로 기울어지게 되었다. 루터파는 처음에 루터의 이신득의의 교리가 보여주는 대로 구원은 인간의 행위에 의한 것이 아니고 하나님의 은혜로 말미암는다는 외양과는 달리 루터의 후계자들에 의하여 성립된 구원서정은 인간 편에서의 어떤 행위적 요소를 개입시킨 인상을 주고 있다. 루터파의 구원서정은 홀라즈(Hollaz)에 의하여 성립되었고 필립피(Philippi)에 의하여 재확인되었는데 그 내용은 다음과 같다.[39)

---

38) W. Ardent, *What Lutherans are Thinking* (Eerdmans, 1951), 175－76.
39) 박형룡, *op. cit.*, 35－36.

1. 루터파의 견해

루터파는 선택, 신비적 연합, 그리스도의 의의 전가 등 여러 교리들을 인정하나 그것들로 출발점을 삼지 않는다. 그들은 죄인들의 마음과 생활에 구속의 주관적 적용은 신적 은혜의 사역이라는 것을 역설하나 「구원의 서정」을 묘사함에 있어서 강조를 하나님의 역사보다도 인간의 행하는 바에 역점을 둔다. 신앙, 즉 사람의 동작으로서의 신앙이 그들의 구원순서에 결정적인 요인이다. 카프탄(Kaftan)은 말하기를 루터파는 신앙을 구원순서의 전부라고 보았다.[40] 루터파는 구원서정에 있어 신앙에 가장 강조점을 둔다.

2. 구원 서정

루터파의 구원서정은 홀라즈(Hollaz)에 의하여 성립되었고, 19세기 중엽에 필립피(Philippi)에 의하여 재확인된 루터파의 구원서정은 소명, 조명, 회심, 중생, 신앙, 칭의, 신비적 연합, 갱신, 보전으로 구성되었다. 다음은 루터파의 구원서정은 내용이다.[41]

1) 소명(Vocation)

루터파에 의하면 성령과 말씀은 불가분적으로 결속되어 있기 때문에 구원에로의 소명은 언제나 선포된 말씀을 듣는 모든 사람에게 어느 정도 구원적 은혜가 자동적으로 수반되고 있다는 것이다. 이 은

---

40) *Ibid.*
41) Hermans Kuiper, *op. cit.*, 23 − 24.

혜는 항상 구원에로의 부르심을 저항할 수 없도록 하는 은혜요 능력
이라고 하지만 그러나 이 은혜는 저항할 수 있는 은혜이다.

2) 조명(Illumination)

성령은 항상 말씀과 함께 나타나고 소명은 항상 인간에게 하나님
의 진노와 은혜가 무엇인지를 깨달을 수 있도록 그 심령을 비추어주
는 역사를 동반하는데 이것이 곧 조명이다.

3) 회심(Conversion)

말씀 속에 포함되어 있는 성령의 은혜가 저항할 수 없는 은혜인
고로 말씀을 받는 자에게는, 즉 소명을 받은 자에게는 그 소명에 대
한 반응으로 회심이 뒤따라 일어나게 된다. 인간은 중생 이전에 상
당 기간 동안 이 단계에 머물러 있을 수 있다.

4) 중생(Regeneration) 및 신앙(Faith)

다시 계속해서 하나님의 은혜는 불가항력적인 고로 회심한 자는
하나님의 중생시키는 역사로 구원의 복음을 믿을 수 있게 되고 이로
말미암아 그 영혼은 무서운 죄의 속박에서 벗어나게 될 것이다.

5) 칭의(Justification)

믿음에 의하여 칭의는 즉시로 이루어진다. 이것은 믿음으로 말미
암아 예수 그리스도의 의에 기초하여 사죄받고 영생의 자격을 갖게
됨을 의미한다.

6) 신비적 연합(Mystical Union)

신앙은 칭의를 이를 뿐만 아니라 살아계신 그리스도와 함께 신비적 연합을 이루게 한다. 하나님은 오직 우리와 하나님과의 관계가 아로 회복되었을 때에만 우리 안에 내재하실 것이기 때문에 신비적 연합은 칭의에 뒤따라온다고 말할 수밖에 없다.

7) 갱신(Renovation)

이것은 점점 거룩하게 만드는 힘으로 생각된다. 선행은 참 포도나무인 그리스도 안에 있는 자에게는 살아 있는 신앙의 필연적 결과인데 이처럼 정차 선행의 열매를 맺어 나아가는 과정이 갱신이다.

8) 보존(Conservation)

이것은 영생으로 들어갈 것을 보증하는 최종적인 단계이다. 이것은 그 사람의 신앙생활 여하에 따라 좌우한다. 신앙생활을 하다가 때때로 불신앙의 상태로 떨어질 때마다 그의 소유한 구원을 잃게 된다.[42]

3. 루터파의 구원서정 비판

루터파의 구원의 서정은 그리스도께서 그의 제사적 죽음으로 모든 사람들을 다 구원하기를 의도하셨다는 보편적 속죄의 비성경적 교리의 가정에 부분적으로 의지한다. 따라서 루터파의 구원의 서정은 몇 가지 잘못된 구원관에 바탕을 두고 있어서 올바른 순서 배열이 되지

---

42) 하문호, *op. cit.*, 86−87.

못하고 있다. 그 내용을 지적하면 다음과 같다.

1) 구원관의 오류

① 보편속죄교리

루터파의 구원관은 보편속죄 교리에 입각한 구원론이다. 따라서 루터파의 구원서정을 보면 회심이 중생보다 앞에 오는 것을 보는데 이것은 구속의 적용에 하나님의 은혜보다 사람의 노력을 앞세우는 표현이며 이런 순서는 곧 그들의 구원관이 보편속죄 교리에 입각하고 있기 때문이다.[43] 보편속죄 교리란 그리스도의 죽으심으로 만인의 원죄가 사하여 졌다는 교리이다.[44] 이 교리에 기초하다 보니 인간은 중생 전에 어느 정도 회개하고 하나님께 돌아올 수 있다는 주장을 하게 되는 것이다.

② 가항적 은혜

구원은혜가 인간에게 상대적으로만 필요한가? 절대적으로 필요한가? 구원 은혜는 인간이 저항할 수 있는 은혜인가? 아니면 저항할 수 없는 은혜인가? 이런 문제는 펠라기우스(Pelagius)와 어거스틴(Augustine)의 논쟁에서 주요한 관심거리였고 그 후에 요한 칼빈이 어거스틴의 주장을 따라 구원은혜는 인간에게 절대적으로 필요하며 불가항력적 은혜임을 강조하였다. 그런데 루터파는 구원은혜가 가항적임을 말함으로써 구원은 인간의 행위와 태도 여하에 좌우되는 것이 되었다.[45]루터파는 구원관의 오류는 인간이 구원의 은혜를 저항

---

43) Buchannan, *The Doctrine of Justification* (Baker, 1955), 24.
44) Hermans Kuiper, *op. cit.*, 24.
45) 하문호, *op. cit.*, 89.

할 수 있다는 것이다.

③ 구원 은혜의 상실

루터파의 구원관은 중생한 사람이라 할지라도 구원의 은혜를 상실할 수 있다고 주장한다. 로마카톨릭교회가 주입은혜는 취소될 수 있다고 한 것처럼 루터파에서는 중생된 사람이 구원을 상실될 수 있다고 주장한다. 그러나 성경은 중생하여 하나님의 자녀가 된 자들의 구원을 확정된 것으로 말하며(롬 11:29; 고후 7:10; 빌 1:6; 살후 3:3; 딤후 4:18; 벧전 5:10; 요 10:27, 28, 요 6:37), 이것은 개혁파의 전통적인 성도의 견인교리로서 끝까지 견인하여 영원히 구원받을 것이며, 완전한 배교나 타락은 있을 수 없다는 것이다.

2) 구원서정상의 오류

① 조명

루터파의 구원의 서정을 살펴보면 중생 전에 조명의 순서가 배열되어 있다. 루터파는 인간이 중생하기 이전에 소명에 수반하는 조명과 생기 고취의 역사가 있다고 주장하는데 이것이 잘못이다. 왜냐하면 중생은 전적으로 하나님의 단독사역이며 인간은 중생되기 이전에는 전적 부패와 무능상태에 있으므로 중생되기까지는 전혀 피동적일 수밖에 없기 때문이다. 찰스 하지는 이 사실을 가리켜 "중생은 하나님의 행동이다. 중생시키는 분은 하나님이시다. 영혼은 중생에서 피동적이며 우리가 행하는 변화가 아니라"고 말했다.[46]

---

46) Charles Hodge, *op. cit.*, 7.

② 신비적 연합

루터파는 신비적 연합을 인본적으로 처리하여 신앙으로 말미암아 실현되는 것으로 보아 신앙 다음에 두었다. 그러나 이것은 신비적 연합이 그리스도 안에서 하나님이 정하신 영원 전 선택에 기초하며 또 구속 적용 전반에 걸친 것임을 알지 못했기 때문이다. 존 메레이 교수는 신비적 연합을 구원서정의 끝부분에 거론하되 오히려 이것의 영원적 기초와 객관적 실천의 중요성에 주의를 재촉하여 이것의 진정한 위치는 구원서정의 어느 계단보다도 먼저 놓는 것이 좋다고 하였다.47) 그러므로 루터파는 구원의 서정에 있어 신비적 연합의 개념과 그 순서가 잘못되었다.

③ 회심과 중생

회심이란 죄를 슬퍼하고 뉘우치며 하나님께로 돌아가는 행위이다. 이 행위는 중생되기 전에는 결코 일어날 수 없는 것이다. 스트롱(A. H. Strong)은 중생과 회심의 순서에 관하여 포탄과 포혈(砲穴)의 비유로 말하였다. 즉 그는 포탄이 통과함으로 포혈이 생긴다. 시간적으로 동시적이라 할 수 있겠으나 논리적으로 포탄이 먼저 있어 포혈을 일으키는 것이요, 포혈이 먼저 있어 포탄을 만들어내는 것이라고 할 수는 없다.48)따라서 루터파의 구원의 서정은 회심과 중생의 순서가 바뀌었다.

---

47) John Murray, *Redemption Accomplished and Applied*, 하문호, 구속론 (성광문화사, 1979), 220 - 24.
48) A. H. Strong, *op. cit.*, 829.

④ 보존

루터파는 신자가 불신앙으로 떨어질 때마다 소유한 구원을 잃게 된다고 보존 교리에서 말하나 보존이란 과정은 구원의 서정에 있어서 존재할 수 없는 과정이다. 이 보존은 견인이란 순서로 바꿔야 한다. 루터파는 신앙과 칭의를 중요시한 나머지 소명, 조명, 회심, 중생은 다만 준비적 단계이며, 엄밀히 말하면 아직 은혜 언약의 행복들은 아니라고 하는데 이것은 잘못이다. 전체 구원서정에 있어서 구원의 열쇠는 신앙이나 칭의에 둘 것이 아니라 중생에 두어야 한다. 거듭남이 없이 인간은 하나님 나라를 볼 수 없고 들어갈 수도 없다. 거듭나면 볼 수 있고 또 들어갈 수 있다.(요 3:3, 5) 죄악으로 말미암아 전적 부패와 무능상태에 있는 인간이 중생 전에는 구원을 위하여 아무 일도 할 수 없다. 그러나 중생한 사람은 반드시 신앙을 가지게 되고 따라서 칭의될 수 있다. 그러므로 구원서정의 중점은 중생에 있다. 그러므로 보존이란 과정은 구원서정에 있어서 존재할 수 없는 과정이다.49)

Ⅳ. 알미니안주의의 구원서정

알미니안주의의 창시자는 Jacobus Arminius(1560~1609)는 Utrecht 대학교와 Marburg대학교에서 수학 후 Beza의 지도 하에 Leyden대학

---

49) 하문호, *op. cit.*, 90-91.

교에서 신학을 연구하였다(1576~1582). 처음에는 칼빈주의 입장을 가졌으나 후에 Pelagianism으로 기울어졌다. 1610년에 알미니우스주의는 체계를 갖추어 Calvinism에 정식으로 반동하였으며, Dort회의(1618~1619)에서 이단으로 정죄 되었다. 알미니안주의 구원의 서정은 표면상 구원역사를 하나님께 돌리고 있으나 실제로는 인간의 행위와 태도 여하에 중점을 두고 있다. 초기 알미니안주의자들의 견해는 "하나님의 은혜가 모든 선을 시작하게 하며 지속하게 하고 성취케 하신다. 중생한 사람까지도 성령의 도우시고 협조하시는 역사 없이는 선행이나 모든 유혹에 대한 저항을 할 수 없다."[50]그리고 웨슬리안 메소디스트(Wesleyan Methodists)파의 대변인인 비트(J. A. Beet) 박사는 "구원은 처음부터 끝까지 하나님의 역사로 돌려져야 하고 또 구원은 창세전에 하나님이 목적하신 바를 성취하는 인간 속에 이루시는 하나님의 역사이다."[51]그러나 알미니안주의자들의 실제적인 내용을 살펴보면 다른 것을 알 수 있다.

1) 알미니안주의 견해

첫째, 알미니안주의자는 예지(豫知) 예정(豫定)의 기초 위에 구원론을 주장한다. 그들은 하나님의 주권적 선택이 모든 구원적 은혜의 원천이라고 하는 성경의 교훈을 무시한다. 그러나 그들에 의하면 하나님의 주권적 선택은 구원의 유일한 원인이 아니며, 인간의 행위위에 기초한 신앙과 순종을 예견하였기 때문이라고 한다.

둘째, 알미안주의는 보편속죄 교리에 의한 구원론을 주장한다.알미니안주의자들에 의하면 그리스도는 모든 사람을 위하여 죽으셨고 따

---

50) *Arminian Article*, 1610, Article IV.
51) *The Homiletic Review* (Feb., 1910), 101.

라서 모든 사람의 원죄는 그리스도의 죽으심으로 사하여졌다고 주장한다. 그러면 이 교리가 구원론에 어떤 영향을 미치는가? 그들은 모든 사람의 원죄가 사하여진 고로 모든 사람은 '은혜롭게 회복된 재능'을 가지고 태어나기 때문에 성령과 협력할 수 있다고 말한다. 그러나 하나님께서 주신 은혜는 저항할 수 있다고주장 한다. 그러므로 보편속죄교리가 구원론에 미치는 영향은 인간 구원이 하나님의 주권적 은혜보다는 그 은혜에 협조하는 인간의 행위 또는 태도 여하에 따라 좌우된다는 것이다.[52]

셋째, 알미안주의 구원론은 구원적 은혜의 상실 가능성을 주장한다. 그들은 인간의 믿음을 지속시켜 주고 점차 거룩한 생활로 나아가게 하는 하나님의 은혜는 언제든지 상실될 수 있다고 주장한다. 따라서 알미니안주의자들은 오늘의 신앙으로 구원이 확실시된다할지라도 내일의 구원은 전혀 보장할 수 없는 것으로 생각한다. 구원은 신앙을 유지하는 한도에서만 보장된다. 그러므로 보편적 속죄교리와 구원적 은혜의 상실 가능성을 주장하는 알미니안주의자들의 구원론은 모든 사람과 각 사람을 위해 죽으신 그리스도의 대속이 결국은 그리스도께서 모든 사람을 구원하지도 않으시며, 구원하지도 못하신다는 결론에 이르게 된다.

2) 구원 서정

① 소 명

알미안주의의 구원의 서정은[53] 첫째, 소명 즉 복음의 권면은 모든

---

52) 박형룡, *op. cit.*, 318 - 19.
53) *Ibid.*, 39 ~ 40.

사람에게 구별 없이 와서 도덕적 감화를 끼칠 뿐이며, 여기에 저항하거나 순종하거나 하는 권리는 인간 자신이 가진다.

② 회개와 신앙

소명 즉 복음적 권면에 순종하여 죄를 깨닫고 그리스도에게 돌아오는 행위를 말한다. 이것들은 칼빈주의에서 말하는 중생의 결과로 갖게 되는 은혜의 상태를 의미하지 않고 본격적으로 은혜의 상태 가운데로 인도되기 위한 서곡이라고 할 수 있다.

③ 칭 의

알미니안주의자들은 칭의를 그리스도가 죄인들을 위하여 행하신 일들로 말미암아 순종의 원리와 정직한 심정과 선한 성향을 포함하는 그들의 신앙이 완전한 순종의 대신으로 열납되고 그들의 의로 인정된다는 것이다.[54] 그러므로 그들이 주장하는 칭의는 단순히 죄의 용서를 의미하며 죄인들이 의로운 자들로 열납됨을 가르치지 않는다. 그들은 죄의 용서는 그리스도의 공로에 기초하나, 하나님께 열납되는 것은 사람들의 복음적 순종에 의지한다고 주장한다. 그러나 개혁파에서는 칭의는 그리스도의 의의 전가로 법정적 정죄에서 벗어나는 것을 뜻한다. 그러므로 알미니안주의들은 칭의를 하나님의 주권적 행위로 보며 재판적 행위로 보지 않는다.[55]

---

54) Louis Berkhof 교수는 말하기를 And that the call which comes to man through the preaching of the Word exerts a merely moral influence on his understanding and will.
55) Limbolch, *Theology of Christ*, p. 6, 22.

④ 중 생

알미니안주의자는 신앙은 칭의에 필요할 뿐 아니라 죄인들의 중생
에 기여한다고 주장한다. 중생은 영혼이 무서운 죄의 속박에서 벗어
나 영적으로 산 생활을 하게 되는 것이다. 그들은 중생의 은혜가 사
람의 힘씀으로 얻을 수 있는 것이며 성령은 다만 도움을 주는 것뿐
이라고 생각한다. 웨슬레파 알미니안주의자들은 이 견해를 많이 수
정하여 중생이란 인간적 의지와의 협력이라 하더라도 이것은 성령의
사역이라는 것을 강조하기에 이른다. 그러나 그들은 한편 말하기를
사람이 능히 중생케 하는 성령의 역사를 항거할 수 있고 따라서 중
생 못한 상태로 남아 있을 수 있다고 믿는다.[56]

⑤ 성 화

알미니안주의자는 신앙은 그 사람으로 하여금 복음에 순종하게 하
는 은혜를 보증하며 점점 거룩하여지는 생활로 나아가게 된다. 그런
데 이들은 주장하기를 하나님의 영적 후사들은 완전한 성화가 가능
하다고 주장한다. 소위 완전성화론을 따르고 있다. 또 그들 가운데
무죄한 완전을 부인하며 주장하기를 완전한 사랑에 표현된 하나님과
의 교제가 성화의 이상(理想)이라고 주장한다.[57]

⑥ 견 인

알미니안주의자는 하나님의 은혜는 항상 저항할 수 있는 것이며
잃어질 수 있다고 주장함으로 견인의 은혜에 이를 수 없다고 주장한
다. 그들은 말하기를 "태만으로 말미암아 그들이 그리스도 안에 거

---

56) Louis Berkhof, *op. cit.*, 478.
57) 박형룡, *op. cit.*, 365.

하는 원리들을 버리고 다시 현실 세상을 용납하고 그들에게 한번 주어진 거룩한 은혜를 떠나면 구원을 잃게 된다"(Romonstration, IV, p. 55)고 하였다. 그러나 신앙은 사람에게 복음적 순종(성화)의 은혜를 보증하며 이 은혜가 만일 한 생애를 통하여 동작하면 견인의 은혜에 이르게 된다는 것이다. 알미니안주의가 견인교리를 부정하는 이유는 인간의 전적 타락을 믿지 아니하며 인간의 자유의지를 주장하는 인관에서 비롯되었다.[58]

2. 알미니안주의 구원서정 비판

지금까지 알미니안파의 구원의 서정의 내용을 살펴보았다. 이제 그들의 구원관과 구원의 서정상의 오류에 대해살펴보기로 하자.

1) 구원관의 오류

① 조건적 선택

알미니안주의 구원의 서정은 모든 구원의 은혜는 전적으로 하나님의 주권적 선택을 부인하고 있다. 그들은 예정을 말하나 그들은 하나님의 주권적 선택은 무조건적이 아니고 인간의 행위에 의한 신앙과 순종을 예견하여 선택하셨다는 조건적 선택을 주장한다. 그들은 로마서 8:29에서 "미리 아신 자들로 …… 미리 정하셨다"는 근거를 들어 주장하나 이 성구에서 "미리 아심"의 내용이 선행의 예견이라고 보는 것은 잘못이다.

---

58) 박형룡, *인죄론* (은성문화사, 1972), 387.

그러나 개혁파에서는 하나님의 선택이 모든 구원적 은혜의 원천이라고 말한다. 하지(A. A. Hodge) 교수는 예지 예정 교리의 잘못을 다음과 같이 지적하였다. 첫째로 성경의 분명한 증거에 위반되고(롬 11:14-17; 딤후 1:9; 롬 9:11) 둘째로 성경은 "하나님의 기쁘신 뜻" "자신의 정하신 뜻"에 기초하여 예정하셨음을 말하고(엡 1:5-11; 딤후 1:9; 요 15:16, 19; 마 11:25, 26; 롬 9:10~18) 셋째로 신앙, 회개, 복음적 순종 등은 선택의 결과라는 사실로부터 예지 예정 교리는 잘못되었다.[59]그리고 크리스토프 네스(Christopher Ness)는 조건적 선택의 잘못을 주장하기를, 선택은 하나님의 기쁘신 뜻에 전적으로 달렸다(엡 1:5, 9:11; 마 11:25~26; 롬 9:11~15), 선택은 은혜 행위이며 어떤 조건 때문에 의무적으로 하는 부담 행위가 아니다, 인간의 선행을 예견하여 선택되었다면 교리의 창시자는 하나님이 아니고 인간이라는 말이 된다(An Antidote to Arminian, pp 40~44).

② 보편속죄 교리

알미니안주의는 그리스도의 속죄는 모든 사람들의 사죄를 위한 것이며 다만 그들이 정죄받는 것은 그리스도를 믿지 않는 자범죄 때문이라고 주장하나 이것은 비성경적 주장이다. 또 그들은 구원적 은혜가 상실될 수 있다고 주장한다. 그러므로 알미니안주의는 사람의 구원은 하나님의 주권적인 긍휼보다도 무저항에 의한 사람의 협력에 의존하게 된다. 그러나 스트롱(August H. Strong) 교수는 성도의 견인을 성경적으로 논증하고(요 10:28, 29; 고전 13:7; 살후 3:3; 딤후 1:12; 벧전 1:5; 계 3:10; 요일 2:20 등을 들어서) 또 한편으로는 힙리적 논증으로 이들의 주장을 일축하였다.[60]

---

59) A. A. Hodge, *op. cit.*, 219.

2) 구원서정상의 오류

① 소명 개념

알미니안주의자는 구원의 서정에 있어 「소명은 복음의 보편적 전파로 되어지며 여기에는 보편적 충족은혜가 있어 사람이 선택하기만 하면 성령의 특별한 역사 없이 구원의 축복 가운데로 나아갈 수 있다」[61]고 하며 그 충족은혜란 위에서 본 바와 같이 소명이 모든 사람에게 단순한 도덕적 감화를 일으키는 것이므로 인간은 이것에 저항하거나 순종할 수 있다고 한다. 여기에서 두 가지 잘못이 있다. 첫째, 복음사명은 그 자체로 유효한 것이 아니다. 성령이 말씀을 사람의 마음속에 구원적으로 적용하실 때 유효하게 된다. 둘째, 복음 소명이 구원적 효과를 나타내게 되는 것은 피택자에 한하여만 된다.[62]

② 회개 및 신앙의 순서

회개와 신앙을 중생보다 앞선다는 것은 잘못이다. 왜냐하면 사람은 중생하기 전에는 절대로 회개할 수 없고 신앙도 가질 수 없다. 성경은 "영접하는 자 곧 그 이름을 믿는 자들에게는 하나님의 자녀가 되는 권세를 주셨으니 이는 혈통으로나 육정으로나 사람의 뜻으로 나지 아니하고 오직 하나님께로서 난 자들이니라"(요 1:12, 13).

---

60) "It is a necessary inference from other doctrines; Such as Election, Union with Christ, Regeneration, Justification, Sanctification. It accords with analogy — God's preserving care being needed, by his spiritual as well as his natural creation. It is implied in all assurance of salvation since this assurance is given by the Holy Spirit, and is based not upon the purpose and operation of God (August H. Strong, *Systematic Theology*, Judson, 1976, p. 882, 883).

61) William Cunningham, *Historical Theology (Banner*, 1979), 396.

62) 하문호, *op. cit.*, 102.

하나님께로서 난 자, 곧 중생한 자가 되지 아니하면 결코 그리스도를 영접할 수 없다. 중생은 우리 안에 나타나는 모든 구원적 은혜들의 시작이다. 회개와 신앙은 중생의 첫 증거이다. 그러므로 우리는 회개와 신앙에 의해 중생하는 것이 아니라 우리가 성령으로 거듭났기 때문에 회개하며 신앙하는 것이다.

③ 칭의 개념

칭의는 하나님께서 주권자로서 그의 백성을 택하시고 은혜언약 안에서 그리스도의 의의 주권적 전가에 의해 행동하시는 율법이 우리에게 관하여 완전히 만족됨을 선언하시는 하나님의 재판적 행위이다.[63] 또 「칭의는 예수 그리스도의 의를 기초로 하여 죄인에 관한 율법의 주장이 모두 만족된 것을 선언하시는 하나님의 재판적 행위」이다.[64] 그러므로 칭의가 인간의 선한 성향이 완전히 순종 대신으로 열납된다고 하는 알미니안주의자들의 주장은 잘못된 것이다. 칭의는 선언적이고 법정적이다. 칭의가 선언적인 증거는 마태복음 11:19; 시편 51:4; 욥기 32:2; 누가복음 7:29 등에서 찾을 수 있으며 칭의가 법정적인 것임은 욥기 9:20; 신명기 25:1; 로마서 8:33, 34 등에서 정죄의 대(對)가 되어 나옴으로 확실히 알 수 있다.[65] 그러나 알미니안주의자는 하나님은 그리스도의 수난을 구원의 충족한 공로로 수납하심에 있어 그리스도의 공로로 인하여 신자의 신앙을 그의 의로 전가시키심에서 재판적이 아니라 주권적이다. 그러므로 구원의 서정에 있어 칭의를 도덕적 칭의로 보는 알미니안주의는 잘못된 것이다. 또

---

63) A. A. Hodge, *op. cit.*, 498.
64) Loius Berkhof, *op. cit.*, 513.
65) John Murray, *op. cit.*, 159~60.

한 그리스도의 공로가 칭의의 근거가 아니라 신앙을 칭의의 근거라고 주장한다면 신앙이 신뢰하는 그리스도의 공로는 무엇을 구성하는가?

④ 중생 개념

알미니안주의자는 중생을 하나님의 독점적 사역도 아니며, 사람의 독점적 사역도 아니다. 이것은 진리의 방도에 의해서 동작된 신적 감화에 협력하려는 사람의 선택의 결과이다. 중생의 은혜는 사람이 힘씀으로 얻을 수 있는 것이며, 성령이 도우시는 것이다. 자연히 중생의 은혜가 상실될 수 있다고 주장한다. 그러나 개혁파는 중생은 하나님의 단독사역이며 인간은 전혀 중생을 위한 준비나 협력하는 바가 없다. 훅스마는 「중생은 독점적으로 하나님의 사역이어서 이것에서 사람은 자기 자신의 출생에 협력하지 않으며 또한 그러기 불능하다는 의미에서 엄밀히 피동적이라는 것이 분명하다」고 하였다.66) 그러므로 성경은 오직 성령만이 중생의 동력인이라고 가르친다. 이 사역에서 죄인의 협력이란 아무것도 없다. 오직 하나님의 직접적 독점적 사역이다. 중생은 완전히 인간 속에 없던 외부의 것 곧 말씀과 성령이 초자연적 역사로 일어나는 것이다(요 3:5). 알미니안주의자들은 견인을 말하나 인간의 신앙 행위 여하에 구원은 달린 것이고 중생 이후의 구원은혜는 취소될 수 있다고 하는데 이것은 잘못된 주장이다. 훼슬레파 알미니안주의자들은 이러한 견해를 수정하여 중생이란 인적 의지와의 협력이라고 주장하여 사람을 계몽하시며 깨워 일으키시며 이끄시는 성령의 역사가 선행한다고 추상한다. 그러나 그들은 사람이 능히 성령의 중생케 하시는 역사를 항거할 수 있다고 주장함으로 중생하지 못한 상태로 남아 있을 수 있다고 믿는다. 그

---

66) Herman Heoksema, *op. cit.*, 461.

러므로 알미니안주의자는 중생이 구원의 핵심인 사실을 간과하였다.

V. 개혁파의 구원서정

1. 칼빈의 견해

칼빈은 성령의 구원 적용의 순서를 구성하는 개념들을 배열하는 일에 착수한 최초의 사람이다. 그러나 칼빈은 그 배열에 있어서 명확하지는 못하였음을 그의 「기독교강요」에서 찾아볼 수 있다. 기독교강요에서 칼빈은 구원의 서정을 ① 신앙과 소명 ② 중생(회심, 성화, 신앙적 투쟁을 포함) ③ 칭의 ④ 예정 ⑤ 부활의 순서로 열거하였다.[67] 칼빈은 성령의 구원 적용의 순서에서 논리성이 없고 안정되지 못한 것처럼 보인다. 이 점에 관하여 훅스마 교수는 지적하기를 "칼빈의 구원서정론이 이런 결과를 초래하게 된 이유는 칼빈은 하나님의 역사가 인간의 잠재의식 속에 일으키는 변화와 의식 가운데 일으키는 변화로 구분될 수 있음을 인식하지 못했기 때문이다. 다시 말해서 칼빈은 모든 순서를 의식의 차원에서만 다루었다. 또한 칼빈은 모든 순서를 다룸에 있어서 하나님이 그리스도 안에서 우리를 위하여 이루신 객관적 사역과 성령을 통하여 우리 안에 이루시는 하나님의 주관적 사역을 충분히 구분하지 않았기 때문에 성화가 칭의보다

---

67) John Calvin, *Institutes of the Christian religion*, edited, John J. McNeill (Westminster, 1967), Book III, 535.

앞서는 순서를 제시하게 된 것이다."[68] 또 이러한 칼빈의 구원서정 론에 대하여 카이퍼(Abraham Kuyper)는 말하기를 "칼빈의 구원서정 론은 하나님의 역사보다 인간의 활동 면에 치중하여 주관적인 경향 을 면치 못하였다"고 논평하였다.[69] 그러나 벌카워(Berkouwer) 교수 는 그와 반대로 "칼빈은 구원서정을 논함에 있어서 그의 관심을 오 로지 하나님의 구원사역에 치중하고 신앙하는 사람에게 두지 아니하 였다. 칼빈은 성령을 통해서만 구원의 약속이 우리의 마음속에 들어 올 수 있다고 하였다.(기독교강요 3권, 1집, 47) 성령은 친국의 보화 를 우리에게 열어 주는 열쇠라고 할 수 있다. 신앙은 성령이 우리 안에 역사하시는 현상이라는 입장이 칼빈의 구원서정 전반에 걸친 일관된 원리이다. 그는 먼저 은혜의 주권성을 파괴하는 주장들을 거 론하고 정리한 후에야 그리스도인의 생활이라는 주제를 다루었다"고 논평하였다.[70]

2. 구원의 서정

개혁파의 구원의 서정을 다루기에 앞서 올바른 구원서정은 먼저 성경이 정확무오한 하나님의 말씀인 것을 전제한 이론이여야 한다. 또한 성경의 바른 해석에 기초하여야 한다. 이러한 두 가지 전제 위 에 개혁파의 구원서정을 찾을 수 있다. 그러나 개혁파 신학자들 사 이에도 구원의 서정은 많은 차이를 보여주고 있다. 이런 현상은 결

---

68) Herman Heoksema, *op. cit.*, 447.
69) Abraham Kuiper, *op. cit.*, 17.
70) Berkouwer, *Faith and Justification* (Eerdmans, 1977), 28.

국 구원의 서정을 성경 어느 한곳에서 명확하게 지시해 주고 있지 않다는 사실을 말해 준다. 그러나 결코 구원의 적용이 구분할 수 없는 과정이 아니다. 개혁파 신학자들의 구원의 서정에 있어서 그 시작하는 단계를 소명 혹은 중생으로 시작한다. 다음에 회심은 회개와 신앙을 아울러 포함하나 신앙의 중요성 때문에 일반적으로 따라 논술된다. 신앙의 논의는 자연히 칭의로 인도하며, 칭의에는 양자의 행복이 따른다. 칭의와 양자는 사람을 하나님과의 새로운 관계로 인해 새로운 순종의 의무가 부여됨으로 성화의 사역이 고찰된다. 최종에 성도의 견인과 영화는 구원순서를 종결한다. 따라서 개혁파의 구원의 서정은 ① 중생, 소명 …… 의 순으로 놓은 학자들과 ② 소명, 중생 …… 의 순으로 놓는 학자들과 ③ 기타로 구분하여 살펴보자.

1) 중생·소명의 순서

(1) 보스(Gerharders Vos)

보스는 구원의 서정을 전개하기 전에 몇 가지 조직적 구분을 하였다. 그는 말하기를 "어떤 사람은 잠재의식적 또는 수동적 회심인 중생과 의식적 또는 능동적 회심인 우리가 말하는 회심을 구분하지 못하고 있다. 또 많은 사람들은 회심과 소명을 동일시하고 있다. 또 어떤 사람들은 중생을 계속적 갱신 또는 성화와 구분하여 생각하지 않고 있다. 예를 들면, 칼빈이 그러하다. 소명의 개념에 관하여도 견해 차이가 있다. 문제는 강조점을 내적 또는 직접적인 소명과 외적 또는 간접적인 소명 중에 어디에 두느냐에 달린 것이다. 뿐만 아니라 회심이란 말도 여러 의미로 쓰이고 있다. 때로는 성경적인 것을 가리키기도 하고 어떤 때는 계속적 반복적인 것을 의미하기도 한다.[71] 그는 구원의 서정을 전개하기 위해 몇 가지 구분을 하고 있다.[72]

첫째는 하나님의 법정적 행위와 재창조적 행위를 구분하여, 전자는 사람의 신분에 관한 것이고, 후자는 사람의 생애에 관한 것이다. 이 구분으로 칭의와 중생이 구별된다.

둘째, 잠재의식에 자리 잡은 것과 각성의식에 자리 잡는 것의 구분으로 중생과 회심이 구별된다.

셋째, 옛사람의 버림과 새사람의 입음의 구분으로 칭의와 신앙을 구분하게 된다.

넷째, 즉각적인 변화와 점진적인 변화의 구분으로 중생과 성화를 구분하게 된다. 이런 구분을 하고 나서 보스는 구원의 서정을 ① 중생, ② 소명, ③ 회심, ④ 신앙, ⑤ 칭의, ⑥ 성화 순으로 배열하였다.

보스의 구원 순서의 배열을 살펴보면 몇 가지 중요한 특징을 찾아볼 수 있다. 첫째, 법정적 행위와 재창조적 행위(칭의와 중생), 잠재의식적 변화와 의식적 변화(중생과 회심), 옛사람 탈피, 새 사람을 입음(칭의와 신앙), 즉각적 변화와 점진적 변화(중생, 성화)를 구분한 것은 대부분의 개혁파 신학자들이 그대로 받아들이는 구분이다.

둘째, 보스는 중생은 소명보다 먼저 배치하는 것은 거듭나기 전에는 소명이 아무런 영적 변화도 가져올 수 없다는 것이다. 그러나 말씀을 전혀 듣지 않은 상태에서 중생은 곤란하다. 물론 중생을 먼저 놓는다고 하여 교리상의 큰 문제가 생기는 것은 아니다.73)

개혁파 신학자들이 소명을 중생 전에 배치하는 이유는 첫째는 은혜 언약의 시행과 복음의 전도는 나눌 수 없이 연결되어, 복음이 전파되는 곳에서만 이 언약이 알려지고 시행되어 하나님의 은혜를 영

---

71) Gerharders Vos, *Compendium of Systematic Theology*, p. 193.
72) *Ibid.*, 194.
73) John Murray, *op. cit.*, 84.

화롭게 한다. 이와같이 복음전도와 은혜언약의 시행은 성령의 구원적 역사와 그리스도의 성취하신 구원에 신자의 참여보다 선행하기 때문이다. 둘째로는 그리스도께서 성취하신 구속을 성령께서 적용하신다. 그리스도께서 성취하신 구속 사역은 죄인들에게 복음의 전파 없이 성령이 구속을 적용하실 수 없다. 성령은 복음 안에 제시된 그리스도와 그의 사역을 떠나서는 역사하지 않는다. 셋째로는 중생이 인생의 내적 성향의 갱신만이 아니라 전적 재창조를 성취한다고 추상함으로 성경 말씀은 죽은 문자뿐이며 중생의 방편으로 사용될 수 없다고 주장하는 재세례파 신비주의자들의 반동에 의한 것이다. 따라서 개혁파 신학자들은 소명을 중생 전에 배치하는 것이 일반적인 관례로 되어 왔으며 몇 사람이 그 순서를 바꾸어 놓았을 뿐이다.[74]

셋째, 보스는 회심 다음에 신앙을 앞에 배열하였다. 회심은 회개와 신앙으로 구성되며 신앙은 회심의 한 부분이다. 회심의 두 부분인 회개와 신앙이 산출되는 순서에서 논리적으로 회개와 죄의 지식이 그리스도에게 복종하여 신뢰하며 경애(敬愛)하는 신앙보다 선행한다. 성경의 여러 구절은 회개를 신앙보다 먼저 놓았다(막 1:15; 행 2:38, 5:31, 20:21; 딤후 2:25).

(2) 훅스마(Herman Hoeksema)

훅스마는 구원의 순서를 배열함에 있어서 예비적인 고찰로서 몇 가지 사항을 구원서정을 위하여 염두에 두어야 한다고 말한다.[75]

첫째, 칭의는 어떤 의미에서는 하나님의 예정과 관련하여 다루어질 수 있는 문제이다. 왜냐하면 우리는 하나님의 작정 가운데서 영

---

74) 박형룡, *op. cit.*, 119~20.
75) Herman Heoksema, *op. cit.*, 450-451.재인용: 하문호, *op. cit.*,113~116.

원으로부터 오는 칭의를 받았기 때문이다. "그러므로 이제 그리스도 안에 있는 자에게는 결코 정죄함이 없나니"(롬 8:1) 여기서 '이제'라는 말은 시간적 수식어로 보아서는 안 되고 그 말의 논리적 의미로 해석되어야 한다. 즉 그리스도 안에 있는 자들에게는 과거에도, 현재도 미래에도 결코 정죄함이 없다. 이러한 칭의는 영원적 칭의로서 낮아지시고 높아지신 그리스도의 사역과도 관련하여 이루어져야 한다. 그러나 구원론에서 지금 다루는 문제는 영원적 칭의가 아니고 죄인의 심령 속에 칭의의 은혜가 실제적으로 주어지는 시기는 언제인가 하는 문제이다. 따라서 이런 의미의 칭의는 분명히 영원 전에된 것이 아니라 구원적 신앙을 갖게 된 후에 된다. 그러므로 칭의는 신앙 다음에 와야 된다.

둘째, 죄인의 잠재의식 속에 일어나는 변화와 의식 가운데 일어나는 변화를 구분할 필요가 있다. 이런 관점에서만 우리는 좁은 의미의 중생과 넓은 의미의 중생은 심지어 회심과 소명까지를 의미하고 이들은 의식 가운데 일어나는 것이기 때문이다. 좁은 의미의 중생은 잠재의식 가운데 일어나는 변화로서 이 변화가 없으면 아무도 하나님 나라를 볼 수 없다.

셋째, 다음으로 우리는 또한 하나님의 말씀을 통한 중생에 대하여 말할 수 있다. 이렇게 중생한 사람은 소명을 통하여 빛 가운데로 옮겨지는데 그 사람은 신앙을 갖게 되고 칭의를 받게 되며 거룩한 생활로 나아가며 하나님의 견인하시는 은혜를 따라 영화로운 자리에 이르게 된다.

훅스마 교수의 구원 서정에서 나타나는 특징으로는 소명보다 중생을 먼저 놓았는데 이 문제에 관해서 보스의 구원의 서정에서 언급하였다. 일반적으로 개혁파 신학자들 가운데 중생보다 소명을 이유를 외적 소명을 말하는 것이 아니고 내적 소명을 가리키는 것으로 외적 소명과 내적 소명은 양자의 실체가 둘인 구분이 아니라 동일한 부르심이지만 성령이 그 부르심에 함께하시어 중생 역사를 그 부르심을 받는 자의 심령 속에 일으키시는 여부에 따라서 외소와 내소가 되기 때문에 중생보다 소명을 먼저 놓는 것이 타당하다고 생각된다.

(3) 쉐드(William G. T. Shedd)

쉐드는 비교적 간단한 구원의 서정을 보여주고 있다. 그가 구속 적용의 목차 가운데서 보여주는 순서로는 ① 중생 ② 회심 ③ 칭의 ④ 성화 순서로 배열하였다. 그가 어떤 관점에서 이러한 구원서정을 보여주고 있는지 그의 설명을 살펴보는 것이 좋을 것이다.[76]

첫째, 그의 중생에 관한 설명을 보면 소명과 함께 다루고 있다. 먼저 중생론에서 웨스트민스터 신앙고백서 제10장 있는 유효적 소명에 관한 설명으로부터 시작한다. 거기에 열거된 여러 가지 현상은 소명 자체가 아니라 소명의 결과로 영혼 속에 일어나는 변화임을 말한다. 그리고 나서 결과적으로 유효적 소명은 중생을 의미하고 그것을 포함한다고 하였다. 이렇게 볼 때 쉐드는 유효적 소명을 중생과 같은 것으로 보았다고 할 수 있고 적어도 중생에다가 유효적 소명을 포함시켜 버렸다고 할 수 있다.[77]

둘째, 그는 중생을 광의와 협의로 나누어 설명하였다. 그리하여 광의의 중생은 구원의 전체 과정을 의미하고, 협의의 중생은 다른 모든 과정을 제외한 오직 영적 생명의 새로 남을 의미한다고 하였다. 그리하여 이곳에서 다루는 중생이 협의의 중생임을 말하고 있다.

---

76) William G. T. Shedd, *Dogmatic Theology*, Vol. II, 490 ff.
77) 하문호, *op. cit.*, 117.

셋째, 그는 회심을 두 가지로 나누어 수동적 회심과 능동적 회심이 있다고 하여 전자는 중생이고, 후자는 신앙과 회개라고 하였다. 이렇게 해서 그가 제시한 회심은 곧 신앙과 회개인 것을 알 수 있다.

넷째, 그는 칭의와 성화의 관계에 대한 독특한 설명을 하고 있음을 보게 된다. 그는 칭의를 매우 중요시하면서 성화는 칭의된 결과요 열매라고 한다. 그는 말하기를 "하나님은 그 사람의 과거의 모든 죄를 제거하셨기 때문에, 신자는 미래의 모든 죄를 대항하여 싸울 동기를 얻게 된 것이다 …… 성화가 의롭게 만드는 것이 아니라 칭의되었기 때문에 성화되어 가는 것이다"라고 하였다.[78] 그리하여 성화는 칭의의 필연적 결과인 것으로 말하고 있다.

쉐드의 구원의 서정을 살펴보면 몇 가지 특징을 찾을 수 있다.

첫째는 소명을 중생에 포함시켜 소명을 곧 중생이라고 설명하였다. 이것을 구분하여 소명과 중생의 두 단계로 보아야 할 이유는 성경은 하나님의 부르시는 행위와 거듭나게 하시는 역사를 엄연히 구분하여 말하고 있기 때문이다. 또한 소명은 하나님의 말씀을 통하여 이루어지는 것이고, 중생은 성령으로 말미암아 이루어지는 것이기 때문이다.

둘째, 성화를 칭의의 필연적 결과라고 보았다. 그러나 칭의는 죄책을 제거하는 법정적 선언행위이며, 성화는 죄의 오염으로부터 정화되어 가는 현상이므로 성화는 중생 후 끊임없는 성령의 역사로 되어지는 과정이기 때문이다.

셋째, 구원의 서정에 배열에 양자에 관한 단계나 설명이 없다. 양자는 칭의됨으로 말미암아 과거에 마귀의 자녀이었던 우리의 신분이 이제는 하나님께 속한, 즉 신분의 변화라고 할 수 있다. 그러므로 양

---

78) *Ibid.*, 559.

자는 구원의 서정에서 빠질 수 없는 단계이다. 결과적으로 쉐드 박사가 제시한 중생, 회심, 칭의 성화라는 구원의 서정만을 가지고는 성령의 구속적용 순서를 설명하기 어렵다는 결론에 이르게 된다.[79]

(4) 찰스 하지(Charles Hodge)

찰스 하지 교수는 구원의 서정에 관한 특별한 설명 없이 그의 교의신학에 나타난 구원서정은 다음과 같다. ① 중생 ② 소명 ③ 신앙 ④ 칭의 ⑤ 성화의 순서로 배열하였다. 그는 회개, 양자, 견인 등에 관해 언급하지 않고 있다.[80]

(5) 아브라함 카이퍼(Abraham Kuiper)

아브라함 카이퍼는 그의 저서 「성령의 사역」이라는 책에서 구원의 서정을 ① 중생 ② 소명 ③ 칭의 ④ 신앙 ⑤ 성화의 순서로 배열하였다. 그가 이런 순서를 말하는 이유를 알기 위해서 구원의 서정에 관한 그의 설명을 살펴보는 것이 필요하다.[81]

첫째, 구원의 서정에서 중생을 먼저 배열한 이유를 설명하기를 중생은 광의, 협의로 나눌 수 있는데 여기서 말하는 중생은 협의의 중생으로서 이는 하나님의 독점적 사역이며 따라서 구원 적용의 출발점이라고 한다.

둘째, 중생된 심령이 신앙과 다른 모든 은혜로 말미암는 역사에 참여키 위한 소명을 받았다고 한다. 여기서 아브라함 카이퍼는 중생 전제설을 주장하고 있다는 점이다. 카이퍼는 그의 저서 「성령의 사

---

79) 박형룡, *op. cit.*, 114, 279, 337.
80) Charles Hodge, *Systematic Theology*, Vol. III.
81) Abraham Kuiper, translated John W. Montgmery, *The Work of the Holy Spirit* (Eerdmans, 1975), 293~503.

역」에서 신자의 자녀인 경우 성인이 되어 비로소 중생하는 것이 아니라 유아 시 세례를 받기 전에 이미 새 생명의 씨가 그 마음속에 심어진다고 하였다.[82]

셋째, 신앙을 칭의보다 먼저 배열하여 칭의와 신앙의 순서가 바뀐 것을 보게 되는데 카이퍼는 영원칭의론을 주장한다. 영원칭의론이란, 하나님께서 영원 전에 자기 백성을 아셨고 이들을 택하사 이들의 죄악을 그리스도에게 넘겼고, 따라서 죄는 이미 영원 전에 사함을 받음으로써 의롭다 함을 입었다. 이것이 시간 세계에 알려진 것이 복음이며, 믿음은 이러한 하나님의 선언을 적극적으로 받아들이면 소극적으로 자기의식 속에 들어오게 된다는 것이다.

카이퍼의 구원의 서정을 살펴보면 몇 가지 특이한 점을 발견하게 된다. 먼저 중생 전제설에 바탕을 둔 것이 잘못이다. 즉 유아가 말씀을 듣기도 전에 중생의 씨 혹은 잠재적 신앙력이 심어짐으로써 중생된다는 카이퍼의 주장에 대하여 강력하게 반대한 사람은 헤르만 바빙크였다. 바빙크는 말하기를 "영적 생활의 최초의 시작은 복음의 말씀을 듣는 가운데 성령으로 말미암아 이루어지는 것이 일반적이고 정상적인 표현이다."[83]하이델베르그 신조에 하나님의 아들, 그리스도께서 성령과 말씀을 통해서 친히 교회를 모으시고 보호하시고 유지하신다고 명백히 고백한다. 여기서 성령이 말씀보다 먼저 나온 것은 성령이 말씀 없이 역사하신다는 뜻이 아니고 성령과 함께 말씀을 통해서 이루어짐을 의미한다.

둘째, 카이퍼는 또 칭의를 신앙보다 앞세웠는데 이것은 그의 영원

---

82) *신학지남*, 제182호, 1978년 가을.겨울호, p. 72~92.
83) Herman Bavink, *Roeping en Wedergeboorre* (Kampen, 1903), p.55, 재인용; 하문호, *op. cit.*, 22.

적 칭의를 구속 적용에 집어넣은 잘못 때문이다. 물론 영원적 칭의 자체에 귀중한 진리가 담겨져 있고 일리가 있다. 그러나 문제의 요점은 언제 죄인이 하나님 앞에서 의로운 자리에 실제로 서게 되느냐? 하는 것이다. 이에 대한 성경의 증거는 항상 믿음을 가질 때라고 한다.[84] 그러므로 신앙 다음에 칭의를 배열하는 것이 타당하다.

2) 소명, 중생의 순서

(1) A. A. 하지(A. A. Hodge)

A. A. 하지 교수는 구원의 서정의 순서를 ① 소명 ② 중생 ③ 신앙 ④ 그리스도와의 연합 ⑤ 회개 ⑥ 칭의 ⑦ 양자 ⑧ 성화 ⑨ 성도의 견인 등으로 배열하였다.[85]

하지 교수는 그의 구원의 서정을 살펴보면 신앙 다음에 그리스도와의 연합을 놓고 있는데 그리스도와의 연합은 신앙의 결과로 보는 찰스 하지의 입장을 따른 것 같다. 그러나 그리스도와의 연합이란 구원의 전 과정의 기초라고 할 수 있다. 따라서 개혁파 신학에서는 그리스도와의 연합의 구원의 서정에서의 위치를 구원론의 첫 부분에 정하는 것이 통례이다. 또 회개를 신앙과 분리하여 다른 단계로 보았다. 신앙과 회개는 같은 것의 양면이며, 이것을 회심이라 칭하며, 회심이 회개와 신앙의 두 부분으로 구성된다는 것이 성경적이다.

---

84) *신학지남*, 제182호, 1978년 가을.겨울호, p.92.
85) A. A. Hodge, *op. cit.*, 445.

(2) 존 머레이(John Murray)

존 머레이 교수는 그의 저서 구속론에서 구속 적용순서를 그의 견해대로 성구들을 근거로 논리 정연하게 전개하였다. 그의 이론을 요약하여 간단히 소개하면 다음과 같다.[86]

첫째, 구원서정상의 개념들 자체가 선후 관계가 있음을 말한다. 우선 영화로부터 시작할 수 없음은 자명하다. 왜냐하면 영화는 그 과정의 완료 또는 성취로서 순서의 끝에 있기 때문이다. 또 중생이 성화보다 앞선다는 것도 명맥하다. 인간은 점차적으로 성화될 수 있기 전에 실로 거듭나야만 하기 때문이다 중생은 성화의 출발점이요 성화는 계속적인 것이다. 그러므로 이 여러 용어 자체가 임의로 순서를 바꾸거나 혼합될 수 없음을 알려 준다.

둘째, 그는 구원서정을 결정해 주는 성구들을 들어 설명한다. 다음과 같이 요약 설명될 수 있다.

요한복음 3:3, 5 거듭남－하나님 나라를 보는 것, 들어가는 것.

요한일서 3:9 거듭남－죄의 지배적 세력으로부터 해방.

요한복음 1:12 믿음－하나님의 자녀 됨.

에베소서 1:13 진리의 말씀 믿음－성령의 인치심,

로마서 8:30 부르심－의롭다 하심－영화롭다 하심

셋째, 그는 소명과 중생의 선후 문제에 관하여 논리적으로 볼 때 소명이 앞에 오는 것이 자연스럽다고 한다. 그러나 중생과 소명의 순서를 취한다고 위험스러운 결과가 초래되는 것은 아니다. 그러나 성경의 가르침 가운데 죄인을 어두움에서 불러내어 빛으로 옮기게 하며 그리스도와의 친교를 맺게 하는 하나님의 활동을 분명하게 가

---

86) John Murray, *Redemption Accomplished and Applied*, 하문호역, 구속론, p.106.

르쳐 주고 있음을 보는데 이것이 곧 소명이다. 그러므로 소명의 선행성을 분명하게 말할 수 있게 된다. 죤 머레이(John Murray) 교수에 의하면 회심은 단지 신앙과 회개를 하나로 묶어 놓은 명칭이고 신앙과 회개는 같은 것의 양면이며 회개와 신앙은 쌍둥이라고 하였다. 따라서 그는 구원서정을 ① 소명 ② 중생 ③ 신앙과 회개 ④ 칭의 ⑤ 양자 ⑥ 성화 ⑦ 견인 ⑧ 그리스도와의 연합 ⑨ 영화의 순으로 배열하였다.

죤 머레이 교수의 구원의 서정을 살펴보면 대체적으로 자연스럽게 배열되었다. 그는 '그리스도와의 연합'을 '영화' 바로 앞에 놓았다. 이에 대해 그 자신이 맨 먼저 이것을 설명하는 것이 오히려 당연하다고 하였다. 그러나 그리스도와의 연합은 구원서정의 어느 한 단계가 아닌 포괄적인 것이므로 그곳에서 다룬다고 말한다.87)

(3) 바빙크(Herman Bavinck)

바빙크는 구원의 서정을 배열하면서 구원은 죄와 그 결과로부터의 구원이라는 사실을 들어, 먼저 죄를 '죄책'과 '오염'과 '비참'으로 분석하고 구원 적용은 곧 이 세 가지로부터의 구출임이라는 관점에서 보았다. 그리하여 '죄책'이란 언약행위의 파괴에서 인간이 지게 된 책임이며, '오염'은 범죄 결과 인간이 하나님의 형상을 잃은 결과 썩어질 그것들의 종노릇을 하게 된 고통을 뜻하는 것으로 보았다.

바빙크는 첫째, 구원은 칭의로 말미암아 죄책을 제거시켜 하나님과 인간의 올바른 관계를 회복시키는 것이니 이는 죄의 용서와 하나님 자녀가 되는 것과 하나님과 화평과 영광스러운 자유를 포함한다.

둘째, 중생과 소명과 새롭게 함과 회심과 거룩하게 함에 의해 오

---

87) *Ibid.*, 243.

염으로부터 벗어나 하나님의 형상을 회복케 하는 역사를 포함한다.

셋째, 인간을 하나님의 영원한 기업이 되게 하기 위하여 보존과 견인과 영화에 의하여 영원한 구원을 인간으로 하여금 소유케 하는 것을 포함한다.[88]

바빙크는 구원서정에 관하여 설명하기를 "성령께서는 일정한 순서로 그리스도의 이 모든 은혜들을 나누어 주신다. 왜냐하면 이 은혜들은 우연한 집합체가 아니라, 상호 유기적으로 연관되어 있기 때문이다."[89]

바빙크 교수의 구원의 서정을 종합해 보면, 네 가지 그룹의 은혜가 취급될 수 있다. 곧 ① 소명 (협의의 중생 포함, 신앙과 회개 포함) ② 칭의 ③ 성화 ④ 영화이다. 비록 영화가 교의학의 맨 마지막에서 취급될지라도 여전히 이 영화는 구원서정에 속하며, 영화는 앞의 구원서정과 불가분리의 관계를 가지고 있다. 이 네 그룹은 그리스도께서 하나님으로부터 우리에게 지혜와 칭의와 성화의 구속이 되었다고 바울이 고린도전서 1:30에서 말씀한 데 근거하여 나온 것이다. 로마서 8:30에 보면 바울 사도가 세 가지 서정을 말씀하였는데 "미리 정하신 것"의 현실화된 것으로 소명, 칭의 영화이다. 이 모든 축복들이 시간 세계에서 일어난다. 또 영화는 신자들이 죽은 후에 혹은 심판 날 후에 받게 될 영화를 말하는 것이 아니요 또는 최소한 그것만을 말하는 것은 아니다. "영화롭게 하셨느니라"라는 과거형으로 미루어 볼 때 그 영화는 성도들이 성령의 새롭게 하심으로 말미암아 땅 위에서 참여되기 시작하는 것이며(롬 8:2; 10; 고후 3:18; 엡 3:16), 그리고 그 영화는 마지막 때에 부활해서 충만하게 나타난

---

88) Louis Berkhof, *op. cit.*, 418.
89) Herman Bavink, *op. cit.*, 668.

다.(살전 5:53; 빌 3:21) 그러므로 여기서 말하는 영화는 성화와 영화를 내포하고 있다.

소명에서 성령은 불러내어 가르치시는 역사를 하시며, 칭의에서 성령은 변호의 역사를 하시고 또한 조명의 은사를 현저히 나타내며, 성화에서 성령은 점차 거룩하여지는 역사를 이루고 협력하는 은사로 무리를 새롭게 하신다.

영화는 이 세상에서 벌써 시작되며(고후 3:18), 인침의 역사를 행하시며 보존하는 은사로 말미암아 우리를 회복시키시고 그리스도께서 모든 형제들 가운데서 먼저 나신 자가 되도록 하기 위해서 그리스도의 형상을 따라 완성시키신다.

바빙크 교수의 구원의 서정은 살펴보면 탁월한 그의 통찰력을 보여주고 있다. 그러나 소명 가운데 중생, 신앙, 회개를 포함하여 배열하였다는 것이 독특한 점이다.

(4) 벌코프(Louis Berkhof)

루이스 벌코프 교수는 구원의 서정을 배열하면서 먼저 구속을 적용하는 순서가 성경에 정확하게 명시되어 있지 아니한 고로 많은 의견의 차이를 나타낼 수 있는 여지가 있다고 전제하면서 구원서정에 있어서 고려할 사항들을 지적하였는데 그것을 요약하면 다음과 같다.

① 실제적 칭의와 영원적 칭의의 구별 ② 좁은 의미의 중생과 넓은 의미의 중생 ③ 하나님의 법정적 선언 행위(칭의)와 재창조적 행위(중생, 첫회심) ④ 재창조적 행위는 잠재의식적 변화(중생)와 각성, 의식적 변화(회심) 구속적용 역사의 시작(중생, 첫회심)과 그 후의 진행과정(반복적 회심 및 성화) 등으로 구별하였다.[90]

---

90) Louis Berkhof., *op. cit.*, 417~419.

이러한 구별한 다음에 벌코프 교수는 이러한 구속 적용 개념들의 선후 관계를 설명하고 있다. 그 설명은 다음과 같다.

첫째, 하나님의 법적 행위(칭의)는 인간을 개조시키는 행위(성화)보다 앞선다. 둘째, 잠재의식적 변화(중생)는 의식적 변화(회심)보다 앞선다. 셋째, 하나님의 법적 행위(죄와 양자를 포함하는 칭의)는 항상 의식 가운데 나타나는 반면 중생은 잠재의식 속에 이루어진다.[91]

이와 같은 설명을 하고 나서 벌코프 교수는 그의 교의신학 가운데서 다음과 같은 구원의 서정을 ① 그리스도와의 신비적 연합, ② 외적 소명 ③ 중생과 유효적 소명 ④ 회심 ⑤ 신앙 ⑥ 칭의 ⑦ 성화 ⑧ 성도의 견인 등으로 배열하였다.

벌코프 교수의 구원의 서정을 살펴보면 몇 가지 특징을 찾을 수 있는데 첫째, ① 외소 ② 중생과 유효적 소명으로 배열하였으나 설명의 편의상 이렇게 놓았음을 밝히고 있다. 그리고 그는 소명이 중생에 앞선다고 말하고 있다.

둘째, 그는 회심과 신앙을 말하고 있으나 여기서 회심은 신앙과 회개로 구성된다 하고 편의상 신앙을 별개의 장에서 설명한다고 하였다. 그러므로 이 순서에도 별문제가 없다.

셋째, 벌코프 교수는 양자의 순서를 언급하지 않았음을 찾아 볼 수 있다. 양자는 중생과 칭의로 부터 분리될 수 없는 밀접한 관계가 있다. 중생은 우리의 심정을 하나님의 형상을 따라 갱신함이요 칭의는 우리를 의롭게 여겨 영생의 권리를 부여함이다. 구속된 자들은 양자에 의해 하나님의 자녀가 되고 하나님의 가족으로서의 권리와 특권을 가진다. 이와같이 양자는 중생과 칭의 그리고 성화와의 밀접한 관계과 함께 유사도 가지므로 양자를 칭의 한 성분으로 거론하였

---

91) *Ibid.*, 419~420.

다.92) 그러나 구원 서정의 새로운 단계로 다루는 것이 좋을 듯하다.

(5) 박형룡

한국 신학계의 원로이신 故박형룡 박사는 그의 교의신학 구원론 제1장에서 구원의 서정에 관한 고찰하면서 "대다수의 개혁파 신학자들은 구속의 적용이 그 발단에서 하나님의 사역이라는 사실을 강조하여 구원의 서정을 소명 혹은 중생으로부터 시작한다. 다음에 관심의 논의가 따라오는데 회심에서 중생의 사역은 죄인의 의식 생활에 투입하여 그로 하여금 자아와 사단의 세계에서 하나님의 세계로 돌아오게 한다. 회심은 회개와 신앙을 아울러 포함하나 신앙은 그것의 중요성 때문에 일반적으로 따로 논술된다. 신앙은 다음에 칭의를 수반하고 칭의하는 수양의 행복이 따른다. 그다음에 성화의 사역이 고찰되는 최종에 성도의 견인과 영화는 구원의 순서를 종결한다. 성경은 이렇게 ① 소명 ② 중생 ③ 회심 ④ 신앙 ⑤ 칭의 ⑥ 수양 ⑦ 성화 ⑧ 견인 ⑨ 영화의 연쇄를 하나의 황금 사슬로 구원의 서정을 제시한다"93)고 하면서 구원의 서정을 제시하였다.

박형룡 박사의 구원의 서정을 살펴보면 대체로 벌코프 교수의 구원의 서정과 유사하며, 다른 점은 수양과 영화의 순서가 더 삽입되었다는 점이다. 특히 구원의 서정 가운데 ③ 회심 ④ 신앙의 순서로 배열한 것은 회심은 회개와 신앙을 포함하나 신앙의 중요성 때문에 신앙을 별도의 단계로 논하는 것이 좋다고 해설을 하였다. 그는 구속적용의 사역에 있어 다양한 역사와 관련하여 하나님의 법정적 행위(칭의)가 그의 개조적 행위(중생)의 기초를 구성하기 보다는 칭의

---

92) 박형룡, *op. cit.*, 317.
93) *Ibid.*, 33~34.

는 논리적으로(시간적으로는 아니다) 다른 모든 역사보다 먼저 있다
는 점, 잠재의식 생활에서의 신적은혜의 사역이 각성의식 생활에서
의 그것보다 먼저 있기 때문에 중생은 회심보다 앞선다는 것, 그리
고 하나님의 법정적 행위(칭의와 수양)는 향상 각성의식에게 발언하
고 그의 개조적 행위인 중생은 잠재의식 생활에 역사한다는 것을 구
원의 서정의 선후 차서에서 명심할 것을 지적하였다.[94]

3) 기 타

(1) 벌카우어(G. C. Berkouwer)

벌카우어는 '구원의 서정'(*the Orde Salutis*)이라는 용어보다 '구원
방법'(the way of Salvation)이라는 용어가 성경적이라고 말한다. 그
이유를 우리가 성경으로부터 구원을 적용하는 순서를 하나의 직선과
같이 배열할 수 없기 때문이라고 한다. 그는 구원서정의 성경적 근
거로 로마서 8:30; 고린도전서 1:30; 6:11; 디도서 3:5 등이 제시되고
있지만, 그러나 이런 성구들은 로마서 8:30을 제외하고는 하나님의
구원 은총이 얼마나 풍성한가를 보여줄 뿐 전혀 구원서정을 제시하
는 성구가 아니라고 주장한다. 그리고 그는 구원방법에 관해 말하기
를 그 핵심을 신앙과 칭의에 두지 않으면 안 된다고 하였다.[95]

벌카우어는 구원의 적용 순서를 일련의 과정으로 보지 않고 부정
하고 있다. 그러나 그가 성경적 근거로 제시하는 성구들 이외에도
많은 성구들이 있다. 그리고 이러한 여러 성구들로부터 구원의 각
적용 단계들은 구분할 수 없는 하나의 활동으로 볼 수 없는 것이다.
이 사실에 관하여 존 머레이 교수는 "그 활동들은 연속된 과정들을

---

94) *Ibid.*
95) G. C. Berkouwer, *Studies in Dogmatics* (Eerdmans, 1977), 28~33.

포함한다. 이를테면 소명, 중생, 칭의, 양자, 성화, 영화 등인데 이들은 모두 구별이 있다. 이들 가운데 어느 하나라도 다른 용어로 정의될 수 없다.96)구원서정을 무시하고 구원방법에 있어서 신앙과 칭의만을 핵심이라고 주장한 것은 성령의 구속사역 곧 구속 적용의 중심이 무엇인지를 간과한 피상적인 관찰이라 아니할 수 없다. 전체 구속 적용의 과정에 있어서 가장 핵심이 되는 것은 중생이다.97)

(2) 스트롱(August H. Strong)

스트롱 교수는 구원의 서정에 대해 그리스도의 구속을 적용하는 순서는 시간적인 것이라기보다 논리적인 것이라고 하면서 구원의 서정을 ① 선택 ② 소명 ③ 그리스도와의 연합 ④ 중생 ⑤ 회심 ⑥ 칭의 ⑦ 성화 ⑧ 견인 등으로 배열하였다.

스트롱 교수의 구원의 서정에서 먼저 선택을 배열하였으나 선택은 구속의 적용 순서가 아니다. 스트롱 교수 자신도 이것을 구원 적용의 한 순서로 본 것이 아니고 소명의 기준을 제시하기 위하여 여기서 설명한 것뿐이다.98) 또한 그리스도와의 연합은 전체 구속과정에 기초이므로 구원서정의 한 단계로 넣지 않은 것이 좋을 것이다.

3. 개혁파 신학자들의 공통된 견해

지금까지 개혁파 신학자들의 구원의 서정을 살펴보았다. 개혁파

---

96) John Murray, *op. cit.*, 106.
97) 하문호, *op. cit.*, 134.
98) Strong, *op. cit.*, 777.

신학자들의 교원의 서정에서 몇 가지 공통점을 발견할 수 있다.

첫째, 중생에 있어서 인간의 준비적 은혜(preparatory grace)가 필요하지 않다는 점에서 공통된 견해를 가진다. 중생은 사람 안에 새 생명의 원소를 심고 영혼의 주관적 성향을 성화시키는 하나님의 창조적 행위이다. 그러므로 중생을 엄밀하고 좁은 의미에서 영적 생명의 최초주입으로 말할 때에 우리는 이것이 외적 소명이나 다른 어떤 방편에 의해 준비되기 불능하다고 보아야 할 것이다. 이 사실은 다른 모든 교파의 주장으로부터 구별되는 개혁파의 고유한 주장이다.

둘째, 중생으로 말미암은 구원 은혜의 견인성을 주장한다. 다른 교파에서 구원 은혜는 인간의 신앙생활 여하에 따라서 상실될 수 있다고 주장하나 개혁파는 성도의 견인 교리를 공통된 진리로 하나님의 불가항력적 은혜이다. 그리스도의 백성을 그의 손에서 빼앗을 자가 없음은 그들을 그리스도에게 주신 만물보다 크신 성부께서 자기 손으로 그들을 보호하시기 때문이다(요 10:29).

셋째, 인간의 선행이 구원 조건이 된다는 교리를 부정한다. 개혁파는 신자들이 구원의 기업을 받는 것은 그들의 선행의 효력으로서가 아니라 오직 하나님의 무상적 은혜에 의한다는 것을 명시한다. 이 점을 증명하는 성경적인 구절들은 누가복음 17:9~10; 로마서 5:15~18, 6:23; 에베소서 2:8~10; 디모데후서 1:9; 디도서 3:5 등이다.

4. 다른 교파들의 공통된 오류

구원의 서정에서 개혁파 신학자들은 세 가지 공통된 견해를 가지고 있었다. 그러나 로마카톨릭교회, 루터파, 알미니안파의 구원의 서정에서 우리는 세 가지 공통된 오류를 찾아 볼 수 있다. 이들의 구원의 서정에서 나타난 공통된 오류는 무엇인가?

첫째, 중생하기 전에 인간의 준비가 필요하다는 오류이다. 중생은 부성적 또는 모성적 출산행위로 인간은 중생에 있어서 전적으로 피동적이며, 중생 이전에 인간은 아무런 영적 선, 행위, 노력도 구원을 위하여 행할 수 없다. 그런데 로마카톨릭교회에서는 영세로 중생한다는 잘못된 주장을 하는 가운데 영세받기 위해서는 인간의 합당한 준비가 필요하나 이는 충족은혜로 된다고 하여 중생하기 전에 중생을 위한 인간의 준비 활동이 필요하다고 한다. 또 루터파에서는 구원서정을 소명, 조명, 회심, 중생의 순으로 놓아 중생을 위해서는 인간이 그 이전에 각심을 해야 한다고 주장한다. 알미니안주의 자들도 소명, 회개와 신앙, 칭의, 중생의 순으로 놓아 역시 중생 이전에 인간의 회개와 신앙이 요구됨을 말하고 있다. 이상에서 보는 바와 같이 로마카톨릭교회나 루터파나 알미니안주의자들은 모두가 한결같이 중생 이전에 인간의 어떤 행위가 개입되는 것으로 말함으로써 구원이 전적으로 하나님의 단독 사역인 중생으로 말미암는다는 성경진리를 완전히 가로막아 버리고 있다. 우리가 여기서 분명히 알아 둘 것은 중생은 전혀 사람의 뜻으로나 노력이 개입됨이 없이 되었다는 사실과(요 1:12, 13) 선행이나, 죄를 짓지 아니함이나 믿음의 행위 등은 모두 중생에서 비롯된 결과라는 사실이다. 다음 성구들을 볼 때 이 사실은 명백하다.

그러므로 찰스 하지는 말하되 "중생은 영혼의 행동으로 구성되지 않는다 …… 중생시키는 자는 하나님이다"라고 하였고,[99] 쫀 머레이 교수는 중생은 모든 선행과 믿음 활동의 원인임을 강조하였다.[100]

---

99) Charles Hodge, *op. cit.*, 81.

둘째, 중생으로 말미암는 구원 은혜의 상실 가능성을 주장하는 오류이다. 중생의 은혜는 하나님의 영원적 불변적 목적의 실현에 따른 하나님의 전능하신 역사이므로 성질상 유효하고 죄인 편에서의 항거로 실패되지 않는다. 예수님께서 중생에 관하여 말씀하시면서 "바람이 임의로 불매"(요 3:8)라고 하신 말씀은 중생시키시는 성령의 주권성과 유효성과 사실성, 확실성, 신비성을 말한 것이다. 그런데 로마카톨릭교회는 영세 때 중생한 구원은혜는 상실될 수 있다고 주장한다. 또 루터파와 알미니안주의자들도 중생으로 말미암은 은혜는 상실될 수 있다고 주장을 그들의 견인 교리에서 살펴보았다. 중생으로 말미암는 구원은혜가 상실될 수 없다는 사실은 스트롱 교수의 성경적 증명과 합리적 논증으로 살펴보았다.

셋째, 인간의 선행 또는 신앙생활 여하에 따라 구원이 결정된다는 오류이다. 로마카톨릭교회는 영세 때 받은 주입은혜는 상실될 수 있는 것이며 이런 결과는 대죄 하나만 범하더라도 올 수 있다고 주장할 뿐만 아니라 잃어버린 주입은혜 곧 상존은총을 회복하는 길은 '고해나 상등통회'이며 구원을 얻기 위해서는 계속하여 선행을 쌓는 일이 요구된다. 만일 선행이 부족하면 연옥의 불에 의한 만족이 요구된다. 루터파에서도 구원은 전적으로 그리스도의 은혜로 되는 것으로 보지 않는다. 루터파는 보존교리에서 인간의 신앙 상태 여하에 따라 구원은 상실될 수 있다고 주장하여 결국은 구원에 있어서 인간의 행위 내지는 신앙생활 태도가 필수적 요건으로 간주되고 있다.

알미니안주의자들도 성도의 견인은 오직 인간 편에서 계속적인 신앙생활을 유지하는 노력으로 될 수 있다고 봄으로 결국은 구원의 최종 확정 여부가 인간의 행위 여하에 달린 것으로 보는 오류를 범하

---

100) John Murray, *op. cit.*, 130.

고 있다. 이처럼 로마카톨릭교회와 루터파와 알미니안주의자들의 공통적인 오류는 중생에 인간의 준비가 필요하다는 것, 중생으로 말미암는 구원은혜의 상실 가능성을 주장하는 것, 그리고 인간의 행위가 구원 여부를 결정하는 한 가지 요소가 된다는 오류들이다.

5. 구원서정에서 중생의 필요성

로마카톨릭교회, 루터파, 그리고 알미니안주의자들과 개혁파 신학자들의 구원의 서정에서의 차이점은 전자는 중생을 신앙과 회개 후에 놓지만, 후자는 신앙과 회개보다 중생을 먼저 놓고 있다는 점이다. 개혁파 신학자들이 이런 순서를 변함없이 제시하는 이유는 구원 서정에 있어서 중생이 하나님의 단독 사역으로 이루어지는 단계이며 구원의 열쇠가 되기 때문이다.

1) 중생은 구원 서정의 핵심적 단계이다

아담의 범죄로 인해 타락한 인간의 상태는 영적 생명이 죽은 상태가 되었고 그 결과 영생을 잃어버렸으며, 하나님과 영적 교제가 단절되어 영적 세계를 분별할 수 없는 상태에 떨어졌다. 즉 하나님의 성령이 우리에게서 떠나시므로 영적으로 죽은 상태가 되었다. 그러면 하나님의 성령이 떠나시므로 영적 생명이 죽었던 인간의 영적 생명을 다시 살리는 방법은 무엇인가? 우리의 죽은 영적 생명을 다시 살릴 수 있는 방법은 인간의 어떠한 노력이나 지식으로도 불가능하다. 영적 생명을 다시 살릴 수 있는 길은 오직 하나님의 성령께서만이 하실 수 있다. 그분은 처음 인간을 생령이 되게 하셨던 분이요 영이시기 때문이다. 인간에게 하나님의 성령이 찾아오셔서 영적 생명이 다시 살리시면 잃었던 영생의 특권과 영적 세계 분별 능력은 회복될 것이다. 왜냐하면 우리에게 지복한 상태의 영생을 주시기 위한 것이며, 또 영적인 것은 영적으로만 분별되기 때문이다. 그러므로 중생은 구원의 열쇠라고 할 수 있다.

2) 중생은 하나님의 단독사역이다

중생은 범죄로 말미암아 멸망과 비참한 상태에 떨어진 인간의 재창조하시는 하나님의 행위이다. 그러므로 중생은 전혀 사람의 뜻이나 노력에 의한 것이 아니고 전적으로 하나님의 단독사역이며, 인간은 전적으로 피동적이라는 사실이다. 예수님은 우리가 거듭나는 것은 성령에 의한다고 하였고(요 3:5) 육으로 난 것은 육이요 영으로 난 것은 영이라(요 3:6)고 말씀하셨다. 중생의 피동성에 대하여 찰스 하지는 말하되 "중생은 영혼의 행동으로 구성되지 않는다. 중생은 하나님의 행동이다 …… 중생시키는 자는 하나님이시다. 영혼은 중생된다. 이 의미에서 영혼은 중생에서 피동적이어서 우리 안에 공작되는 변화요 우리가 행하는 변화가 아니다"라고 하였다.[101] 존 머레이 교수는 중생의 피동성을 거듭남이라고 할 때 '남'이란 말의 피동형을 지적하면서 우리가 부모에게서 출생하는 것이 전혀 우리의 뜻이나 노력으로 난 것이 아님과 같다고 하였고 만일 우리가 중생이 수동적이 아니라고 한다면 거기에는 전혀 복음이란 존재할 수 없다고 하였다.[102] 그러므로 사도 요한은 "영접하는 자 곧 그 이름을 믿는 자들에게는 하나님의 자녀가 되는 권세를 주셨으니 이는 혈통으로나

---

101) Charles Hodge, *op. cit.*, 7.
102) John Murray, *op. cit.*, 131.

육정으로나 사람의 뜻으로 나지 아니하고 오직 하나님께로서 난 자들이니라"(요 1:12)고 말한 데서 신앙과 양자의 원인이 중생인 것을 알 수 있고 또 그 중생은 인간 편에서 볼 때는 전혀 피동적인 것임을 알 수 있다.

3) 중생된 자는 반드시 구원 받는다

주님께서 사람이 거듭나지 아니하면 아무도 하나님 나라에 들어가지 못한다는 말씀(요 3:3, 5)에서 중생은 하나님 나라에 들어가는 문이다. 중생은 이미 존재하되 죄악으로 죽였던 영적 죽음에서의 회생이며 다시 낳음을 받는 것 즉 거듭남이다. 따라서 중생은 이미 있던 영혼의 죄악한 옛 상태에서 성결한 새 상태에로의 변화이다. 성경은 "하나님께로서 난 자마다 범죄치 아니하는 줄을 우리가 아노라 하나님께로서 나신 자가 저를 지키시매 악한 자가 저를 만지지도 못하느니라"(요일 5:15).

4) 중생은 다른 여러 가지 신앙 활동의 원인이다

사도 요한은 중생에 관련하여 다른 은혜의 열매 사이에는 인과 관계가 있음을 말하고 있다. "너희가 …… 의를 행하는 자마다 그에게서 난 줄을 알리라"(요일 2:29), "하나님께로서 난 자마다 죄를 짓지 아니하나니 이는 하나님의 씨가 그 속에 거함이요 저도 범죄치 못하는 것은 하나님께로서 났음이라"(요일 3:9), "사랑하는 자마다 하나님께로 나서 하나님을 알고"(요일 4:7), "예수께서 그리스도이심을 믿는 자마다 하나님께로서 난자니"(요일 5:1), "대저 하나님께로서 난 자마다 세상을 이기느니라 세상을 이긴 이김은 이것이니 우리의 믿음이니라"(요일 5:4). 이러한 성구들은 의를 행함, 죄를 짓지 아니함, 하나님을 알고 사랑함, 그리스도를 믿음 세상을 이기는 믿음의 소유 등의 원인은 하나님께로서 거듭났기 때문임을 말해 주고 있다. 그러므로 중생은 구원 서정에 있어서 인간 행위의 요소가 포함되어 있는 다른 단계들, 곧 신앙, 회개, 성화 등에 앞서서 일어나야 된다. "중생은 심령과 생활의 모든 변화를 일으키는 기초이다. 그것은 엄청난 변화이다. 왜냐하면 하나님의 재창조적 역사이기 때문이다. 값싸고 조잡한 복음주의가 영화로운 복음의 주권적 은혜인 불가항력적인 능력을 선언하는 복음을 유린하여 왔다. 교회는 마땅히 구원을 위한 「하나님의 능력」이라는 의미로 복음을 재인식해야 할 것이다. 이상 몇 가지 점을 생각할 때 성령의 중생사역은 구원서정에 있어서 핵심적인 단계라고 아니할 수 없다. 로마카톨릭교회나 루터파나 알미니안주의들은 모두가 한결같이 하나님의 단독사역이며 구원 여부를 판가름 짓는 이 성령의 중생 역사를 구원서정의 핵심적인 단계로 포착하지 못하였다.

VI. 유동적 서정과 기본적 서정

1. 유동적 서정

1) 구원 서정의 개념들

성령의 구원 적용의 순서에는 유동적 서정과 기본적 서정으로 나누어 보자. 개혁파 신학자들의 구원서정을 요약하면 다음과 같다.

첫째, 요한 칼빈은 ① 신앙과 소명 ② 중생(회심, 성화, 신앙적 투쟁 포함) ③ 칭의 ④ 예정 ⑤ 부활의 순서로 놓았다.

둘째, 훅스마 교수는 ① 중생 ② 소명 ③ 신앙 ④ 회심 ⑤ 칭의 ⑥ 성화 ⑦ 보존 및 견인 ⑧ 영화의 순서로 놓았다.

셋째, 루이스 벌코프 교수는 ① 그리스도와 연합 ② 외적 소명 ③ 중생과 유효적 소명 ④ 회심 ⑤ 신앙 ⑥ 칭의 ⑦ 성화 ⑧ 성도의 견인의 순서로 놓았다.

넷째, 찰스 하지 교수는 ① 중생 ② 소명 ③ 신앙 ④ 칭의 ⑤ 성화의 순서로 놓았다.

다섯째, 에이 에이 하지 교수는 ① 소명 ② 중생 ③ 신앙 ④ 그리스도와의 연합 ⑤ 회개 ⑥ 칭의 ⑦ 양자 ⑧ 성화 ⑨ 성도의 견인의 순서로 놓았다.

여섯째, 스트롱 교수는 ① 선택 ② 조명 ③ 그리스도와의 연합 ④ 중생 ⑤ 회심 ⑥ 칭의 ⑦ 성화 ⑧ 견인 그리스도와의 연합의 순서로 놓았다.

일곱째, 박형룡 박사는 ① 소명 ② 중생 ③ 회심 ④ 신앙 ⑤ 칭의 ⑥ 수양 ⑦ 성화 ⑧ 성도의 견인 ⑨ 영화의 순서로 놓았다.

여덟째, 죤 머레이 교수는 ① 소명 ② 중생 ③ 신앙과 회개 ④ 칭의 ⑤ 양자 ⑥ 성화 ⑦ 견인 ⑧ 연합 ⑨ 영화의 순서로 놓았다.

아홉째, 헤르만 바빙크 교수는 ① 소명 ② 칭의 ③ 성화 ④ 영화의 순서로 놓았다.

위에 열거된 구원의 서정 가운데 나타난 개념들을 모두 나열해 보면 다음과 같다. 선택, 소명, 중생, 회심, 신앙, 회개, 양자, 그리스도와의 연합, 칭의, 예정, 성화, 견인, 수양, 평화, 부활 등 전부가 16가지이다. 이 가운데 용어상의 차이로 같은 개념이 다른 용어로 표현된 것들을 구분하면 첫째, 선택과 예정은 같은 것이고 이는 구원 적용의 범주가 아니므로 제외한다. 둘째, 회심은 신앙과 회개를 묶은 용어이기 때문에 제외된다. 셋째, 양자와 수양은 우리말의 두 가지 표현인 고로 양자로 통일하고 수양을 제외한다. 넷째, 부활은 곧 영화를 뜻하므로 부활은 영화의 개념에 포함시켜 제외한다. 이렇게 하여 위에 열거된 용어들을 간추려 보면, 소명, 중생, 신앙, 회개, 양자, 그리스도와의 연합, 칭의, 성화, 견인, 영화, 평화 등 11가지이며 이것들만이 구원서정의 개념들로 고려될 수 있다.

또 위에 열거된 개념들 가운데 신앙과 회개는 두 가지 서정이 아니라 같은 서정의 양면으로 보기도 한다. 평화는 성령의 내주하심으로 이루어지는 결과인데 이것은 성화의 정도에 비례하는 것으로서 평화는 성화의 개념에 포함시키는 것이 타당하다. 이렇게 되면 구원 서정으로 고찰된 개념들은 그리스도와의 연합, 소명, 중생, 신앙, 회심, 양자, 칭의, 성화, 견인, 영화의 10가지로 구분된다.[103]

2) 유동적 서정의 개념들

(1) 그리스도와의 연합

그리스도와의 연합은 루터파에서는 인간 중심으로 취급하여 사람이 믿어서 연합이 이루어진다고 하여 신앙 다음에 그리스도와의 연합을 놓았다. 그러나 개혁파에서는 하나님 중심으로 취급하여 그리스도와의 연합은 구속 적용에 있어서 성령에 의하여 실현된다고 볼 뿐만 아니라 구적 적용을 훨씬 넘어서서 하나님의 구원계획과 구속 성취까지도 이 연합에 기초를 두고 있다. 따라서 그리스도와의 연합

---

103) 하문호, *op. cit.*, 161－62.

은 구원서정의 어느 한 단계로 보는 것보다는 전체 구원서정의 기초로 보아야 할 것이다.

(2) 성도의 견인

성도의 견인은 유일하게 개혁파에서 주장하는 매우 중요한 성경적 교리이다. 그러나 구원서정에 관련하여 견인을 생각할 때 이것은 중생의 성질로 보는 것이 타당하다. 왜냐하면 견인교리란 오직 끝까지 견디는 자만이 참 성도라는 교리이며 반대로 말하면 유효적 소명을 받아 성령이 내주하는 자는 끝까지 그 신앙을 유지할 것이라는 교리인데 이 말은 중생 자는 결코 구원에서 제외될 수 없고 그 성령의 역사로 말미암은 신앙을 끝까지 유지해나갈 것이기 때문이다.

(3) 양　자

칭의의 결과를 두 가지로 생각할 때 소극적으로는 정죄에서의 해방이요 적극적으로는 사죄로 말미암아 그리스도 안에 있는 모든 특권들을 얻어 누리게 되는 것이라고 할 수 있다. 그렇다면 양자는 칭의의 적극적인 면으로 볼 수 있으므로 유동적인 단계로 볼 수 있다.

(4) 성화와 영화

성화는 중생 이후 신앙과 회개로 말미암는 점진적 계속적 과정이며 영화란 곧 성화의 완성으로 볼 것이므로 하나로 묶는 것이 좋을 것이다.

2. 기본적 서정

구원 서정의 10가지 개념들 즉 그리스도와의 연합, 소명, 중생, 신앙, 회개, 양자, 칭의, 견인, 성화, 영화 가운데 유동적인 서정들을 제외하면 ① 소명 ② 중생 ③ 신앙 ④ 회심 ⑤ 칭의 ⑥ 영화가 남는다. 이것이 곧 기본적인 서정으로 고려될 것이다.

3. 구원 서정의 중요성

성령의 구속 적용에 있어 개혁파를 제외한 모든 교파들은 전적인 은혜성을 주장하지 못하고 인간의 행위 또는 공로를 구원 조건으로 삽입시키고 있는 반면에 개혁파는 구원의 전적 은혜성을 강조하고 있으며 이는 인간의 전적 부패에 기초를 두고 있음을 보았다. 따라서 중생은 하나님의 단독사역이며 중생 이전에는 인간 편에서의 어떤 신앙 활동도 있을 수 없다는 것이다. 이런 성경적 원리에 의해 신앙이나 회개는 중생보다 앞에 올 수 없다. 이 사실을 먼저 염두에 두고 이제 기본적인 개념들의 순서를 살펴보면 다음과 같다.

소명, 중생, 신앙, 회심, 칭의, 성화 등 여섯 가지 개념의 순서를 정하는 데 밝은 빛을 던져주는 성구가 있다. 로마서 8:30에 "또 미리 정하신 그들을 부르시고 그들을 또한 의롭다 하시고 의롭다 하신 그들을 또한 영화롭게 하셨느니라" 여기서 소명, 칭의, 영화의 순서가 있음을 보게 된다. 그런데 문제는 소명과 중생의 순서이다. 이 문제에 관하여는 개혁파 신학자들 가운데에 중생, 소명의 순으로 놓은 사람들도 있고 소명, 중생의 순으로 놓은 사람들도 있음을 이미 보았다. 이 문제에 관하여 죤 머레이(John Murray) 교수는 말하기를 중생은 유효적 소명보다 앞서는가? 아니면 그 반대인가? 이 문제에 있어서 중생이 앞선다는 주장들도 있다. 물론 중생, 소명, 칭의, 영화의 순서를 채택한다 해서 어떤 큰 위험스런 결과가 초래되는 것은 아니다. 그러나 유력한 주장이 있으니 우리는 성경의 가르침 가운데서 죄인을 어두움에서 빛으로 옮기게 하며 그리스도와 친교를 맺게 하는 하나님의 활동을 분명하게 가르쳐주고 있음을 보는데 이것이 곧 소명이다. 이러한 신약의 가르침은 실제 소유하게 되는 구원이 하나님 편에서의 유효적 부르심으로부터 시작된다는 강한 인상을 주게 된다. 그리고 그 부르심은 하나님의 부르심으로 그 부르심이 유효하게 될 모든 실제적인 효과를 그 속에 수반하는 것이다. 이런 특성을 지닌 것은 중생이 아니고 소명이다. 그러므로 소명의 선행성을 분명히 말할 수 있다. 그러므로 이상의 이론을 요약하면 아래 도표와 같은 구원서정이 제시될 수 있다. 기본적 단계의 순서로는 ① 소명 ② 중생 ③ 신앙 ④ 회개 ⑤ 칭의 ⑥ 영화, 유동적 단계의 순서로는 ⑦ 견인 ⑧ 양자 ⑨ 성화, 기초적 단계로는 ⑩ 그리스도와의 연합 등이다.

구원의 서정의 기본원리는 무엇인가? 한마디로 말한다면 구원은 전적으로 하나님의 선물이며 우리에게서 난 것이 아니요 하나님의 역사로 이루어진다는 사실이다. 이러한 사실은 구원의 전체 단계에서 구원 여부를 결정짓는 최초의 핵심적 단계인 중생이 전적으로 하나님의 단독사역으로 이루어진다는 사실에서 명백하다. 그러나 로마카톨릭교회나 루터파나 알미니안주의에서는 구원의 전적인 하나님의 은혜성을 부정하고 중생 은혜는 상실될 수 있는 것이며, 인간의 고해성사, 선행 또는 신앙 활동이 보장되어야 구원은 이루어지는 것이라고 주장한다. "너희가 그 은혜를 인하여 믿음으로 말미암아 구원을 얻었나니 이것이 너희에게서 난 것이 아니요 하나님의 선물이라 행위에서 된 것이 아니니 이는 누구든지 자랑치 못하게 함이니라"(엡 2:8, 9). 로마카톨릭교회나 루터파나 알미니안주의의 구원서정론은 구원이 인간의 행위에 영향을 받는다는 은혜에 입각한 잘못된 순서를 보여주고 있다. 그들은 우리를 향하신 하나님의 은혜와 사랑을 격하시켜 하나님께 돌려야 할 영광과 찬송을 가로막고 인간의 행위를 자랑하는 데로 돌리게 하는 무서운 결과를 낳는 과오를 저질렀다. 우리는 구원서정에서 성도를 향하신 하나님의 무한한 사랑과 은혜와 행하신 일을 보고 감탄하지 아니할 수 없다. 하나님은 구원을 계획(예정)하시고, 구원의 길을 알려 주시고(특별계시), 성자를 보내시어 구속을 성취하시었고, 성령을 보내시어 우리 각 사람에게 그 구속을 적용시키는 역사를 삼위일체 합동으로 수행하고 계신다. "여호와여 주의 하신 일이 어찌 그리 많은지요."(시 104:24) "산들은 떠나며 작은 산들은 옮길지라도 나의 인자는 네게서 떠나지 아니하며 화평케 하는 나의 연약은 옮기지 아니하리라 너를 긍휼히 여기는 여호와의 말이니라"(사 54:10), "…… 이 복음으로 너희를 능히 견고케 하실 지혜로우신 하나님께 예수 그리스도로 말미암아 영광이 세세무궁토록 있을지어다 아멘"(롬 16:26, 27).

제2부

구원서정(救援序程)의 각론

제1장 신비적 연합

　　구원(救援)은 삼위 일체 하나님의 사역으로 성부께서 구원을 계획(豫定)하시고, 성자께서 십자가에서 구속을 성취(成就)하셨으며, 성령께서 각 사람에게 그 구속을 적용(適用)시키는 역사를 수행하신다. 이제 구원 서정의 각론에 앞서는 개혁파 신학에서 구원의 전과정은 「신비적 연합」또는 「그리스도와 연합」의 한 방면에서 기원되고 다른 방면에서 실현되는 것이다. 「신비적 연합」또는 「그리스도와 연합」은 구원교리 전부의 중심적 기초적 진리가 됨으로 구원의 아홉 가지 단계를 논하기 전에 가장 먼저 다루어야 할 중요한 부분이다. 그 다음으로 ① 소명 ② 중생 ③ 회심 ④ 신앙 ⑤ 칭의 ⑥ 양자 ⑦ 성화 ⑧ 성도의 견인 ⑨ 영화 등 순서로 다루어 질 것이다.

Ⅰ. 일반적 고찰

구원의 서정에 있어서 다른 순서에 앞서 그리스도와의 연합 또는 신비적 연합(*unio mystica or mystical unio*)을 다루는 목적은, 이것은 첫 번째 순서이기 때문이 아니라 전체 구원서정의 기초 또는 전제가 되기 때문이다. 또한 이것을 계산해 넣지 않으면 우리 구속의 적용의 제시가 불완전할 뿐만 아니라, 그리스도인의 생활의 견해가 중대하게 왜곡될 것이기 때문이다. 그리스도와의 연합은 구속 적용의 중요한 한 국면이다. 칼빈은 죄인이 그리스도와 연합하지 못하면 그의 속죄사역의 혜택에 참여하지 못한다는 관념을 반복 표현하여 이것을 크게 중요한 진리로 치중하였다. 특히 개혁파 신학에서 그리스도와의 신비적 연합은 구원의 교리 전부의 중심적 기초적 진리이므로 구속의 주관적 적용에서만 아니라 구원의 전 과정은 그리스도와의 연합의 한 방면에서 기원되고 다른 방면에서 실현되는 것이다. 따라서 구원의 전 과정을 관설하고 있음을 예증하기 위한 것으로서 그리스도와의 연합을 먼저 고찰하고자 한다.

1. 성경적 근거

신약성경에서 「그리스도 안에서」라는 표현은 신비적 연합을 의미하는 것으로 구속의 적용에 대해서만 사용되지 않고 넓은 의미를 내포하고 있다. 구원의 원천인 성부의 영원한 선택 자체가 그리스도 안에서」되었다.(엡 1:3-4) 하나님의 백성은 그리스도의 죽음, 부활,

천상승귀(天上昇貴)에서 그와 연합되어 있다.(롬 6:2-11; 엡 2:4-6; 골 3:3-4) 성도의 새 생활의 계속도 그리스도 안에서」된다.(롬 6:4; 고전 1:4-5) 이와 같이 그리스도와의 연합은 성부의 영원한 선택에서 발단하여 하나님의 아들의 영화로 결과하는 것이니 우리의 구속의 적용의 모든 계단들을 포함하는 것이다. 성경은 "나는 포도나무요 너희는 가지니 저가 내 안에, 내가 저 안에 있으면 이 사람은 과실을 많이 맺나니 나를 떠나서는 너희가 아무것도 할 수 없음이라."(요 15:5) 이처럼 그리스도와 신자는 연합된 가운데서 구원이 이루어지고 있다. 다시 말해서 그리스도와 연합되지 아니한 가운데서는(나를 떠나서는) 구원 적용은 생각조차 할 수 없는 것이다.

1) 신비적 연합의 개념

① 자연인은 아담에게 신자는 그리스도에게 연합되어 있다

하지(A. A. Hodge) 교수는 이 사실에 대하여 다음과 같이 설명하고 있다. 아담과 자연인의 연합은 다음 사실들을 포함한다. 첫째로 아담은 행위언약 하에서, 언약의 머리이며(롬 5:12-19), 둘째로 통상적인 출생을 따라 그의 도덕적 부패를 물려받게 되는 자연적 머리이다.(창 5:3, 고전 15:49) 그러나 우리를 아담과의 연합으로 행위언약의 근거가 되는 율법은 그리스도에 의하여 완성되고, 우리는 "그리스도의 몸으로 말미암아 율법에 대하여 죽임을 당하고" 다른 이 곧 그리스도와 결혼을 하게 되었다.(롬 7:1-4)

② 신비적 연합은「그리스도 안에서」로 표현되고 있다

성경은 그리스도와의 연합을 직접적으로 표현하기도 한다. "무릇 그리스도 예수와 합하여 세례를 받은 우리는 그의 죽으심과 합하여

세례 받은 줄을 알지 못하느뇨 …… 만일 우리가 그의 죽으심을 본
받아 연합한 자가 되었으면 또한 그의 부활을 본받아 연합한 자가
되리라"(롬 6:3, 5), 그러나 그리스도와의 연합을 나타내는 보다 통상
적인 표현은 「그리스도 안에서」라는 말이다.(엡 1:3, 4, 9; 2:10; 고전
1:4, 5, 골 2:3; 롬 8:10)

③ 신비적 연합은 구원 은혜 전체가 주어지는 영역을 말한다

하나님의 은총은 일반은총과 특별은총이 있는바 일반은총은 그리스
도 안에 있지 아니한 사람들도 누리는 것이나 특별은총은 그리스도와
연합되어 있는 자들만 받아 누리는 것이다. 다시 말해서 신자들이 받
는 모든 구원 은총은 그리스도와 연합됨으로 말미암아서만 받게 된다.

2. 신비적 연합의 4가지 의미

성경이 「신비적 연합」 또는 「그리스도와 연합」을 말할 때, 그 의미
는 다음과 같은 4가지로 구분할 수 있다.

1) 속죄 언약(The Covenant of Redemption)에서의 연합

속죄 언약이란 삼위일체의 대표자이신 성부와 피택자의 대표자이
신 성자 사이에 인간 구원을 위하여 영원 전에 맺으신 언약을 말한
다. 이 속죄 언약은 "평화의 의논"(the Counsel of peace, 슥 6:13)이
라고도 불린다. 이 속죄 언약에서 피택자들의 죄는 그리스도에게 전.
가되고 그리스도의 의는 피택자들에게 전가되었다. 이 의의 전가는
다른 말로 「영원으로부터 오는 칭의」라고 불리는 것으로서 성도의

이신득의(以信得意)의 영원한 기초요, 성도가 모든 영적 행복들과 영원한 생명을 받을 근거이다. 이 「영원으로부터 오는 칭의」가 이루어지는 것도 그리스도와의 연합 곧 '그리스도 안에서'이다.

2) 은혜언약(The Covenant of Grace)에서의 연합

은혜언약은 하나님과 피택자 사이의 구원을 내용으로 하는 언약이다. 아담이 행위언약에서 전 인류의 대표가 됨으로 말미암아 아담과 그의 모든 후손 사이에 유기적인 연합이 있는 것과 마찬가지로 그리스도는 은혜언약에서 피택자들의 대표가 됨으로 말미암아 그리스도와 피택자 사이에 유기적 연합이 이루어지게 된 것이다. 다시 말해서 아담 한 사람의 범죄로 모든 사람이 죽은 것과 같이 한 사람 예수 그리스도의 은혜로 말미암아 생명을 얻게 되는 언약이 성립되었으니 이 은혜언약도 그리스도 안에서 이루어진 것이다. 이 연합이 역사의 진정에 실현된 효능으로 그리스도는 능히 "볼지어다 나와 및 하나님께서 내게 주신 자녀"(히 2:13)라고 말씀하실 수 있었다.

3) 구속성취(The accomplishment of Redemption)에서의 연합

구속 언약에서 성립된 유기적 연합의 효능으로 그리스도는 성육신하셔서 그의 백성의 보증과 중보, 그들의 머리와 대용이 되심으로 그리스도 안에서 그들을 위한 구원의 모든 행복들을 획득하셨다. 즉 구원의 모든 축복들이 피택자에게 주어지도록 속죄언약에서 이미 계획되었으나 그 축복들이 실현되게 된 것은 그리스도께서 성육신하시어 십자가에서 구속을 성취하심에 의한 것이다. 그의 자녀가 혈육에 속한 자였으므로 "그도 또한 한 모양으로 혈육에 함께 속하심은 사함으로 말미암아 사함의 세력을 잡은 자 곧 마귀를 없이 하시며 또 죽기를 무서워하므로 일생에 매여 종노릇하는 모든 자들을 놓아주려 하심이니.”(히 2:14, 15) 그러므로 모든 피택자들은 그리스도의 십자가 구속으로 말미암아 그와 함께 십자가에 못 박혔고, 그와 함께 죽었고, 또 그와 함께 부활하며 하늘나라에 가게 되었다. 다시 말해서 그리스도의 십자가로 공로로 말미암아 그리스도와 피택자의 연합이 객관적으로 실현된 것이다.

4) 구속적용(The Application of Redemption)에서의 연합

「신비적 연합」은 십자가에서 객관적으로 실현된 연합뿐만 아니라 성령께서 십자가의 구속의 효과를 주관적으로 각 개인에게 적용시킴으로 말미암아 이루어지는 주관적으로 실현된 생명의 연합도 생각할 수 있다. 이 연합을 벌코프(L. Berkhof) 교수는 정의하기를 “이 연합은 그리스도와 그의 백성 사이의 친밀적이고 생명적이고 영원적인 연합으로서 그 연합의 결과로써 그리스도는 그들의 생명의 힘, 그들의 복됨과 구원의 근원이 되신다”라고 하였다.

이와 같이 ‘신비적 연합’이라는 명사는 광의로 사용되어 언약적, 유기적, 객관적, 주관적 여러 방면을 포함하는 것이다. 그러한 가장 일반적으로 이 연합의 절정적인 방면, 즉 성령의 공작에 의한 주관적 실현을 가리킨다. 이상에서 보는 바와 같이 그리스도와의 연합의 주관적 방면이 우리가 다루고 있는 구원론, 즉 성령의 구속 적용에만 국한된 것이 아니고 하나님의 구속사업 전체에 미치는 것이다.

Ⅱ. 구속 적용에서의 신비적 연합

1. 구원서정상의 위치

앞서 살펴본 바와 같이 그리스도와의 연합은 구속 적용의 범위에만 국한된 것이 아니며 하나님의 구속 영역 전체에 미치는 것이다. 따라서 구원 적용의 범주 내에서도 그리스도와의 연합의 전체 순서의 기초로 파악할 것이지 구원서정의 어느 한 단계로 파악될 성질의 것이 아니다. 머레이(John Murray) 교수는 이 사실을 다음과 같은 요지로 논하고 있다.

1) 성도가 새롭게 지으심을 받는 것은 그리스도 안에서이다

"우리는 그의 만드신 바라. 그리스도 예수 안에서 선한 일을 위하여 지으심을 받은 자니."(엡 2:10) 여기에서 바울은 공로에 의하지 않고 은혜에 의하여 우리가 구원받았다는 위대한 진리를 주장하고 있다. 구원은 하나님의 은혜에 그 기원을 갖는다. 그리고 이 사실은 우리가 그리스도 안에서 새로운 피조물로 지음받은 사실에서 증명된다. 실제적인 구원의 시작 곧 새로운 피조물이 되는 일이 그리스도와의 연합에서 이루어진다는 사실은 놀랄 일이 아니다. 왜냐하면 영원전 선택부터가 그리스도와의 연합에서 이루어지기 때문이다.

2) 성도들의 신앙생활 전체가 그리스도 안에서이다

신자들의 새 생활은 부활하신 예수 그리스도와의 교제 안에서 사는 생활이다. 즉 그들은 모든 일에 있어서 말에나 지식까지도 그리스도 안에서 풍성히 얻는다.(롬 6:4; 고전 1:4, 5)

3) 성도의 죽음도 그리스도 안에서이다

신자들은 그리스도 안에서 또는 그리스도로 말미암아 자게 되고 그리스도 안에서 죽는다(살전 4:14, 16). 이 연합이 죽음에서까지도 끊어지지 않는 바는 사실보다 더 분명하게 그리스도와의 연합의 불가 해소성을 말해 줄 수 있는 그 무엇이 있겠는가?

4) 성도의 부활도 그리스도 안에서이다

신자들이 세상 마지막 날 나팔이 울릴 때 다시 살아나게 되고 죽은 자들이 썩지 아니할 것으로 다시 일어나게 되는 것도 그리스도 안에서이다(고전 15:22).

5) 성도의 영화도 그리스도 안에서이다

"자녀이면 또한 후사 곧 하나님의 후사요 그리스도와 함께한 후사니 우리가 그와 함께 영광을 받기 위하여 고난도 함께 받아야 될 것이니라."(롬 8:17)

2. 특 성

그리스도와의 연합은 구원 영역 전체 곧 선택으로부터 영화에 이르기까지 미친다. 이는 그리스도와 그의 백성 사이에 초자연적인 방식으로 성과되어 영적(靈的), 친밀적(親密的), 생적(生的)임에서 사람의 이해를 초월하는 연합이니 이것의 효능으로 그는 그들의 생명과 힘, 그들의 복됨과 구원의 원천이 되신다.(L. Berkhof) 또한 신자가 그리스도와 실제적인 연합을 이루는 것은 성령에 의하여 구원이 주관적으로 적용될 때이다. 그리고 이 실제적인 연합에 대하여 벌코프(L. Berkhof) 교수는 다음과 같은 특성을 말하고 있다.

1) 유기적 연합이다

그리스도와의 연합이 유기적이라는 말은 그리스도와 신자가 마치 한 몸을 형성하는 여러 부분의 연합과 같은 성격을 지니고 있음을 뜻한다. 그러므로 성경은 그리스도와 신자의 연합 관계를 "포도나무와 가지"(요 15:5), "몸과 지체"(고전 6:15~19), "머리와 몸"(엡 1:22, 23:4:15, 16; 5:29, 30) 등으로 묘사하고 있다. 이 유기적 연합에서 그리스도는 신자 안에 역사하시고 신자는 그 안에서 봉사한다. 몸의 각 부분이 다른 부분을 위하여 봉사하고 봉사를 받는 원리를 우리는 이 연합에서 찾아보게 된다.

2) 생명적 연합이다

그리스도와의 연합에 의해서 그리스도의 생명이 신자들에게 생의 형성적 원소(形成的 原素)가 되신다. 성경은 "아들이 있는 자에게는 생명이 있고 하나님의 아들이 없는 자에게는 생명이 없느니라."(요일 5:12) 신자는 "예수 그리스도께서 너희 안에 계신 줄을" 스스로 알며(고후 13:5) 따라서 신자는 그리스도의 생명으로 말미암아 "이제는 내가 산 것이 아니요 오직 내 안에 그리스도께서 사신 것"임을 고백하게 된다.(갈 2:20) 이런 사실은 "죄와 허물로 죽었던"(엡 2:1) 우리의 영적 생명이 그리스도와 연합함으로 말미암아 살아난 것을 뜻한다. 그러므로 그리스도와의 연합은 생명적 연합인 것이다.

3) 성령에 의하여 중재적 연합이다

그리스도와의 연합은 성령의 공작을 통하여 그리스도께서 지금 신자들 안에 그들의 생활의 근원으로 내주하신다. 즉 죄와 허물로 죽었던 우리들을 그리스도의 생명에 연합시키는 것을 중생이라고 한다면 이 역사는 성령에 의한 것이다.(요 3:5) 또 이제는 내가 산 것이 아니요 내 안에 그리스도께서 사신 생활을 성화라고 한다면 이 성화는 성령의 역사에 의한 것이다.

4) 상호 동작적 연합이다

그리스도와의 연합은 성도와 그리스도와의 상호적 동작에 의한 신비한 친밀성을 가진다. 그리스도의 생명을 심어주는 성령의 중생 역사는 하나님의 단독사역이지만 날마다 그리스도 안에서 살아가는 성화의 생활 곧 의식적인 신앙생활은 신인 협력의 관계로서 성령의 감화 아래 끊임없는 신앙 활동으로 이루어진다. " …… 사람이 나를 사랑하면 내 말을 지키리니 내 아버지께서 저를 사랑하실 것이요 우리가 저에게 와서 거처를 저와 함께하리라."(요 14:23) "볼지어다 내가 문밖에 서서 두드리노니 누구든지 내 음성을 듣고 문을 열면 내가 그에게로 들어가 그로 더불어 먹고 그는 나로 더불어 먹으리라."(계 3:20) 그리스도가 신자들의 마음에 계시는 때에 신자는 사랑 가운데 뿌리가 박히고 터가 굳어진다(엡 3:17).

5) 개인적 연합이다

그리스도와의 연합은 각 신자는 개인적으로 그리스도와 직접 연합되어 있다. 교회를 통하여 그리스도의 생명이 신자들에게 흘러 들어간다는 로마카톨릭교회의 주장은 전혀 비성경적이다. 교회가 베푸는 세례를 통하여 새 생명이 신자에게 주입된다는 로마카톨릭교회의 주장은 거짓이다. 성령으로 거듭난 신자마다 직접 그리스도와 연합된 것이며 그로부터 생명을 받는 것이다. 성경은 신자들이 그리스도 안에서 새로운 피조물이 된 것(고후 5:17), 자기 안에 그리스도가 사신 것(갈 2:20)에 치중하여 그리스도와의 개인적 연합을 증명한다.

6) 변형적 연합이다

그리스도와의 연합은 변형적 연합으로 신자들은 그리스도 안에서 그가 그의 백성을 새롭게 하시는 영적인 은혜에 계속 참여한다. "죄 사함과 그 행위를 벗어버리고 새사람을 입었으니 이는 자기를 창조하신 자의 형상을 좇아 지식에까지 새롭게 하심을 받는 자니라."(골 3:10) 이 연합에 의하여 성도는 타락 후 잃어버렸던 하나님의 형상을 다시 회복하기 시작하여, 성화의 과정 속에서 점점 그리스도의 형상을 닮아가게 되는 것이다. 뿐만 아니라 마침내는 "우리의 낮은 몸을 자기 영광의 몸의 형체와 같이 변케" 하실 것이다.(빌 3:21) 신자들은 그리스도 안에 있어 그 신체는 현세에는 경신된 영혼의 적당한 기구로 성별되고 종말에는 부활하여 그리스도의 영화한 신체와 같아질 것이다.(빌 3:21)

7) 신비적 연합이다

그리스도와의 연합은 신비적 연합이라 함은 본래 영원계의 구속의 도모(언약)에 기초를 두어 비장(秘藏)되었으나 구속적 역사상에 계시되었고 알려져 오묘막측하며 오히려 성경을 통하여 나타난 비밀스러운 것이기도 하다. 죤 머레이(John Murray) 교수는 그리스도와의 연합의 신비성을 다음과 같이 말하고 있다. 우리는 '신비적'이라는 말을 잘 알 수 없는 것, 또는 전혀 이해할 수 없는 것을 가리키는 말로 사용하기 쉽다. 그러나 성경의 의미는 그렇지 않다. 로마서 16:25, 26에서 바울 사도는 이 용어를 이해할 수 있는 길을 열어 주고 있다. 이 성구에서 바울은 영세 전부터 감추었다가 이제는 나타나신바 되었으며 영원하신 하나님의 명을 좇아 선지자들의 글로 말미암아 모든 민족으로 믿어 순종케 하시려고 알게 하신바 그 [비밀의 계시]라고 말하였다. 여기서 말하는 신비에 대하여 네 가지로 살펴볼 수 있다. (1) 그것은 영세 전부터 감추었던 것이다. 그것은 하나님의 뜻과 계획 가운데 숨겨져 있던 것이다. (2) 그것은 계속해서 숨겨진 것이 아니다. 그것은 하나님의 뜻과 명을 좇아 나타난바 되었고 알려진바 된 것이다. (3) 하나님 편에서 보면 이 계시는 성경에 맡겨지고 성경을 통하여 소개된 것이다. 그것은 모든 민족에게 계시되었고 이미 더 이상 비밀이 아니다. (4) 이 계시는 모든 민족이 믿어 순종케 하려는 목적을 갖는다. 그러므로 이 신비란 눈으로 볼 수 없고 귀로 듣지 못하고 마음으로 깨달을 수 없는 것이 아니라 하나님께서 그의 성령으로 우리에게 계시하셨고 계시와 신앙으로 말미암아 우리에게 알려지고 또 우리의 것이 된 비밀이다. 그리스도와의 연합이라고 하는 이 신비는 명백히 나타난 것이다.

I. 일반적 고찰

구원의 전과정은 그리스도와의 연합의 한 방면에서 기원되고 다른 방면에서 실현되는 것으로 성령의 구원적용에 있어 그리스도와의 연합을 중심적 기초로 하여 이루어지고 있음을 살펴보았다. 이제는 성령의 구원적용의 첫 단계로서 소명에 대하여 살펴보자.

1. 어원적 의미

성경은 죄인을 인도하여 그리스도인이 되게 하는 신적 사역의 시작을 소명으로부터 시작된다고 계시한다. 사도 바울은 로마서 8:30에서 "또 미리 정하신 그들을 부르시고 부르신 그들을 또한 의롭다 하시고 의롭다 하신 그들을 또한 영화롭게 하셨느니라"고 말씀하심으로 구원의 여러 단계 중 즉 소명, 중생, 칭의, 양자, 신앙, 회개, 성화, 성도의 견인, 영화 중의 첫 단계로 소명을 제시한다. 그러므로 구원은 소명으로부터 시작하여 영화에 이르는 절정에 이른다. 대표적 칼빈주의 신학자였던 에이 에이 하지(A. A. Hodge) 교수는 「소명」이라는 용어가 성경에서 쓰인 경우를 다음과 같은 세 가지로 설명하고 있다.[1]

1) 부르다($\kappa\alpha\lambda\epsilon\acute{\iota}\nu$–to call)

신약성경에서 이 용어는 ① 음성으로 부르는 것(요 10:3; 막 1:20) ② 권위를 가지고 호출하는 것(행 4:18; 24:2) ③ 초청하는 것(마 22:3; 9:13; 딤전 6:12) ④ 성령의 유효적 부르심(롬 8:28~30; 벧전 2:9; 5:10) ⑤ 직무에 임명하는 것(히 5:4)을 나타내는 데 쓰였다. 특히 구원의 은혜에 참여하게 하는 신적 소명에 사용되었다.

2) 부르심($\kappa\lambda\acute{\eta}\sigma\iota\varsigma$–calling)

신약성경에서 이 용어는 이름을 호칭하는 뜻으로 쓰였는데(마 1:21), 신약에 11회 나타나고 각 경우에 성령의 유효적인 부르심을 의미하며, 다만 고린도전서 7:20에서 예외적으로 쓰여 직업, 또는 상사(商事)와 동의어의 사용되기도 했다.(롬 11:29; 고전 1:26 참조)

3) 부름받은 자($\kappa\lambda\eta\tau\acute{o}\varsigma$–the called)

신약성경에 이 용어는 약 10회 정도 나타난다. 그 쓰여진 의미는 ① 어떤 직무에 임명된 자들(롬 1:1) ② 말씀의 외적 소명을 받은 자들(마 20:16) ③ 유효적으로 부름 받은 자들(롬 1:7; 8:28; 고전 1:2, 24; 유 1; 계 17:14) 등이다. 신자들의 무리, 즉 모든 약속의 후

---

1) A. A. Hodge, *Outline of Theology* (Zondervans, 1977), p. 445.

사를 가리키는 교회(ἐκκλησια)라는 말도 어원적으로 호출된 무리,
즉 '부름'으로 구성된 단체를 의미한다.

II. 소명의 발령자

1. 삼위일체 하나님

우리의 소명의 발령자는 삼위일체 하나님이시다(딤후 1: 8,9). 소
명의 성부 하나님의 사역이며(고전 1:9; 살전 2:12; 벧전 5:10), 성부
께서는 모든 일을 성자를 통하여 행하시므로 이 소명은 또한 성자에
게로 돌린다(마 11:28; 눅 5:32; 요 7:37). 다음에 성자께서는 그의
말씀과 성령을 통해서 소명을 내리신다(마 10:20; 요 15:26; 행5:31,
32). 우리는 스스로 중생, 칭의, 양자(수양)하지 못함과 같이 스스로
우리 자신을 부르진 못한다. 그러므로 소명은 오직 하나님의 행동이
요, 하나님만의 행동이다.

2. 성부 하나님

하나님은 유효적 소명의 특별한 동작자이시다. 우리는 하나님은
구원의 계획자이시며 선택의 특별한 공작자이심을 믿는다. 로마서 8:
29, 30은 성부를 예정과 소명의 조성자로, 고린도전서 1:9은 성부를

가리켜「너희를 불러 그 아들 예수 그리스도 우리 주로 더불어 교제하게 하시는 하나님」으로 확언하며(갈 1:15; 엡 1:17,18; 딤후 1:9), 요한1서 3:1에서도 성부를 우리의 소명의 발령자로 지시함을 가리켜「보라 아버지께서 어떠한 사랑을 우리에게 주사 하나님의 자녀라 일컬음을 얻게 하셨는지 우리가 그러하도다」증거하고 있다.

Ⅲ. 소명의 구분

1. 정 의

구원론적 입장에서 정의할 때,「소명이란 그리스도에 의하여 준비된 구원을 믿음으로 수납하라고 사람들을 초청하신 하나님의 은혜로운 행위」라고 할 수 있다. 그러나 하나님의 소명을 원만히 고찰하면 몇 가지 전형들의 구별이 할 수 있어 우리의 주의를 촉구한다. 하나님의 소명은 개혁파 신학자들에 의하여 다음과 같이 구분된다.

2. 구 분

1) 실물적 소명(Material Call)과 말씀 소명(Verbal Call)

개혁파 신학에서는 일반적으로 말씀소명과 구별하여 실물적 소명을 말한다. 이는 하나님의 일반적 계시를 통하여 사람에게 와서 하나님을 창조주로 승인, 경외, 존중하게 하는 소명이다. 이 소명은 명확한 말씀으로 보다는 사물, 자연, 역사, 환경, 경험, 생활변천으로 사람들에게 온다(시 19:1~4; 행 16:16,17; 롬 1:19~21, 2:14,15). 그러므로 그리스도를 전연 알리지 못하므로 구원으로 인도하지 못하는 소명이다. 다만 인간 세계에서 죄의 제재, 자연적 생활의 발전, 사회질서 유지에 이바지 할 뿐이다.2)

헤르만 바빙크 교수는 이 소명에 관하여 다음과 같이 설명하고 있다.3) 개혁파 신앙을 고백하는 자들은 기독교 세계의 영역 밖에서 생각할 수 있는 실물소명을 인정한다. 이 소명은 모든 사람, 모든 국가에 주어진다. 복음을 통한 소명을 받지 못한 이방인들이라고 하여 소명을 전혀 받지 못하였다고는 말할 수 없다. 하나님은 그들에게 자연에서(롬 1:20), 역사에서(행 17:26), 이성에서(요 1:9), 양심에서(롬 2:14, 15) 말씀하신다. 그러나 이 소명은 천하에 구원 얻을 만한 다른 이름이 없는(행 4:12) 예수 그리스도를 알려 주지 아니하므로 구원을 위하여 불충분한 소명이다. 결국 실물적 소명이란 일반계시를 통한 소명이고, 말씀소명이란 특별계시를 통한 소명이다.

말씀 소명은 하나님의 말씀을 통한 그의 특별계시의 광명을 받는 자들에게 오는 소명이다. 지금 구원 적용에서 다루고 있는 소명은 참된 구원에로의 부르심은 하나님의 말씀 곧 말씀의 소명을 통하여 오는 것이다.(살후 2:14 참조) 성경은 선언하기를 말씀의 지식은 구원에 근본적으로 필요하며(롬 10:14~17), 성문 또는 구전의 말씀을 등한히 보는 자들은 구원의 가능성을 전연 거절하는 죄를 지음이라

---

2) 박형룡, *교의신학 구원론* (서울: 한국기독교육연구원, 1977), 113.
3) Herman Bavink, *Our Reasonable Faith* (Baker Books co.), 408.

하였다(마 11:21, 22; 히 2:3).

2) 외적 소명과 내적 소명

말씀소명은 다시 외적 소명과 내적 소명으로 구분된다. 외적 소명은 다른 말로 보편적 소명(Universal Call)으로, 내적 소명은 특별 소명(Special Call) 또는 유효적 소명(Effectual Call)이라고도 불린다. 그리고 외적 소명을 외소, 내적 소명을 내소라고 약칭하기도 한다.

그러면 외소와 내소는 각각 무엇이며 어떻게 다른가? 이 두 가지 소명에는 공통점과 상이점을 가지고 있는데 하나님은 두 소명의 공통한 발령자이시며, 성령은 공통으로 공작하시며, 하나님의 말씀은 공통한 기구(器具)로 사용된다. 그러나 상이점은 그 결과에 있는데 외소는 외면적 즉 자연적 생(生)에만 영향을 주고, 내소는 내면적 즉 영적 생(생)에 영향을 미친다는 점이다.4) 예수님은 마태복음 22:14에서 "청함을 받은 자는 많되 택함을 입은 자는 적으니라"고 말씀하셨다. 이 말씀에서 "청함을 받은 자"란 잔치에 초대를 받았으나 참여하지 아니한 자들을 뜻하고 "택함을 입은 자"란 초대를 받아 잔치에 참여한 자들을 뜻한다. 여기서 우리는 두 가지 부르심을 발견하게 되는데, 초대는 받았으나 잔치에 참여하지 못한 부르심과 초대를 받고 잔치에 참여하게 된 부르심이니, 전자를 외소, 후자를 내소, 또는 유효적 소명이라 부른다. 다시 말하면, 외소는 말씀을 통하여 구원에로의 초대를 받으나 구원적 신앙이 생기지 않는 소명이고, 내소는 말씀을 통하여 구원에로의 초대를 받을 때 구원적 신앙이 생기는 소명이다. 그러면 하나님의 부르심에는 신앙을 일으키지 못하는 무기

---

4) 박형룡, *op. cit.*, 114.

력한 소명과, 신앙을 일으키는 유효한 소명이 있다는 말인가? 하나님의 부르심 자체는 결코 거짓되거나 무기력한 것일 수 없다. 하나님이 복음을 통하여 인간을 부르실 때, 그 소명에 관하여 우리는 다음과 같은 사실을 알아야 한다.

① 외소와 내소의 구분은 결과에 의한 구분이다.

즉 외소와 내소는 각각 따로 존재에 의한 구분이 아니라 결과에 의한 구분이다. 존재에 있어서는 동일한 소명이다. 다만 결과의 면에서 내소는 신앙을 일으키지만, 외소는 신앙을 일으키지 못한다는 것이다. 마태복음 22장에서 잔치에로의 초대는 그 초대 내용이 참여한 자들과 참여하지 아니한 자들을 따라 상이하였던 것은 결코 아니다.

② 외소와 내소는 성령의 중생 역사 여부에 따른 것이다.

교의신학에서 신앙의 성립 요소로 객관적 요소로서의 계시와 주관적 요소로서의 중생한 심령이었다. 그러므로 성령의 중생시키는 역사가 동반하는 소명은 내적 소명 또는 유효적 소명이고 중생의 역사가 없는 경우의 소명은 외적 소명이다.

3) 소명과 중생의 우선적 위치

소명과 중생은 선후차서의 문제가 자주 논의되기도 한다. 우리는 성경과 개혁자 신학자들이 일반적으로 채택한 순서를 고찰해 보면 말씀을 통한 외적 소명이 내적 소명과 중생보다 선행한다는 것을 알수 있다. 에스겔서 37장에서 이스라엘 집의 마른 뼈들에게 예언하는 중에 말씀의 외소가 이스라엘 백성의 새 생명의 기원보다 먼저 있음을 지시한다. 바울이 전도하는 동안에 주께서 루디아의 마음을 열어

바울의 말을 청종하게 하셨다(행 16:14) 한 것은 외소 다음에 마음의 개발과 내소가 있음을 지시한다. 베드로는 성도들에게 「너희가 거듭난 것이 …… 하나님의 살아있고 항상 있는 말씀으로 되었느니라」(벧전 1:23)라고 한 것도 25절을 참조하여 보면 전도의 말씀이 중생보다 선행하여 그것에게 방편으로 되였다는 것을 함의한다.

Ⅳ. 외적 소명

1. 정 의

하나님의 소명은 택한 자에게만 나가는 것이 아니다. 많은 사람들은 전도 말씀의 소명을 받았으나 순종하지 못하여 회심하지 못하면 유효적 소명이 아니다. 스트롱(A. H. Strong) 교수는 "외적 소명은 하나님의 섭리와 말씀과 성령을 통하여 모든 사람에게 주어지는 것"이라고 하였는데 이것은 잘못된 정의이다. 왜냐하면 섭리를 통한 소명은 실물소명이고 또 외소에도 성령의 역사가 있을 수 있으나 그 성령 역사는 일반계시로서의 역사이기 때문에 유효적이 아니다. 그러므로 외적 소명을 정의하면 「외적 소명은 그리스도 안에 있는 구원의 설술(說述) 및 제출(提出)과 함께 신앙으로 그리스도를 영접하여 사죄와 영생을 얻으라는 열렬한 권면으로 구성된다」.[5] 이 정의에

---

5) *Ibid.*, 122

의하면 외적 소명은 하나님의 말씀을 설술하는 언론(言論)으로만 구성된다는 것과 진정한 권면이라는 사실이다.

2. 성경적 증명

성경은 유효적 소명이 아닌 소명을 말하며, 소명의 부분적으로 유효함을 말하는 경우에는 부분적으로 무효함을 함께 말한다. 성경의 예증을 든다면 마가복음 16:15, 16에서 "너희는 온 천하에 다니며 만민에게 복음을 전파하라 믿고 세례를 받는 사람은 구원을 얻을 것이요 믿지 않는 사람은 정죄를 받으리라."(막 16:15, 16) 복음을 듣고 믿는 자와 믿지 않는 자로 갈릴 것을 말하며, 마태복음 22:2~14에서 혼인 잔치의 비유는 청함을 받고 온 자와 오지 않은 자들이 있음을 말한다. 하나님은 구약시대 이스라엘 사람에게 "이는 내가 불러도 너희가 대답지 아니하며 내가 말하여도 듣지 아니하였다"(사 65:12)고 책망하셨다. 성경은 복음의 배척하는 자들이 있음을 말하는 성구들도 있고(요 3:36; 행 13:46; 살후 1:8), 또 다른 성구들은 불신앙의 무서운 죄를 말한다. "누구든지 너희를 영접도 아니 하고 너희 말을 듣지도 아니하거든 그 집이나 성에서 나가 너희 발의 먼지를 떨어 버리라."(마 10:14)

3. 구성 요소

외적 소명 즉 복음전도의 말씀을 구성하는 요소에 대하여 벌코프

(L. Berkhof) 교수는 다음과 같은 것들을 들고 있다.[6]

1) 복음의 사실과 구속의 진리

외소는 예수 그리스도를 인류의 구주로 지시한 구속의 큰 행동들 즉 그리스도의 성육신(成育身), 죽음, 부활, 승천에 관한 이야기이다. 그리스도 안에서 계시된 구속의 방도는 외적 소명에서도 명백히 제시되어야 한다.(엡 3:7~11) 그러나 명심할 것은 외적 소명은 복음진리의 제시만으로 성립되는 것은 아니다.

2) 회개와 신앙으로 그리스도의 수납(受納)

외적 소명은 구원의 방도 즉 복음을 제시함에서 한 걸음 더 나아가 회개하고 예수 그리스도를 믿으라고 간절한 초청(고후 5:11, 20)과 엄숙한 명령(요 6:28, 29; 행 19:4)이 포함된다.

3) 용서와 구원의 약속

외적 소명은 전도를 받는 사람들에게 하나님의 준엄한 심판과 구원의 소망을 담대하게 전파하여, 자기들의 죄를 회개하고 믿으면 죄 사함을 받고 영생을 얻게 되리라는 약속을 포함한다. 만일 복음을 배척하는 자들은 단순히 전도를 받지 않고 거절하는 것이 아니라 외적 소명에 의한 성령의 보통 공작에 저항함으로 완고한 불순종의 죄책을 지게 될 것이며, 심판 날에 자기들에게 임할 진노를 쌓음이다 (롬 2:4, 5)

---

6) Louis Berkhof, *Systematic Theology* (Eerdmans, 1974), 406

4. 특 징

1) 일반적, 보편적이다

외적 소명이 일반적, 보편적이라고 하는 말은 복음 전도를 받는 모든 사람에게 구별 없이 반드시 찾아온다는 것을 의미한다. 이 소명은 어느 시대나 민족이나 계급에 국한하지 않고 차별 없이 누구에게나 온다는 것을 의미한다. 외소의 보편성은 "수고하고 무거운 짐 진 자들아 다 내게로 오라"(마 11:28)는 주님의 말씀이나 "너희 목마른 자들아 물로 나아오라"(사 55:1)는 이사야 선지자의 글에서 찾아볼 수 있다. 이 소명이 의인과 악인, 택한 백성과 버림 받은 백성에게도 국한되지 않는다.(마 22:2~14)

2) 성실한 소명이다

복음을 통한 외소는 성의 있는 진실한 소명이다. 수납(受納)되지 않기를 은근히 바라면서 발하는 소명이 아니다. 이 외소는 하나님의 본성의 진실성으로부터 오는 것인데 하나님에게 표리부동(表裏不同)한 언동이 있으리라고 우리는 감히 생각할 수 없는 것이다.(민 23: 19; 시81:13~16; 사 1:18~20; 마 21:37; 딤후 2:13)

3) 능력있는 소명이다

성령의 일반적 역사가 동반할 수 있는 소명이다. 외소에 의한 복음의 말씀은 죽은 문자가 아니라 모든 믿는 자들에게 구원을 주시는 히나님의 능력이며, 좌우에 날선 어떤 검보다 예리하고(히 4:12), 중생의 방편(벧전 1:23)이다. 이는 하나님이 내적 소명에서 사용하시는 것과 동일한 말씀이니 성령의 감화와 격리되어 있지 않다. 성령은 성도들의 마음에 하나님의 자녀들임을 증언하실 뿐만 아니라(롬 8:16), 죄와 의와 심판에 대하여 그들의 양심에 투입하시기 때문이다.(요 16:8) 그러나 외적 소명의 말씀이 헛되이 돌아오는 결코 아니라, 하나님의 뜻을 이루며 그의 명하여 보내신 일을 형통하게 한다.(사 55:11),

5. 목 적

하나님이 버린 백성이라도 제외하지 않고 모든 사람에게 구별 없이 구원을 제출하시는 목적은 무엇인가? 이 외적 소명은 몇 가지 귀중한 목적을 가지고 있다.

1) 회심으로 인도하는 하나님의 방편

하나님은 이 소명을 방편으로 사용하셔서 하나님의 택한 백성들을 세계만국으로부터 주님의 몸된 교회로 부르신다. 그 최종 결과는 택한 백성만이 신앙으로 그리스도를 영접하게 된다. 따라서 바빙크 교수는 말하기를 하나님의 외적 소명은 흔히 하나님의 손에 그의 백성의 마음에 은혜의 사역을 준비하는 방편에 사용된다고 하였다.

2) 죄인에 대한 하나님의 권리 주장

하나님은 우주만물의 주재(主宰)이시므로 사람의 봉사를 받을 절대권을 가지신다. 사람이 범죄하여 하나님을 떠났고 지금 하나님께 영적 봉사를 드릴 재량을 가지지 못하였다하여 이성적 피조물인 인간에게 봉사를 받으실 하나님의 권리는 폐지된 것이 아니다. 절대적 순종을 요구할 권리는 그대로 있어 율법과 복음으로서 그것을 주장하신다. 하나님의 권리 주장은 신앙과 회개를 위한 소명으로 표현되어 이것에 응당히 복종하지 않는 것은 하나님의 정당한 주장을 무시하며 경멸하는 것으로 죄에 대한 책임 추궁의 근거는 더욱 확고하여지는 것이다.

3) 하나님의 거룩함과 선하심과 긍휼의 계시

하나님은 거룩하심의 효능으로 도처에 죄인의 범죄를 만류하시며, 선하심과 긍휼하심의 효능으로 범죄로 인한 자멸을 피하도록 경고하신다. 이것은 분명히 그들을 위한 신적 긍휼을 계시한다는 것을 하나님의 말씀이 확언 한다(시 81:13; 겔 3:18,19; 33:11; 마11:20~24).

4) 하나님의 의를 강조

자연계에 나타난 계시가 죄인의 핑계를 방지하는 것처럼(롬 1:20), 구원의 방도의 특별계시는 더욱 죄인의 변명의 여지가 없게 하신다. 죄인들이 하나님의 은혜로운 구원의 제출에 불응하면 그들의 부패와 죄책의 막대함과 그들의 정죄하시는 하나님의 공의로우심이 가장 명백하게 들어날 것이다.

V. 내적 소명

1. 정 의

내적 소명에 대해 「웨스트민스터 소요리문답, 31문」에서 정의하기를「유효적 소명은 성령이 하시는 일인바 우리 죄와 비참을 깨닫게 하시고, 우리의 의지를 새롭게 하시고, 우리를 권하사 능히 복음 중에 값없이 주시는 예수 그리스도를 믿게 하시는 것이니라」

박형룡 박사는 「죄인을 인도하여 구원을 수납하게 하는 목적을 무오하게 이루는 하나님의 소명이다」라고 하였다.[7] 하지(A. A. Hodge) 교수는 「내적 소명은 영혼에 대한 신적 권능의 행사로서, 즉각적, 영적, 초자연적인 새 생명을 부여하여 새로운 형태의 영적 활동을 가능케 하는 일이다」[8]라고 정의하였다.

2. 성경적 증명

성경에 의하면 많은 사람들에게 오는 외적 소명과 구별되어, 택한 백성들에게만 오는 내면적, 유효적 소명이 있다. 하나님은 복음을 주실 뿐만 아니라 성령의 나타남과 능력으로 전하게 하시며(고전 2:4; 살전 1:5,6,) 자라나게 하신다(고전 3:6,9). 하나님은 사람의 마음을 여시며(행 16:14), 의지를 굴복시키시며(행 9:6), 자기의 기쁘신 뜻을

---

7) 박형룡, *op. cit.*, 132.
8) A. A. Hodge, *op. cit.*, 448.

위하여 사람으로 소원을 두고 행하게 하신다(빌2: 13).

성경에서 내적 소명의 언명하는 구절은 로마서 8:30에서 「또 미리 정하신 그들을 또한 부르시고」, 고린도전서 1:9에서 「너희를 불러 그의 아들 예수 그리스도 우리 주로 더불어 교제케 하시는 하나님은 미쁘시도다」, 베드로후서 1:10에서 「그러므로 형제들아 더욱 힘써 너희 부르심과 택하심을 굳게 하라」(롬 1:6,7; 고전 1:26 참조). 이러한 성경구절에 의하여 일반적으로 유효적 소명이라 칭한다.

3. 성 질

1) 유효성

내적 소명을 받은 자는 반드시 신앙으로 하나님 앞에 나오게 되는 유효적 소명이다. 그래서 죤 머레이(John Murray) 교수는 이것을 소명(Call)이라고 부르는 것보다 소환(Summons)이라는 말로 사용해야 한다고 제안했다. 하나님의 유효적 소명은 단지 음성을 발하시는 소명이 아니라 자기 백성을 구속의 참여자로 만드시는 소환 행위이며 따라서 그 소환은 유효적이다. 물론 소환은 우리에게 법정에 출두할 근거와 의무를 주는 것이지 실제로 법정에 나오게 하는 결과를 가져오는 것이 아니다. 이처럼 소환과 실제 결과는 구분되어야 한다. 그러나 하나님의 소환은 하나님의 주권적인 능력과 은혜에 의하여 예정된 대로 우리를 인도하여 실패 없이 목적을 달성한다. 즉 그리스도와의 교제가 이루어지도록 효과적인 인도를 한다. 하나님은 없는 것을 있는 것같이 부르신다.(롬 4:17 참조)

2) 불변성

내적 소명의 불변성에 대한 특성은 로마서 9:29에서 「하나님의 은
사와 부르심에는 후회하심이 없느니라」, 로마서 8:28~30에서 「미리
정하신 그들을 또한 부르시고, 부르신 그들을 또한 의롭다 하시고,
의롭다 하신 그들을 영화롭게 하셨느니라」이 말씀에서 내적 소명은
하나님의 예정과 신적 예지에 기초한 것이며, 영화에서 종결되는 안
전보장을 토대를 가진다. 이러한 일련의 과정을 깨고 소명이 취소될
수 있다고 주장할 자가 어디 있겠는가! 이 소명은 예정에 기초하였
고 은혜의 안전 보장을 받고 있기 때문에 견인이 보장되는 소명이며
따라서 불변성을 지닌다.

3) 숭고성, 신성성, 천계성

내적 소명을 받은 자들은 「위에서 부르신 부름」(빌 3:14)이며 「거룩
하신 부르심으로 부르심」(딤후 1:9) 「하늘의 부르심」(히 3:1)이다. 그
러므로 이 소명이 흘러나오는 원천을 생각할 때 숭고성, 거룩성, 편재
성을 지닌다고 말하게 된다. 이 소명은 받은 자로 하여금 악한 세상
으로부터 성별되어 헌신에 합당한 생활로 나아가게 한다. 그러므로
성경은 우리를 「성도로 부르심을 입은」(롬 1:7) 자들이라고 하고 「그
리스도의 것으로 부르심을 입은 자」(롬 1:6)라고 부른다. 따라서 이
소명은 부르심을 입은 자로 하여금 높고 거룩한 하늘의 부르심에 합
당하게 행할(엡 4:1) 의무를 갖게 한다. 여기서 우리는 소명이 하나님
의 주권 하에 달려 있다 하더라도 인간의 의무를 완화시키지 않는다
는 사실을 알게 된다. 그들은 반드시 행위에서 부름의 성격을 실현하
고 열매 없는 흑암의 사역들과 친근함이 없이 부르심이 합당하게 행

하여야 한다(엡 4:1).

4. 소명의 계획

하나님의 예정은 계획이며 소명은 그 실행이다. 하나님의 계획하심을 이루시는 완전한 성취에 대해 성경은 「하나님이 우리를 구원하사 거룩하신 부르심으로 부르심은 우리의 행위대로 하심이 아니요 오직 자기 뜻과 영원한 때 전부터 그리스도 예수 안에서 우리에게 주신 은혜대로 하심이라」(딤후 1:9)고 하였다. 이 내적 소명의 기준이 되는 예정 또는 계획은 몇 가지 특이점을 가지고 있음을 디모데후서 1:9에서 찾아 볼 수 있다.

1) 확정된 목적 - " 주신 은혜대로"

하나님의 부르심은 우연적, 전횡적, 돌발적 결정에 의해 부르신 것이 아니라 예정 안에 있는 구원이라는 확정된 목적을 가지고 부르셨다. 그러므로 하나님으로부터 부르심을 받는 순간과 모든 정상(情狀)이 영원 전에 하나님의 예정과 의지에 의해서 결정된 것이다.

2) 영원적 - " 영원한 때 전부터"

하나님에 의한 거룩한 부르심은 언제 계획하시었는가? 그 계획은 영원 전에 하신 것이다(딤후 1:9). 우리는 여기서 하나님의 부르심이 영원 전부터 계획된 것임을 생각하고 그 은혜를 경탄할 수밖에 없다. 우리가 영원을 사고하려고 할 때에 우리의 이해력에 한계가 있음을 인정해야 하지만, 우리의 이해력의 한도가 있음을 알수록 하나님의 영원한 계획하심과 은혜와 놀라움에 대한 우리의 감탄이 더 커지게 할 방식으로 하여야 할 것이다.

3) 그리스도 안에서 마련된 것 -" 그리스도 예수 안에서"

성부 하나님성부께서 유효적 소명의 특별한 동작자로서「자기 뜻과 영원한 때 전부터 그리스도 예수 안에서 우리에게 주신 은혜대로 하심이라」(딤후 1:9)는 말씀에서 영원 전에 이 계획을 세우신 것은「그리스도 예수 안에서」였다. 하나님의 백성들이 거룩한 부르심에 따라 은혜의 대상이 되는 것까지도「그리스도 예수 안에서」었다.(롬 8:29, 엡 1:4 참조) 영원 전에 예정된 유효한 소명에 관한 성부의 계획은 예수 그리스도를 떠나서는 성취될 수 없다.

5. 영아의 구원

구원은 하나님의 유효적 소명과 중생으로 말미암아 신앙을 가질 때 확정된다. 그런데 도덕적 의식기에 이전에 죽은 영아들에게 본죄는 없으나 원죄는 있을 것이므로 그들도 죽으면 영원적 사망에 들어갈 것이 아닌가?

1) 구원의 가능성

① 죄상과 미덕

구원의 가능성에 대해 스트롱(A. H. Strong) 교수의 의하면9) 영아들도 원죄가 있다. 따라서 중생이 필요하며 오직 그리스도로 말미암아서만 능히 구원을 받을 수 있다. 시편 51:5; 요한복음 3:6; 롬 5:14; 고린도서 7:14 등의 성구들은 영아들의 본성적 불순결 상태를 분명히 제시한다. 그러나 자범죄를 지은 자에 비하여 상대적으로 무죄하며 복종성과 신뢰성을 가진 자들로 인정되고 이런 특성들은 성도들의 특성인 미덕을 예시하는 것일 수 있다.

② 하나님의 신적 긍휼

마태복음 19:14에서 「어린 아이들을 용납하고 내게 오는 것을 금하지 말라」고 하신 말씀과, 마태복음 18:14에서 「이 소자 중에 하나라도 잃어지는 것은 하늘에 계신 너희 아버지의 뜻이 아니니라」고 하신 말씀에서 도덕적 의식기에 달하기 전에 죽은 자들에게 구원을 확언한다고 볼 수 있을 것이다.

③ 아담과 그리스도의 유추

아담과 그리스도 사이의 유추의 성경적 교훈은 영아로서 사망한 모든 사람들의 구원이 추론될 수 있다.「한 범죄로 많은 사람이 정죄에 이른 것같이 의의 한 행동으로 말미암아 많은 사람이 외롭다 하심을 받아 생명에 이르렀느니라 한 사람의 순종치 아니함으로 많은 사람이 죄인 된 것같이 한 사람의 순종하심으로 많은 사람이 의인이 되리라」(롬 5:18, 19) 이 말씀은 아담의 모든 후예는 다 정죄 아래 있음 같이 제 2의 아담의 모든 후예는 다 그리스도로 인하여 구원을 얻을 것이다. 영아들은 자신적 죄행(罪行)이 없이 아담으로부터 패괴(敗壞)를 물려받은 것같이 자신적 신앙이 없이 그리스도 안에

---

9) A. H. Strong, *Systematic Theology* (Judson, 1976), 660−64.

준비된 구원에 참여자가 될 수 있음을 유추케 한다.

④ 신앙과 행위의 의무의 면제

성인들의 구원 조건은 신앙이다. 그러나 영아들에게는 이런 조건을 성취할 수 재량이 없다. 그리스도께서 모든 사람들을 위하여 죽으셨으므로 영아들에게 그리스도를 영접하는 다른 방도가 마련되어 있다고 믿을 만한 것이다(고후 5:15). 최후 심판에 자신적 행위가 성격의 시취로 될 것이다. 그러나 영아들은 자신적 행선(行善)과 범죄의 재량을 가지지 못한다. 그러므로 심판의 규정이 적용되지 않을 것인즉 구원 얻을 자들 중에 있을 것을 믿을 만한 것이다(마25: 45, 46; 롬 2:5, 6). 영아는 사망 전에 중생하는 증거가 없으므로 그리스도를 바라볼 때에 그의 의식의 최초의 순간이 오며 전적 성화가 성취될 것이다(고후 3:18; 요일 3:2 참조).

2) 개혁파의 긍정

칼빈(John Calvin)은 말하기를 "주께서 현세로부터 모으시는 영아들이 성령의 신비한 역사로 중생된다는 것을 나는 의심하지 않는다"고 하였으며 또 그의 기독교 강요에서 "영아들이 구원의 은혜로부터 제외된다는 것은 참람된 생각이다"라고 하였다. 찰스 하지(Charles Hodge)는 "영아기에 죽은 모든 사람은 구원 얻는다. 이것은 성경이 아담과 그리스도 사이의 유추로 가르친 바에서(롬 5:18, 19) 추론된다. 모든 아담의 자손은 하나님 나라를 기업으로 물려받지 못하리라고 솔직히 계시된 자들 외에는 다 구원 얻는다"고 하였다.

우리는 영아의 구원 문제에 대하여 개혁파 신학자들이 긍정은 하되 성경의 확증을 들어 단언하지는 못하고 있음을 알게 된다. 이것은 성경이 영아의 구원 문제에 대하여 직접 밝힌 바가 없음을 뜻한다. 만일 영아는 누구나 구원받을 수 있다고 하면 장성한 인간을 놓고 볼 때, 영아 시기에는 구원받을 수 있는 상태에 있었는데 장성하면서 자범죄로 말미암아 구원으로부터 떨어지게 되었다는 이론이 성립되므로 결국 알미니안의 주장인 그리스도의 보편적 속죄 교리에로 문을 열어놓게 될 것이다. 또 한 걸음 더 나아가 낙태는 영아의 구원을 위하여 유익하다는 결론도 빚어내는 모순이 생길 것이다.

장로파의 표준문서들은 영아들의 세례 없이 구원 얻음을 믿되 선택의 교리에 의하여 제한을 두었다. 즉 웨스트민스터 신도게요 10장(유효소명) 3조에서「영아기에 죽는 택한 영아들은 그리스도에 의해서 또는 어느 때에나 어느 곳에서나, 어느 방법으로나 그가 기뻐하시는 대로 역사하시는 성령을 통해서 중생되고 구원 얻는다」(창 17:17; 시 105:8~10; 겔 16:20,21; 눅 18:15, 16; 갈 2:39)

제3장 중　생

　　내적 소명에서 성령의 공작에 의해 결과하는 변화를 중생이라 칭한다. 구속이란 죄로 말미암아 잃어버린 영적 생명과 영적 분별력을 회복시키는 것으로 하나님의 단독사역으로 이루어지는 것이다(엡 2:1). 이것이 곧 중생이며 따라서 구원의 가장 핵심적인 단계는 중생이었다. 이러한 중생 교리는 칼빈주의 입장에서만 찾아볼 수 있는 것이며, 칼빈주의의 예정교리와 인간의 전적 부패 교리와 성도의 궁극적 구원교리와 완전 조화를 이루며 구원이 우리의 행위에서 난 것이 아니요 하나님의 선물(엡 2:8, 9)임을 확증하여 준다. 이제는 성령의 구원적용의 두 번째 단계로서 중생에 대하여 살펴보자.

Ⅰ. 어원적 고찰

1. 단어의 의미

1) 필링게네시아($\pi\alpha\lambda\iota\gamma\gamma\epsilon\nu\epsilon\sigma\iota\alpha$, 딛 3:5)

디도서 3:5에서 사도 바울은 "오직 그의 긍휼하심을 좇아 중생($\pi\alpha\lambda\iota\gamma\gamma\epsilon\nu\epsilon\sigma\iota\alpha$)의 씻음과 성령의 새롭게 하심으로 하셨나니"라는 구절에서 "성령의 새롭게 하심"은 성도들의 중생에서 생기하는 영적 도덕적 변화를 의미한다. 여기서 쓰인 중생이란 말은 라틴어로는 regenero, 영어로는 regeneration으로 '다시 나는 것'(to be born again)을 의미한다. 이를 제 2의 창조(Second creation)라고 한다.

2) 겐나오($\gamma\epsilon\nu\nu\acute{\alpha}\omega$, 요 3:3, 5)

요한복음 3:3에서 "사람이 거듭나지 ($\gamma\epsilon\nu\nu\eta\theta\eta\ \alpha\nu\omega\theta\epsilon\nu$) 아니하면" 이 말은($\gamma\epsilon\nu\nu\acute{\alpha}\omega$) 새 생활의 시작의 관념을 표현하는 의미로, '아노덴'($\alpha\nu\omega\theta\epsilon\nu$)과 결합하여 이 단어들은 '낳는다', '거듭 낳는다'의 의미를 가진다. 영어로는 피동형으로 쓰여 to be born again으로 번역되었다. 베드로전서 1:23에 "너희가 거듭난 것이 …… 하나님의 살아 있고 항상 있는 말씀으로 되었느니라."

3) 아포크에오($\acute{\alpha}\pi o\kappa\upsilon\acute{\epsilon}\omega$, 약 1:18)

야고보서에서 유일하게 '낳는다', 생산한다는 헬라어 '아포크에오'($\acute{\alpha}\pi o\kappa\upsilon\acute{\epsilon}\omega$)라는 말이 사용되었다. "그가 그 조물 중에 우리로 한 첫 열매가 되게 하시려고 진리의 말씀으로 우리를 낳으셨느니라"($\dot{\alpha}\pi o \kappa \upsilon$ $\dot{\epsilon}\omega$)는 성령의 동력적 동인(動力的 動因)으로서 복음의 말씀을 기구 (器具)로 하여 중생의 역사를 이루심을 나타낸다. 이 말은 ($\dot{\alpha}\pi o \kappa \upsilon \dot{\epsilon}\omega$) 과거형으로 영어로는 beget(낳다, 생산하다)이다.

4) 크티조($\kappa\tau\iota\zeta\omega$, 고후 5:17)

고린도후서 5:17에서 "그런즉 누구든지 그리스도 안에 있으면 새로운 피조물($\kappa\tau\iota\sigma\iota\varsigma$)이라." 여기에 쓰인 $\kappa\tau\iota\sigma\iota\varsigma$는 $\kappa\tau\iota\zeta\omega$(창조하다)에서 온 말로서 창조된 산물을 가리키며 영어로는 a new creation이다.

5) 수조오포이에오($\sigma\upsilon\zeta\omega o\pi o\iota\dot{\epsilon}\omega$, 엡 2:5)

에베소서 2:5에서 "허물로 죽은 우리를 그리스도와 함께 살리셨고 ($\sigma\upsilon\zeta\omega o\pi o\iota\eta\sigma\epsilon\nu$)". 이 말은 $\sigma\upsilon\zeta\omega o\pi o\iota\dot{\epsilon}\omega$(함께 살리다)의 과거형으로 영어로는 quickened with이다. 여기서 말하는 살리심은 그리스도의 육체적 부활과 대조를 성도의 영적 생명의 부활 곧 중생의 원인임을 가리킨다.

2. 성경적 의미

1) 중생은 하나님의 창조적 사역이다

성경은 중생을 사람은 순전히 피동적 사역이며 전적으로 하나님에 의해 이루어지는 것이다. 고린도후서 5:17에서 우리를 새로운 피조물로 창조하시는 분은 하나님이며 인간은 그 피조물임을 알게 된다.

요한복음 3:3, 5에서도 거듭나게 하는 분은 성령이시고 우리는 피동적이므로 중생의 근원, 출처, 시작이 하나님께만 있음을 가리킨다.

2) 중생은 새 생명의 산출이다

에베소서2:5에서 중생은 죄와 허물로 죽은 영적 생명을 다시 살리는 새 생명의 산출 행위임을 알 수 있다. 그 효력으로 사람은 그리스도와 함께 부활한 생에 참여하는 새로 지으심을 받은 피조물이다.

3) 중생은 이미 존재하였던 것의 재생이다

에베소서 2:5에서 알 수 있듯이 전에 인간 속에 없던 영적 생명을 새로 창조하는 것이 아니다. 즉 인간의 처음 창조 시에 생영(生靈)으로 지으신바, 그 영적 생명이 죄와 허물로 죽었던 영혼의 죽음에서의 회생이며 다시 낳음을 받는 것으로 거듭남이다. 따라서 중생은 이미 있던 영혼의 좌악된 옛 상태에서 성결한 새 상태에로의 변화를 가리킨다. 중생은 새로운 피조물이 되는 영혼의 부활이다(고후 5:17).

4) 중생은 두 가지 요소로 구별되어 진다

'새 생명의 발생'(generation)과 그것의 '출생'(bearing)으로 숨은 데로부터 나옴이다. '발생'은 새 생명의 원소를 영혼에 심고, 출생은 그 원소로 하여금 동작하여 자체를 드러내게 함이다.

중생을 좁은 의미의 중생과 넓은 의미의 중생으로 구별하여 요한복음 3:5에서 사람이 성령으로 거듭난다고 할 때, 이를 좁은 의미의 중생으로 '위로부터 태어남'을 의미한다. 베드로전서 1:23에서 사람이 말씀으로 거듭난다고 할 때, 이것은 성령으로 거듭난사람이 신앙의 객관적 요소인 하나님의 말씀을 받아들임으로써 불신앙에서 신앙으로 옮겨진, 넓은 의미에서의 새롭게 변화된 인간 상태를 가리키는 말로서 성령의 새롭게 하심을 의미한다.

3. 중생의 정의

1) 새 생명의 심음과 주관적 성향의 성화

Louis Berkhof 교수는 중생을 용어와 개념에 관한 진술에 의해 정의하기를 "중생은 사람 안에 있는 새 생명의 원소를 심고 영혼의 주관적 성향을 성화하시는 하나님의 행위이다"라고 하였다.[10]

2) 주관적 성향의 재창조

A. A. Hodge 교수는 중생을 주관적 성향의 변화에 치중하여 정의하기를 "중생은 주관하는 성향의 재창조"라고 정의한 후에 설명하기를 사람의 영혼에는 여러 가지 심력들(faculties)외에 습성들(habits) 또는 성향들(dispositions)은 도덕적 행동보다 먼저 행동의 선악을 결정한다. 하나님의 창조에서 아담의 심정의 성향을 거룩하게 만드셨다. 새 창조에서 하나님은 사람의 주관적 성향을 거룩하게 재창조하셨다. 그러므로 이것을 중생, 재창조, 새 출생이라 칭하였다.[11]

---

10) Louis Berkhof. *op. cit.*
11) A. A. Hodge., *op. cit.*, 458.

3) 죄와 거룩에 향한 행동의 전환

스코틀랜드교회 신도게요서에서는 중생을 변화의 결과에 중점을
두고 정의하기를 "중생에서 사람은 그가 일찍이 사랑하던 것을 미워
하게 되며, 전에 미워하던 것을 사랑하게 된다. 중생자도 불신자와
같이 죄인이지만 그들과 다른 분간은 다만 그들이 전에 미워하던 것
을 사랑하며 또한 사랑하던 것을 미워하기를 시작하는 사실 뿐이다"
라고 정의하였다.(Scottish Conf. quoted in Barth, *Knowledge of God*)

II. 중생에 대한 다양한 견해

1. 펠라기우스파의 견해

펠라기우스주의의 견해에 의하면 중생을 단순히 생활과 습관의 도
덕적 개선으로만 본다. 왜냐하면 인간이 죄를 범하거나 선을 행하는
것은 궁극적으로 인간의 자유의지에 달린 것으로 보기 때문이다. 그
러므로 중생은 하나님의 초자연적 창조적 역사일 수 없고 인간이 자
신을 개선하여 나가는 것에 불과하다는 것이다. 따라서 펠라기우스
파의 견해에 의하면 사람의 자유와 자신적 책임은 언제든지 죄를 저
항할 수도 있고 범할 수도 있으며, 의식적 결의의 행동만을 죄로 간
주하여, 거룩은 개인의 선택에 의하여 수여되는 것이므로 중생을 사
람의 선택 행위의 결과로 만든다. 그러므로 중생이란 전에 율법을

위범하는 것을 선택하던 사람은 지금은 순종하여 살기를 선택함을 의미한다는 것이다. 칼빈주의는 중생의 유효한 원인을 '성령의 의지함'에 두는 반면, 펠라기우스는 '인생의 의지'에서 찾는다.

2. 세례 중생설

1) 로마카톨릭교회

로마카톨릭교회는 중생이 세례로 말미암는다고 보고 중생에는 영적 갱신만이 아니라 칭의(稱義) 즉 사죄(赦罪)까지 포함되는 것으로 본다. 세례에서 신자는 ① 죄가 용서되고 ② 도덕적 성질이 갱신되고 ③ 하나님의 자녀와 후사가 되는 주입 은혜를 받는다. 세례는 도덕적 오염을 제거하는 내재적 효능을 가지고 있다고 주장한다.

2) 영국 교회

영국교회 소위 퓨시파(Puseyites)는 로마카톨릭교회와 같은 교리를 주장하며 성령이 세례로 말미암아 영혼에 영적 생명을 심으심으로 오랫동안 잠복하여 있을 수 있으며 후에 발전하거나 위축할 수 있다고 견해이다. 또 퓨시파의 또 다른 파는 두 가지 종류의 중생을 말하였다. ① 교회와 은혜의 방편에 대한 관계의 변화로 구성되는 중생, ② 인성의 근본적 변화로 구성되는 중생이다. 전자는 세례로 말미암는 중생으로서 영적 갱신을 포함하지 않고 다만 유대인이 할례를 인호로 한 언약에 의해 하나님의 특이한 백성이 된다는 것이요, 후자는 성령에 의하여 전도덕적(全道德的) 성격에 공작되고 세례와는 필연적으로 관련되지 않는 점진적 성화적 변화라고 보았다.

3) 루터파 교회에서

루터파의 중생관은 하나님의 역사로 이루어지며 인간은 전혀 수동적임을 주장하나 세례를 중생을 성과하시는 통상적 방도라고 가르친다. 루터파에서 두 종류의 중생관을 가지고 있다.

① 제 1중생은 새 생명을 발생케 하는 중생이다. 아이들은 세례를 통하여 성인들은 말씀을 통하여 이 중생의 참여자가 된다.

② 제2중생은 제 1중생에서 발생된 새 생명을 하나님 편으로 인도하는 중생이다. 아이들은 세례를 통하여 제 2중생을 받으나,성인들은 세례를 통하여 이 중생의 참여자가 된다. 루터파는 중생이 잃어버릴 수 있다고 보며, 하나님의 은혜로 회개하는 죄인의 심정에 회복될 수 있음으로 재세례를 요구하지 않는다.

3. 알미니안파의 견해

알미니안파는 중생을 하나님의 단독 사역으로 보지 않고 사람의 독점적 사역도 아니며 신인협력의 사건으로 본다. 하나님 보다 인간이 진리의 방편을 따라 선을 택하고자 하는 의지를 가질 때, 하나님께서 그에게 협력하므로 이루어진다는 것이다. 그러므로 중생의 은혜는 잃어질 수 있다는 주장이다. 그러나 웨슬레파 알미니안주의는 인간의 의지보다 성령의 사역임을 강조하면서 사람을 계몽하시며 깨우시며, 이끄시는 성령의 공작이 선행한다고 주장한다. 그러나 인간은 그 성령의 역사를 거부할 수 있다고 주장한다.

4. 현대 자유주의의 견해

현대 자유주의 신학자들의 견해는 다양하나 한 가지 공통점을 말한다면, 중생을 초자연적 재창조적 변화로 보지 않고, 단순히 성격의 윤리적 자연적인 변화로 보는 것이다. 즉 중생을 사람들과의 관계에 관한 도덕적 요구 정도로 보는 것으로 도덕적 개선으로 보았다(H. B. Smith). 이상 여러 교파의 중생에 대한 견해들은 칼빈주의 입장에서 비교하여 보면 너무 다른 점이 많다. ① 중생은 하나님의 단독 사역이라는 점에서 펠라기우스파나 알미니안주의의 견해와 다르다. ② 중생은 성령에 의한 것이요 세례에 의한 것이 아니라는 점에서 로마카톨릭교회와 루터파의 견해와 다르다. ③ 중생은 취소되지 않는 변화라는 점에서 상실 가능성을 주장하는 로마카톨릭교회, 루터파, 알미니안주의의 견해와 다르다. ④ 중생은 성령 역사에 의한 초자연적인 변화라는 점에서 현대 자유주의 견해와 다르다.

Ⅲ. 중생의 필요성

1. 성경적 긍정

성경은 사람의 자연 상태의 죄악성을 묘사함으로 중생의 필요성을 강조하고 있다. 예수님의 말씀에 "진실로 진실로 네게 이르노니 사람이 거듭나지 아니하면 하나님 나라를 볼 수 없느니라"(요 3:3, 5).

그는 계속하여 "내가 네게 거듭나야 하겠다는 하는 말을 기이히 여기지 말라"고 하셨다. 사도들은 하나님 나라의 복음을 흑암의 세계에 전파하면서 사람이 내면적 존재의 깊은데서 변화되고, 세상에서의 전의식적 생활과 전의식적 행동에서 변화되는 근본적 갱신의 필요를 가르쳤다.(갈 6:15; 약 1:18; 벧전 1:13) "모든 사람과 더불어 화평함과 거룩함을 쫓으라 이것 없이는 아무도 주를 보지 못하리라"(히 12:14). 성경은 적극적으로 중생의 필요성을 강조한다.

2. 인간의 전적 부패상

칼빈주의 5대 강령 가운데 첫 번째가 인간의 '전적 부패'이다. 인간의 심령은 전체적 부패하여 영적 진리를 분별하거나 영적인 선을 행하기에 전혀 불능하게 되었다는 교리이다. 인간은 그 심령의 어느 한 부분도 성한 곳이 없이 전체가 죄악으로 부패하였으며(부패의 전체성), 심령의 부패한 상태는 어떤 일부 사람만이 아니라 전 인류가 모두 그렇게 부패하였다(부패의 보편성). 사도 바울은 에베소서 2:1에서 신앙을 갖기 이전의 상태를 가리켜 '허물과 죄로 죽었던" 상태라고 하였다. 그러므로 구원의 열쇠가 인간 편에 잇는 것이 아니라 하나님 편에 있으며, 구원은 우리에게서 난 것이 아니라 하나님의 선물이라는 구원을 밝혀주고 있다.

3. 성령에 의한 내면적 변화

인간의 죄악의 결과로 영적 생명은 그 본래의 기능이 마비되어 하나님을 찾아 알 수도 없고(고전 1:20; 시 14:2), 영적인 선을 행하는 자가 없으니 하나도 없게 되었다(시 14:3). 그러므로 타락한 인성을 가진 자들에게 필요한 것은 진화가 아니라 새 생명으로 거듭나지 아니하면 하나님과 신령한 교제를 가질 수 없고, 하나님 나라에 들어갈 수 없다(요 3:5). 오직 성령 주권적, 초자연적 역사에 의해 죽은 심령들이 내면적, 근본적 변화를 받아 의와 진리와 거룩함으로 새 사람을 입어 하나님의 잃어버린 형상을 회복하여야 한다. 성령으로 거듭나지 아니하면 하나님과 인격적 교제를 회복할 수 없다.

IV. 중생의 성질

1. 중생은 근본적 내면적 변화이다

칼빈주의 입장에서 중생의 개념을 명확하게 하기 위하여 정의와 바른 개념에 기초하여 중생에 대한 몇 가지 성질을 살펴보자. 먼저 중생은 자연인의 지성, 감정, 의지 등의 계발이나 향상이 아니다. 그것은 아무리 향상되어도 육으로 난 것(요 3:6)에 불과하다. 중생은 죄와 허물로 죽은 영적 생명을 살려내는 일로서, 영적 새 생명을 심어들임과 동시에 주관적 성향을 근본적으로 변화시키는 영적 상태의 변화이다. 그러므로 중생은 성령께서 영혼의 죽었던 상태에서 살리시는 영적 소생을 의미한다. 따라서 중생한 후에야 기존의 지성, 감성, 의지도 비로소 정상적인 기능을 발휘하기 시작하게 되는 것이다.

2. 중생은 즉각적 홀연적 변화이다

중생은 성령의 초자연적 역사이므로 즉각적 홀연적 변화이다. 이 사실은 두 가지 측면에서 설명할 수 있는데, 첫째는 로마카톨릭교회와 반펠라기우스파의 주장과 같이 중생은 심령 속에 점진적으로 준비되고 이루어 가는 것이 아니다. 이는 중병에 걸린 자가 점진적으로 회복되어 가는 것을 의미하지 않는다. 죄로 허물로 죽었던 자를 성령의 창조적 권능으로 즉각적으로 살리시는 성령의 역사이다. 둘째로 중생은 성화의 과정과 같이 점진적이며 계속적 변화가 아니라 순간적 즉각적으로 완성되어지는 홀연적 변화이다.

3. 중생은 비밀적 잠재의식적 변화이다

중생은 하나님의 비밀하고 헤아릴 수 없는 신비로운 역사의 변화로서 인간에게 직접적으로 지각되지 않고 잠재의식 생활에서 일어나는 변화이다. 특이한 경우이기는 하지만(다메섹 도상의 바울의 회심) 중생과 회심이 동시에 일어나는 경우를 제외하고는 다만 그 결과를 보아서 지각할 수 있을 뿐이다. 예수님께서 성령으로 거듭남에 대해 "바람이 임의로 불매 네가 그 소리를 들어도 어디서 오며 어디로 가는지 알지 못하나니 성령으로 난 사람은 다 이러하니라."(요 3:8) 그러므로 성도는 자신의 거듭남에 대해 의문과 미확실성을 가지고 고민하지 말고, 구원적 신앙은 그리스도의 중보적 사역이기에 점진적으로 구원의 확신에 대한 보다 더 높은 정도의 신앙에 도달할 것을 믿음으로 바라보는 '소망의 확신'을 가져야 할 것이다.

4. 중생은 하나님의 단독적 주권적 변화이다

중생은 하나님의 단독사역이며 주권적 은혜의 행동이다. 사람의 뜻이나 노력으로 말미암는 변화가 아니다. 찰스 하지(C. Hodge) 교수는 "중생은 영혼의 행동으로 구성되지 아니한다. 중생은 하나님의 행동이다. 중생시키는 자는 하나님이시다. 영혼은 거듭 난다. 이 의미에서 중생은 피동적이어서 우리 안에 이루어지는 변화요. 우리가 행하는 변화가 아니다."[12] 그러므로 성경은 "이는 혈통으로나 육정으로나 사람의 뜻으로 나지 아니하고 오직 하나님께로서 난" 자라고 하였다(요 1:13). 중생은 하나님의 독립적인 사역이어서 사람은 자기 자신의 출생에 협력하지 못하는 것과 같이 영적 출생에서도 피동적이다.

혹스마(Hoeksema) 교수는 "중생이란 전적으로 삼위 하나님의 사역이며, 인간 존재의 가장 깊은 곳에서 새로 태어나는 일이며, 다른 모든 신앙 활동에 선행되는 것이며, 인간의 자연적 성질의 변화가 아니며, 새 생명을 심어주는 일이기 때문에 인간 편에서는 전혀 피동적이다"고 하였다.[13]

5. 중생은 불가항력적 변화이다

죄인을 중생시키는 은혜는 하나님의 영원적 불변적 목적을 실현하

---

12) Charles Hodge, *Systematic Theology* III (Eerdmans, 1977), 81.
13) 그는 중생이 성령의 독점적 사역이며 사람이 전혀 피동적이며 잠재의식에서 일어나는 사실에 의거하여 하나님의 언약의 영역에서 그의 택하신 아이들을 영아기로부터 중생시킨다고 할 수 있음을 들어 영아 중생의 가능성을 제시함이 특이하다. Herman Heoksema, *Reformed Dogmatics*, 461－62.

는 것이므로 창조의 역사와도 마찬가지로 저항을 받거나 무효화되지 않는다. 하나님이 빛이 있으라고 말씀하실 때에 즉시 빛이 있은 것 같이 하나님의 의지의 발동에는 즉각적으로 효과가 따르는 것이다. 모든 사람에게 구별 없이 주어지는 성령의 감화 즉 보통 은혜는 죄인들의 항거로 무효화 된다. 그러나 하나님이 구원하시기 위하여 선택된 자들을 성령의 특별한 감화로 주관적 성향을 변화시키고 의지를 움직여 마침내 그리스도에게 복종시키는 것이다. 그러므로 칼빈주의에서는 구원의 최초 주관적 적용이라고 할 수 있는 중생의 은혜는 인간의 거부로 취소될 수 없는 불가항력적 은혜임을 주장한다. 이 중생은 선택에 기초한 것으로서 사울이 바울 되는 것처럼 거부할 수 없는 성령의 역사인 것이다. 박형룡 박사는 중생의 은혜의 불가항성을 다음과 같은 요지로 증명하고 있다.[14]

1) 전능의 공작: 하나님의 직접적인 전능의 공작이므로 반드시 유효하고 실패하지 않는다.(엡 1:19)
2) 새 창조의 사역: 죄와 허물로 죽었던 자에게 새 생명의 원소를 심어 중생하시는 성령의 새 창조와 부활의 신적 공작에는 실패가 있을 수 없다.(고후 5:17)
3) 하나님의 약속: 중생은 자기 백성의 영적 갱신을 위한 하나님의 약속의 수행에 신실성의 방도이니 반드시 성취될 것이다. (겔 11:9; 36:26; 요 6:45 참조)
4) 영원한 선택: 중생은 영원히 선택받은 하나님의 백성에게 임하는 은혜이니 실패하여 무효될 수 없다. 하나님의 자정을 수행하는 성령의 사역이 사람의 불순종으로 실패하지 않는다.(시

---

14) 박형룡, *op. cit.*, 163-64.

33:11; 잠 19:21; 사 46:10)

6. 중생은 신비적 초자연적 변화이다

중생은 잠재의식에서 공작하시는 성령의 창조적 행동이므로 제 2의 원인의 간섭이나 협조 없이 되어지는 하나님의 신비적 초자연적 직접적인 사역이다. 중생은 영적은 죽은 자를 다시 살리는 것이라는 엄밀하고 좁은 의미에서 말씀과 함께 생기나 말씀으로 말미암아 생기는 것이 아니다. 중생의 성령의 신비적 직접적 초자연적인 역사로 택한 자에게 이루어지는 이적 중에 이적이다.

7. 중생은 취소되지 않는 변화이다

칼빈주의 입장에서는 중생은 하나님의 새 창조와 부활의 신적 공작으로 택한 백성을 위한 하나님의 작정을 수행하는 것임으로 어떠한 방해를 받거나 취소되지 않는 변화임을 확신한다. 성경은 요한일서 3:9에 "하나님께로서 난 자마다 죄를 짓지 아니하나니 이는 하나님의 씨가 그의 속에 거함이요", 또한 요한일서 5:18에 "하나님께로서 난 자마다 범죄치 아니하는 줄을 우리가 아노라 하나님께서 나신 자가 저를 지키시매 악한 자가 저를 만지지도 못하느니라"는 말씀에서 중생은 우리를 죄로부터의 절제와 사단의 접촉으로부터 해방되는 것의 원인이 된다. 중생한 사람은 죄의 세력으로부터 해방되었고, 그리스도를 믿는 신앙으로 세상을 이기며, 극기를 운행하여 죄와 악한 자의 종노릇을 중지하였다. 또한 중생한 사람은 즉각적으로 하나님 나라의 성원이며 그의 모든 행실은 천국 시민권에 조화될 것이다.

즉 천상천하의 어떠한 세력이라도 "우리는 우리 주 그리스도 예수 안에 있는 하나님의 사랑에서 끊을 수 없으리라"(롬8:39)고 한 성경의 약속은 성령의 인치심으로 그리스도와 연합된 자들과의 생명적 관계는 영속적이며 불변적이며 취소되지 않는다. 그러므로 칼빈주의 입장에서 중생의 이같은 성질은 성도의 견인교리로 나타나고 있다.

제4장 회 심

　회심(Conversion)은 성령의 특별한 공작에 의해 중생의 결과에 의해 필연적으로 일어나는 변화이다. 중생과 구별된 때에 회심은 중생에서 심어진 영혼의 주관적 새로운 성향이 하나님께로 자유롭게 전향하는 것을 의미한다. 즉 세상과 죄악을 향하던 옛 생활에서 돌이켜 이제는 하나님의 말씀을 따라 살고자 하는 방향 전환이 일어나는데 이것이 회심이다. 그러므로 중생한 사람이 회심하지 않은 채 남아있기는 불가능하고 복된 하나님께로 귀를 기울이며 얼굴을 돌린다. 회심은 개인생활에 갑자기 일어나는 위기일수 있으나 점진적 과정의 형식으로 오기도 한다.

　회심은 회개와 신앙의 두 부분으로 구성된다. 첫째는 회심의 소극적 부분인 죄로부터 돌이키는 것이 회개이며, 둘째는 회심의 적극적 부분인 그리스도께로 향하는 것이 신앙이다. 그러나 회심의 구성에 관한 견해가 다양하여 벌코프에 따라 회심이 회개와 신앙의 두 부분으로 구성된다고 보는 것이 가장 성경적이며 합리적이다. 그리고 회개와 신앙은 다 중대한 제목들이므로 각각 따로 거론될 곳이다. 이제는 성령의 구원적용의 세번째 단계로서 회심에 대하여 살펴보자.

Ⅰ. 어원적 고찰

1. 용어의 의미

1) 구약의 용어

구약은 회심을 나타내는 말로 특별히 두 가지를 말을 사용하였다.

① 나캄(후회하다)

「나캄」은 애통(니팔형) 혹은 위안(피엘형)의 깊은 감정을 표현하는 데 사용되었다. 이 말이 니팔형에서는 '회개'의 의미로 계획과 행동의 변화가 수반되는 회개를 의미한다. 이 말은 사람의 경우에 쓰인 예는 예레미야 8:6에 예루살렘 백성이 "그 악을 뉘우쳐서 나의 행한 것이 무엇인고 말하는 자가 없고" 그러나 이 말은 사람에 관해서만 아니라 하나님에 관해서도 사용되었다. "여호와께서 뜻을 돌이키사 말씀하신 화를 그 백성에게 내리지 아니하시니라."(출 32:14)

② 수브(돌아오다)

「수브」는 회심을 표현하는 가장 통상적인 용어이다. 이 말은 「방향 전환」, 「돌아옴」을 뜻한다. 이 말은 구약에서 인생이 죄로 이반하였던 하나님께로 돌아옴을 명시한다. 구약에 사용된 예로 "배역한 자식들아 돌아오라."(렘 3:22), "그들이 눈으로 보고 귀로 듣고 마음으로 깨닫고 다시 돌아와서 고침을 받을까 하노라."(사 6:10)

2) 신약의 용어

신약에서 회심을 나타내는 말로 세 가지 용어를 사용하였다.

① 메타노이아($\mu\varepsilon\tau\acute{\alpha}\nu o\iota\alpha$: 회개하다)

「메타노이아이」는 신약에서 회심을 표현하는 말로 가장 근본적인 용어로서 「후에」($\mu\varepsilon\tau\alpha$) 「마음」($\nu ou\varsigma$>의 합성어로서 $\nu ou\varsigma$를 $\gamma\iota\nu\acute{\omega}\sigma\kappa\omega$ (알다)와 연락을 가지고 있는 단어로서 결국 「후에 깨닫는다」는 뜻을 가지고 있다. 트렌취는 이 용어의 고전적 의미는 후 지식, 이 후 지식의 결과로 마음을 변화하는 것, 이 마음의 변화의 결과로 지나온 행정(行程)을 후회하는 것, 장래를 위해 행위를 변화하는 것을 의미한다고 하였다(딤후 2:25; 행 8:22; 고후 7:10).

② 에피스트로페($\dot{\varepsilon}\pi\iota\sigma\tau\rho o\phi\acute{\eta}$: 돌아오다)

구약의 「수브」와 같은 뜻을 지니고 있다. 이 말은 '방향전환' (turning again) 혹은 '전환하여 옴'(turning back)을 뜻한다. 명사로는 오직 한 번 사용되었는데 사도행전 15:3에 "이방인들의 주께 돌아온 일을 말하여", 동사로는 다음 여러 곳에서 사용되었는데 마음의 단순한 변화만을 의미하는 것이 아니라 동적 생활이 다른 방향으로 움직임을 뜻한다(마 13:15;눅 22:32; 막 4:12; 요 12:40; 행 28:27).

③ 메타멜로마이($\mu\varepsilon\tau\alpha\mu\dot{\varepsilon}\lambda o\mu\alpha\iota$: 뉘우치다)

이 말은 「후에 관심을 둔다」는 뜻을 가지고 있는데 신약에 다섯 번 사용되었는데 회개의 소극적 감정적 요소를 강조하고 있다.(마 21:29, 32; 27:3; 고후 7:10; 히 7:21) 그 예로 "하나님의 뜻대로 하는 근심은 후회할 것이 없는 구원에 이르게 하는."(고후 7:10).

Ⅱ. 회심의 분류

성경에 나타난 회심이라는 용어는 반드시 한 가지 의미로만 쓰이지 않고 여러 가지 뜻으로 사용되고 있다. 이 용어가 쓰인 의미를 따라 분류하면 성경적 회심의 의미를 찾을 수 있다.

1. 국민적 회심

구약의 역사에는 이스라엘 민족 전체의 회심이 자주 있었다. 모세, 여호수아, 사사 시대에 이스라엘 백성들은 반복적으로 여호와를 배반하고 하나님의 진노를 경험한 후에 죄를 회개하고 하나님께 들이켰다. 사무엘 시대(삼상 7:6), 히스기야 시대, 요시야 시대, 에스라 시대(느 8:8, 9)에 국민적 회심을 찾아볼 수 있고, 요나 시대에는 이방민족이였던 니느웨 백성들에게서도 찾아볼 수 있다.(욘 3:10) 이러한 국민적 회심 운동은 어떤 개인들의 참된 종교적 회심이 수반하였지만 전국민이 참된 회심을 경험하지 못하고 도덕적 개혁의 성질을 가진 피상적인 종교운동이었다. 그리하여 이들은 국민적 회심 후에 다시 악한 구습으로 돌아가고 말았다.

2. 일시적 회심

성경에는 중생의 결과에 의한 참된 구원에 이르는 회심을 하지 않고, 다만 일시적으로 돌이켰다가 다시 타락하여 버리는 회심을 말하고 있다. 예수님의 씨 뿌리는 비유를 말씀하실 때 "그 속에 뿌리가 없어 잠시 견디다가 …… 곧 넘어지는 자"(마 13:20, 21)가 있다고 하였다. 바울 사도는 후메내오와 알렉산더를 가리켜 믿음에 관하여 파선한 자라고 하였고(딤전 1:19, 20; 딤후 2:17), 데마는 "이 세상을 사랑하여 나를 버리고 데살로니가로 갔다"(딤후 4:10)고 하였다. 히브리 기자는 한 번 비췸을 얻고 …… 타락하여 다시는 회개케 할 수 없는 자들이 있음을 말하고 있다(히 6:4~6). 사도요한은 "살았다 하는 이름을 가졌으나 죽은 자로다."(계3:1)라고 하였다. 이런 일시적 회심은 얼마 동안은 참 회심의 모양을 보일 것이다.

3. 진정한 회심

좁은 의미의 진정한 회심은 "하나님의 뜻대로 하는 근심"에서부터 출발하여 하나님께 진정으로 헌신하는 생활로 결과하는 것이다(고후 7:10). 즉 성령의 거듭나게 하시는 중생의 사역에 뿌리를 두고 성령에 의해 흑암으로부터 광명으로, 사단의 권세로부터 하나님께로 전향하는 변화이다. 성경이 말하는 진정한 회심은 불신앙의 옛 생활을 청산하고 신앙의 새 생활을 지향하는 변화로써 과거의 죄에 대한 혐오와 하나님의 뜻을 따르고자 하는 갈망과 열의를 포함한다.

진정한 회심은 두 가지 방면이 있는데 능동적인 면과 수동적인 면이다. 전자는 하나님의 능동적인 역사로 성령의 역사에 의한 것이다. 후자는 성령 역사로 죄인이 하나님께로 돌이키는 결과적, 의식적 행위이다. 성경에서 실례를 찾아볼 수 있는데, 나아만의 회심(왕하 5:15), 삭개오의 회심(눅 19:8, 9), 바울의 회심(행 9:5이하), 고넬료의 회심(행 10:44이하), 루디아의 회심(행 16:14)이 진정한 회심이다.

4. 반복적 회심

회심자가 신앙의 연약함과 냉각으로 실족하여 일시 타락 상태에 있다가 회개하여 첫 사람으로 돌아올 수 있다(계 2:15, 눅 22:32 참조). 구원론적 의미에서 회심이란 불신자가 신자가 되는 변화이므로 일평생에 한 번밖에 없다고 보아야 할 것이다. 그러나 참된 회심을 경험한 자들이 일시적으로 악의 매력에 유인되어 죄에 빠질 수 있으며, 때로는 멀리 방황할 수 있으나 그 속에 새 생명은 필경 약동하여 통회하는 심정을 가지고 하나님께로 돌아오게 하는데 이를 반복적 회심이다.[15] 신자는 이미 목욕한 자이지만 발은 매일 씻어야 한다(요 13:10).

III. 회심의 특징

어떤 사람들은 자기들이 경험한 회심을 구속받은 경험의 전부인 듯 말하고, 구원 과정의 전부인 듯 과장하려는 자들이 많다. 회심을

---

15) 스트롱 교수는 회심 이후에 오는 변화에 대해서 회심이라는 말을 사용하지 않고, '범과로 부터 끊음', '그리스도에게 돌아옴', '그를 새로이 신뢰함'이라는 표현을 사용하고 있다. 그러나 성경은 이런 경우들에도 '회심'이란 말로 사용하였다(눅 22:32; 계 2:5, 16 21, 22, 3:3, 19). 따라서 박형룡 박사는 이후에 오는 회심을 최초의 것과 구별하기 위하여 '반복'이라는 수식어 사용의 적정하다고 말했다.(박형룡, *op. cit.*, 201)

구원 과정의 출발점에 있는 한 부분의 경험이며, 앞으로 통과해야 할 노정이 멀고 다양하다는 것을 명심해야 할 것이다. 따라서 회심이 다른 구원 과정의 다른 부분들보다 어떻게 다른지 변별할 수 있어야 할 것이다.

1. 성령의 재창조적 역사이다

칭의는 죄인을 의롭다고 선언하시는 하나님의 재판적, 선언적 행위인 데 반하여, 회심은 죄인의 심령에 일어나는 성령의 재창조의 역사이다. 따라서 칭의가 사람의 신분의 변화를 가져오는 데 반하여, 회심은 심령 내부의 도덕적 성향의 변화를 가져온다. 죄인은 회심을 통해 자기가 정죄받기에 마땅하다는 시실을 의식하게 된다. 나아가서 회심은 이미 신앙을 포함하는 것으로서 예수 그리스도를 구주로 확신하며 신뢰하여 자기의 모든 죄가 그리스도의 공로로 용서된다는 기쁜 확신에 도달한다. 회심이 성령의 재창조의 역사라는 점에서 중생과 공통점을 가지는데 중생은 새 생명의 씨앗을 심는 역사라고 한다면 회심은 그 씨가 싹터서 자라게 하는 역사라고 할 수 있다.

2. 의식적 변화이다

중생은 죄인의 잠재의식 속에서 이루어지는 변화인 데 반하여, 회심은 죄인의 의식 가운데서 일어나는 의식적 변화이다. 그러나 회심은 중생의 결과로 인해 일어나는 각성의식이다. 중생이 잠재의식 속에서 이루어진다는 말은 곧 중생은 하나님의 단독사역에 의한 변화인 것을 뜻하며, 회심이 의식적 변화라는 사실은 회심은 성령의 역사이지만 인간의 감화와 협력에 의해 이루어지는 변화임을 뜻한다.

3. 거룩한 생활로의 전환이다

회심이란 옛 사람을 벗어버릴 뿐만 아니라 새 사람을 입는 일, 즉 옛 죄악된 성질과 행동의 습관들을 버리고 거룩한 생활을 위하여 힘쓰는 일을 시작한다. 첫 창조에서 부여되었다가 타락으로 잃어버린 하나님의 형상을 둘째 창조에서 회복됨으로 인해 지식에서만 아니라 의와 거룩함을 쫓아 새 사람으로의 삶을 시작하는 것이다(엡 4:24). 그러나 회심은 옛 생활과 새 생활 사이에 투쟁이 즉시 끝남을 의미하지 않는다. 그 투쟁은 일생동안 계속되어 지는 것이다.

4. 단회적 변화이다

회심이란 중생에서 옛 생명의 죄적 원소가 새 생명의 원소로 단회적인 변화이며 성화와 같이 연속적인 과정을 뜻하지 않는다. 회심은 중생에서 시작된 변화의 최초 경험적 의식적 변화로서 오직 한번만 되어지고 반복될 수 없는 일이다. 즉 엄밀한 의미에서 구원론적인 회심은 그 원인인 중생과 같이 한번 만 생기는 변화이다.

5. 율법적 회심과 복음적 회심으로 구별된다

율법적 회심은 어떤 사람은 성령께서 율법의 두려움을 기구(器具)로 하여 양심의 공포와 형벌의 두려움에 위협되어, 즉 율법적인 면이 더 큰 동기가 되어 그리스도께로 인도하는 몽학선생이라는 것을 경험하게 되며 회심에 이르게 된다(갈3:24). 반면에 복음적 회심은 성령께서 복음을 통해 극한 고민 없이 복음의 진리에 감화되어 회심에 이르게 된다. 즉 그리스도의 놀라운 사랑과 긍휼이 사람들을 권유하여 하나님께로 인도한다. 그러므로 율법적인 면과 복음적인 면 가운데 어느 것이 회심의 더 큰 동기가 되느냐에 따라서 율법적 회심과 복음적 회심을 구분할 수 있다.

IV. 회심의 구성

1. 회개와 신앙

개혁파 신학자 가운데 회심의 구성에 관한 견해가 다양하다. 칼빈은 회심의 구성을 갱신의 소극적 관념과 적극적 관념인 파멸(mortification)과 살림(vivification)의 두 성분으로 구성된다고 보았으며, 하이델베르그 요리문답의 저자들과 참된 회심은 옛 사람의 파멸과 새 사람의 살림으로 구성된다고 가르쳤다. 그러나 벌코프 박사는 회심이 회개와 신앙의 두 부분으로 구성된다고 보는 것이 가장 성경적이며 합당하다고 하였다. 박형룡 박사는 회심은 죄인의 마음에 의식적 변화이므로 한편에는 죄로부터의 다른 한편은 그리스도에게로의 전환한다. 회심의 소극적인 부분인 죄로부터의 전환은 회개이며, 회심의 적극적인 부분인 그리스도에의 전환은 신앙이라고 하였다. 따라서 박형룡 박사는 회개를 「죄인의 의식 생활에 공작하여 그를 죄로부터 떠나게 하는 변화이다」[16]라고 정의하였다. 소요리 문답 제87에서는 회개를 정의하여 말하되 "생명에 이르는 회개는 구원적 은혜로 말미암아 죄인이 자기의 죄와 그리스도 안에 있는 하나님의 자비를 깨닫고 자기의 죄를 슬퍼하고 미워하면서 완전히 새로운 순종을 결심하고 그 죄로부터 돌이키는 것"이라고 하였다.

2. 회개의 세 요소

1) 지성적 요소(인식의 변화)

회개는 마음의 변화, 즉 지·정·의를 포함한 전인격적 변화로서 세 가지 요소를 갖는다. 지성적 요소는 '죄에 대한 인식의 변화이다. 즉 자기의 죄를 발견하고 죄로 인하여 심령이 부패하고 영적으로 무능한 자리에 떨어져 있는가를 깨달음을 포함하는 죄의 인식이다. 성경에 지성적 요소를 가리켜 "죄를 깨달음"이라고 표시되었다(롬 1:20). 그러나 사람이 죄를 깨달음만으로는 죄에 대한 관계에 변화를 가져오지 못한다.

---

16) 박형룡, *op. cit.*, 207.

2) 감정적 요소(감정의 변화)

회개에는 죄에 대한 감정적 변화가 있으니 즉 거룩하시고 의로우신 하나님께 대항하여 범한 죄로 인하여 근심하는 것이다. 즉 감정적 요소는 죄에 대한 감정의 변화이다. 이 변화는 지성적 요소로 깨닫게 된 죄로 인하여 슬퍼하며, 죄가 하나님을 얼마나 슬프게 하였을까를 통감하며 근심하는 변화이다. 이 근심은 "하나님의 뜻대로 하는 근심"으로서 참된 회개를 이루는 요소가 된다(고후 7:10).

3) 결의적 요소(의지의 변화)

결의적 요소는 죄에 대한 의지의 변화이다. 죄로부터의 내면적 전환과 사죄와 정화를 추구하는 성향이다. 즉 죄로 인한 근심이기 보다는 죄를 버림이며, 민감의 상태이기 보다는 의지의 행동이다. 이것은 죄로부터(from)의 회개이며, 죄의(of) 회개도 아니며, 죄로 인한 (for) 회개도 아니다(연결 전치사는 항상 ἀπο와 ἔκ요, περί나 ἐπί가 아니다). 회개의 결의적 요소는 탕자가 자기의 죄를 깨닫고(인식의 변화), 슬퍼하였을 뿐만 아니라(감정의 변화), 일어나 아버지께로 돌아간다(의지의 변화). 이 세 가지 요소가 갖추어질 때 비로소 진정한 회개가 이루어진다.

3. 로마카톨릭교회의 회개의 요소

1) 덕(Virtue)으로서의 고해

로마카톨릭교회는 고해성사에서 회개의 관념을 전적으로 형식화하였다고 벌코프(L. Berkhof) 교수는 말한다. 로마카톨릭교회는 고해를 덕으로서의 고해와 성례로서의 고해로 구분한다. 덕으로서의 고해란 죄로 인한 근심, 죄를 버리려는 결심, 하나님께 만족을 드리려는 목적으로 구성된다.

2) 성례로서의 고해

로마카톨릭교회가 말하는 성례로서의 고해란 세례 받은 후 범한 죄들을 용서 받기 위해 그리스도께서 제정하신 규례이니 재판권을 가진 신부의 용서를 통해서 실행되는 것이다. 성례로서의 고해는 다음 세 가지를 포함한다.

① 통해(Contrition)

통회는 죄에 대한 진정한 비애를 뜻하는 것으로서 세 가지 요소 중 유일한 내면적 요소이다. 통회는 자신 범죄에 대한 근심만을 포함되며 죄에 대한 단순한 뉘우침만으로도 만족한다.

② 고명(Confession)

고명은 반드시 비밀한 말로 신부 앞에서 죄를 고백하는 것을 말한다. 죽음에 이르는 모든 죄들은 다 고명되어야 하며 고명되지 않은 죄는 사해지지 않는다. 트렌트종교회의에서 고명은 구원에 필요하다고 선언하였다. C. Hodge 박사는 영세 받은 후에 지은 죄는 신부에게 고명하지 않으면 사해지지 못한다는 것은 지상의 유형교회뿐만 아니라 천당과 지옥의 열쇠를 그의 허리에 띠에 차고 있다는 로마카톨릭교회가 가르치는 많은 오류 가운데 하나라고 지적했다.

③ 보속(Satisfaction)

보속은 죄인의 고행 난행(苦行難行) 즉 고통스러운 무엇을 인내하거나 어떤 곤란이나 죄에 대한 대가로 고행이나 불유쾌한 일을 수행하는 것이다. 이같은 외부적 행사들이 참으로 죄를 위한 보속을 이룬다고 주장하나 성경적 권위의 지원을 받지 못한다.

3) 고해의 오류

① 성경적 근거가 없다

로마카톨릭교회는 고명되지 않은 죄는 사하여지지 않는다고 주장하나 전혀 성경적인 근거를 찾을 수 없다. 고명의 근거를 마 16:18, 19; 마 18:15~18에서 찾고 있는데 특히 마 18:15~18에서 모든 신자의 죄가 교회 앞에 고명되어야만 사죄함을 받는다고는 말하고 있지 않다. 이 성경 구절은 범죄한 자를 한 사람이 깨우쳐서 회개하든지 또는 두세 사람이 증참하여 회개케 하든지, 아니면 최종 단계에서만 교회가 직접 그 개인에게 회개를 촉구하고 그래도 듣지 아니할 때는 교회가 재판권을 가지고 재판할 수 있는 것이다. 사죄권은 근본적으로 오직 하나님께만 속한 것이며(눅 5:21; 7:48) 인간은 어느 누구를 막론하고 사죄의 권한은 없으며 다만 회개를 권고할 뿐인 것이다.

② 형식적 행위이다

성경은 「회개」와 「회개에 합당한 과실」을 분명히 구별한다(마 3:8). 회개에 합당한 과실은 죄의 고백, 그리스도에게 투항, 죄로부터 돌이킴, 악행에 대한 보상, 바른 도덕적 행위 등이다. 이러한 회개의 과실들이 있기 전에 먼저 영혼의 진정한 내면적 회개가 있어야 한다. 그러나 로마카톨릭교회에서 회개를 신부 앞에서의 고명이라는 형식적 행위로는 영혼의 죄를 버리는 일에 방해를 줄 뿐만 아니라 진정한 회개의 내면적 수요에 주의하지 않는 처사이다.

③ 재판적 행위이다

죄는 오직 하나님께만 고백할 수 있는 것이다. 로마카톨릭교회는 죄를 신부에게 고백할 것을 의무화함으로 양심의 자유를 침해하며 신앙의 본질을 오도하고 있다. 성경은 "하나님과 사람 사이에 중보도 한분이시니 곧 사람이신 그리스도 예수라"(딤전 2:5)고 확언하고 있다. 죄를 신부에게 고백할 것을 의무화하는 것은 죄의 중대성을 부정하고 사람이 구주(救主)의 직권을 자행하는 처사이다. 이는 곧 영세(세례) 후에 범하는 죄의 용서를 위하여 그리스도의 만족은 충분하지 못하고 사람들의 만족이 충족하다 함이다.

제5장 신 앙

구원에서 모든 것이 신앙에 의뢰하므로 신앙은 구원론의 중심적 의의를 가진 주제이므로 한 장으로 논의하는 것이 적당할 것이다. 신앙이 이 부분에서 논의하는 것은 회심의 한 부분이라는 이유에서만이 아니라 죄인이 믿음으로 의롭다 함을 얻는 칭의(稱義)와 기구적(器具的)으로 관계되기 때문이기도 하다. 신앙에 관한 이신칭의(以信稱義)의 교리의 고찰은 다음 장에서 다루게 될 것이다.

지난 장에서 중생의 결과인 회심을 다루면서 회심의 구분을 소극적 부분은 회개이며, 적극적 부분은 신앙이라고 하였다. 이 장에서는 성령의 구원적용의 네번째 단계로서 회심의 적극적 부분인 신앙에 관하여 살펴보자.

Ⅰ. 어원적 고찰

1. 구약의 용어

1) 에무낳

「에무낳」은 통상적으로 성실을 의미하나 하바국의 진술이 신약에서 응용된 방식은 하박국 2:4에서 신앙의 의미로 사용하였다는 것을 지시한다. 원래 이 낱말은 성실을 뜻하나(신 32:4; 시 36:6; 37:3; 40:11) 이곳에서 신앙을 의미하는 뜻으로 보지 않는다면 신앙이란 말이 명사형으로 쓰인 곳은 없다.

2) 헤에민

구약에서 믿는다는 의미의 보편적인 말로는 「헤에민」이며, 이는 '아만'의 히필형이다. 「참된 줄로 본다」「믿는다」를 의미한다. 이 말은 참된 줄로 수납되는 증거에 주어진 승인을 의미하기도 한다.

3) 빠탁

이 말은 「신임한다」「신뢰한다」「의지한다」는 의미를 가진다. 지적인 확신보다는 신임적 의뢰의 요소를 강조하다.

2. 신약의 용어

신약 전체를 통해 믿음을 나타내는 말로는「피스티스」(πίστις)와 같은 말의 동사형인「피스튜에인」(πιστεύειν)이 쓰였다. 이 말은 다른 사람의 증거에 의한 신뢰에 기초한 지성적 확신의 의미로 사용되었으며, ① 하나님과 그리스도에게 일반적인 신뢰 ② 이 신뢰를 기초하여 그 증언을 받아들이는 것. ③ 영혼의 구원을 위하여 그리스도에게 복종하고 신뢰하는 것 등을 의미한다.

II. 신앙의 성경적 묘사

1. 신앙은 「예수님을 바라봄」이다

성경에는 신앙 활동에 대한 비유적 표현들이 있다. 이것을 살펴보면, 신앙은 광야에서 불뱀에게 물린 이스라엘 백성들이 구리 뱀을 우러러본 것같이 예수님을 바라보는 것이다(요 3:14, 15 / 민 21:9 비교). 여기서 바라본다는 동작은 신앙의 모든 요소를 포함하고 있다. 두 경우에서 모두 들린 대상물에 눈을 향하는 효과를 얻게 되는데 하나는 장대 위에 하나는 십자가 위에 그 대상을 향한 인식의 동작(지성적 요소), 시선의 고의적 집중(의지적 요소), 그 시선의 집중이 표시하는 만족(감정적 요소) 등이다.

2. 신앙은 「주리고 목마름」이다

신앙은 주리고 목마름과 먹고 마시는 영적인 생수와 영의 양식으로 제시되었다(마 5:6; 요 6:50-58; 4:14). 즉 하나님의 율법에 영적으로 합치하는 의를 열렬히 추구하기를 주리고 목마른 자가 찾는 것 같이 하는 것(마 5:6)이며, 십자가의 제사적 죽음의 효능으로 사람들의 영적 생명의 떡이 되시는 그리스도를 먹고 마시며(요 6:50~58), 영적 생명의 원천이신 그리스도의 영의 내주하심을 물마시듯 얻어 누리는 것(요 4:14)이다. 이는 먹고 마심에서 필요한 식품과 음료의 임재함을 확신과 만족하게 하리라는 신뢰적 기대를 품는 것과 같다.

3. 신앙은 「그리스도의 영접」이다

신앙은 그리스도께 나아오는 것 즉 영접하는 것으로도 묘사되었다. (요 1:12; 5:40; 7:37; 6:44, 65) 신앙은 영생을 얻기 위하여 성부께서 이끄시므로 그리스도에게로 오는 것이며 영접하는 것이다. 그리스도께로 나아온다는 것은 자신의 공로를 보지 않고, 예수 그리스도의 의를 힘입는 행위이며, 그리스도를 구주로 영접하는 행위를 표시한다.

III. 신앙의 종류

1. 역사적 신앙

성경은 신앙을 항상 동일한 의미로 말하지 않고 신학적으로 신앙의 몇 가지 종류로 구별될 수 있다. 그 가운데 역사적 신앙이란 어떠한 도덕적 영적 목적을 가지지 않고 순전히 지성적인 진리로 받아들이는 것이다. 이 신앙은 진리를 지각하고 찬동하되 순전히 합리적인 면들을 다만 역사의 사실로만 받아들이는 것이다. 성경에 의한 역사와 성경의 사실들의 해명, 예언과 이적 등의 증언에 관해서도 그러하다. 이 신앙은 전통, 교육, 성경의 도덕적 장엄성의 영적 통찰 등에 성령의 보편 사역의 결과이며 결코 중생에 의한 것일 수 없다. 하나님의 말씀을 듣고도 행하지 않는 신앙(마 7:26)은 귀신이 믿고 떠는 것과 같은 신앙(약 2:19)이다.

2. 임시적 신앙

임시적 신앙은 복음을 듣고 참으로 회개하지 않지만 진리의 도덕적 증거와 성령의 보통 감화에 인도되어 경험하는 마음 상태이다. 이러한 신앙의 명칭은 마태복음 13:20, 21에서 주님의 씨 뿌리는 비유를 통해 돌밭이나 가시떨기에 뿌려진 자(마 13:20~22)로서 말씀을 기쁨으로 받되 곧 넘어지거나 결실치 못하는 신앙이다. 또 위선적 신앙으로 자신은 진정한 신앙을 가진 줄로 자신하지만, 통상적으로 속아서 자신을 천국과 영생의 후사(後嗣)로 여기며, 하나님의 선한 말씀과 내세의 능력을 맛보기도 한다(히6:5). 그러므로 임시적 신앙은 중생으로 말미암지 않아 성령의 재창조의 신적 사역으로 오지 않아 사람의 깊은 내부에 접촉하지 못하고, 심령을 정화 받지 못하여 하나님의 영광보다는 오히려 인간적인 기쁨을 추구하는 신앙이다. 주님께서는 이런 신앙의 소유자를 가리켜 "그 속에 뿌리가 없다”고 하셨다(마 13:21).

3. 이적의 신앙

역사적 신앙의 소유자나 임시적 신앙의 소유자는 구원의 신앙을 전혀 갖지 못하나, 이적의 신앙에는 구원하는 신앙이 동반할 수도 있고 동반하지 않을 수 있음이 특이하다. 이를 두 가지로 구분하여 능동적 신앙과 수동적 신앙으로 구분할 수 있다.[17]

1) 능동적 신앙

이적 신앙이란 능동적으로 자기를 통해서 혹은 자기를 위하여 이적이 일어날 것을 믿는 신앙이다(마 17:20; 막 16:17, 18). 주님은 믿는 자들이 작은 믿음으로 큰 이적을 행할 수 있음을 말씀하셨으며(마 17:20), 제자들에게 복음전파에 신앙에 의해 이적들이 따를 것이라고 예언하셨다(막 16:17, 18). 이적을 행하는 일에 구원하는 신앙이 필연적으로 동반하지 않으나 동반하기도 한다.

2) 수동적 신앙

이적 신앙은 수동적일 수 있으니 자기에게 이적이 일어날 것을 믿는 신앙이다. 이적의 신앙은 예수님과 사도들에 의해 병고침을 받은 많은 사람들에게 구원적 신앙을 있었으나 그들 중에 이적으로 구출은 받았으나 구원적 신앙을 가지지 못한 자들도 있었다.

---

17) 박형룡, *op. cit.*, 241－45.

4. 참된 구원적 신앙

참된 구원적 신앙의 좌소는 마음 곧 지, 정, 의를 포함한 전인격에 두고, 중생한 생명에 뿌리를 가지는 신앙이다. 칼빈은 구원적 신앙을 정의하여 "우리에게 향한 신적 자비의 견고하고 확실한 지식이니 그 지식은 그리스도 안에서 값없이 주시는 약속의 진리에 기초한 것으로 성령에 의해서 우리 마음에 계시되며 확인되는 것이다"라고 하였다. 구원적 신앙은 중생한 성도 안에 성령의 사역으로 주님과 그 모든 혜택을 받아들이며 시간과 영원에서 그를 의지하는 것이다.

Ⅳ. 신앙의 요소

1. 지적 요소(지식)

신앙의 본질은 지식, 찬동, 신뢰의 세 성분에서 찾을 수 있다. 성경은 신앙은 자연적 재능이 아니라 영적 성향이니 지성이나 의지나 감정의 어느 하나에 둘 것이 아니며, 신앙의 구성분(構成分)을 각각 고찰하는 것이 신앙의 정당한 개념을 찾는데 유익할 것이다.

먼저 신앙적 지식은 하나님의 계시의 진리성으로 그리스도에 의해 준비된 구원의 객관적 실재성을 인식하는 것이다. 그러나 신앙은 단순히 진리의 지성적 승인만으로 구성되지 않는다. 루터는 갈라디아 주석에서 참된 신앙은 그리스도를 붙잡는 심정의 확인된 신뢰와 견고한 찬동이니 그리스도는 신앙의 대상이라고 하였다. 「하이델베르그 요리문답 제21」에서 진정한 신앙은 「확실한 지식」이라고 단언하였으며, 이 단언은 히브리서 11:1의 말씀에 「믿음의 바라는 것들의 실상이요 보지 못하는 것들의 증거니」라 한 것이다. 또 「웨스트민스터 신도게요 제14장 2조」에서 「이 믿음에 의해 그리스도인은 말씀 가운데 게시된 것은 어떠한 것이든지 간에 참되고 믿는 것은 하나님의 자신의 권위가 그것을 말씀하기 때문이다」사도 바울은 신앙적 지식의 의심없는 확실성의 대담함을 선언하기를 "나의 의뢰한 자를 내가 알고 또한 나의 의뢰한 것을 그날까지 저가 능히 지키실 줄을 확신함이라"(딤후 1:12)고 하였다. 신앙의 대상의 실재성에 관한 지식에 확실성이 있어야 신앙이 헛되지 않을 것이다.

2. 감정적 요소(찬동)

신앙의 감정적 요소는 그리스도에 관한 진리를 확신할 뿐 아니라 그리스도의 진리와 타락한 죄인들의 수요 사이에 정확한 적응이 있음을 기쁘게 인식하고 기쁨과 감사함으로 찬동하는 것이다. 그러므로 사람이 신앙으로 그리스도를 영접할 때에 그 신앙의 진실성에 대한 깊은 확신을 가지고, 그 사람의 마음속에 뜨거운 감정을 불러일으켜 그로 인해 기쁨과 감사로 산 흥미를 느끼는 것이 찬동이다. 신앙의 지식과 찬동을 구별하기란 어렵다. 신앙에서 찬동을 제외하면 구원적 신앙됨이 중지하고 대상의 인식뿐인 역사적 신앙으로 전락할 것이다.

3. 의지적 요소 (신뢰)

신앙의 최고 요소는 신앙의 대상 그리스도에게 자신적 신뢰를 가지는 것이다. 신앙은 지성과 감정의 동작을 포함할 뿐 아니라, 그의 의지에 영향을 미쳐서 자신의 모든 인생적 자원들을 의지하는 것으로부터 그리스도만을 의지하는 것으로 옮겨가서 구주(救主)의 인격에 결탁, 신뢰하는 의지적 결단이다. 이러한 신뢰는 그리스도의 명예 아래 순종하며 그의 진리의 광명 가운데 행하는 생활에 들어가는 것이며, 그리스도와 연합한 생활을 하는 것이다. 우리의 구주와 생명이신 예수 그리스도를 마음과 생활의 심저에 모시어 「내가 산 것이 아니요 내 안에 그리스도께서 사신 것이」되게 하는 것(갈 2:20)이다.

V. 신앙의 대상

1. 넓은 의미의 신앙의 대상

구원적 신앙의 대상은 넓은 의미의 신앙 대상과 특별한 의미의 신앙의 대상으로 구별할 수 있다. 먼저 넓은 의미에서 구원적 신앙의 대상은 하나님의 말씀에 포함된 하나님의 계시의 전부라고 할 수 있다. 성경에 명백히 가르친 모든 것과 그것에서 정당히 추론할 수 있는 모든 것이 다 넓은 의미의 신앙의 대상이다. 로마카톨릭교회는 이 넓은 의미의 개상 범위를 다시 넓혀 전통을 포함시키는 오류를 낳았다.

2. 특별한 의미의 신앙의 대상

특별한 의미에서 구원적 신앙의 대상은 예수 그리스도와 그리스도 안에 주어진 구원의 약속이다. 좀더 엄밀히 말하면 죄인을 칭의하시며 구원하는 깊은 신앙의 동작 자체가 아니라, 신앙에 의하여 받아들이는 그리스도의 의(義)이다. 특별한 의미의 구원적 신앙의 내용에 대해 웨스트민스터 신도게요서에는 「신앙의 주요한 동작은 칭의와 성화와 영생을 위하여 그리스도만을 수납, 영접, 의지함이라」고 하였다. 다시 말하면 예수 그리스도와 그의 구속사역의 복된 소식과 세례와 성찬, 그리스도의 삼중직 즉 선지자로서의 진리 교훈, 제사장으로서의 속죄, 그리고 왕으로서의 승리 등이다(요 3:15, 18:6: 40).

VI. 신앙과 확신의 문제

신앙의 확신을 구별하여 첫째는 신앙의 본질에 속하는 객관적 확신과 둘째는 신앙의 참된 결과에 속하는 주관적 확신이다. 전자를 신앙의 확신(히 10:22), 후자의 소망의 확신(히 6:11)이라고도 한다. 첫째의 확신에 대하여 일반적인 동의가 있으나, 둘째에는 의견의 통일이 없다. 그럼 진정한 구원적 신앙은 구원받았다는 확신을 항상 수반하는가?

1. 로마카톨릭교회

로마카톨릭교회는 구원에 대한 주관적 확신을 신앙의 본질에 속한다는 것을 부정할 뿐 아니라 신앙의 객관적 확신도 신앙의 과실이라는 사실에 대해 반대한다. 그들에 의하면 신앙은 교회라 칭하는 무오(無誤)하고 유형한 결사의 교훈들에게 함의적 찬동과 순종적 일치라고 주장하면서, 사적 개인들이 신적 총애의 대상됨을 확신할 수 있는 성경적 권위를 가진다는 것을 강경하게 부인한다. 신앙은 단순히 교리에 찬동함으로 구성하여, 역사적 신앙과 구원적 신앙의 구별은 없고, 교회는 무오한 선생이라는 표명적(表明的) 신앙과 교회가 가르치는 모든 교리에 찬동하는 묵종적(默從的) 신앙을 가르치므로 신앙의 지적 요소를 제거하였다. 신앙만으로 구원받지 못한다는 교리를 유지하지 위해 비형식적 신앙과 형성적 신앙으로 구별한다.

2. 메도디스트파(Methodists)

메도디스트파들은 성도의 견인을 부정하여 구원의 확실성을 미결에 부치나 오히려 신앙의 확신을 신앙의 본질적 요소로 강조한다. 믿는 자는 자기가 구원받은 것을 확신하는 자이지만 그 믿음이 최종 구원에 대한 확신을 포함할 수는 없다고 주장한다. 따라서 최종적으로 구원받느냐 못 받느냐 하는 것은 메도디스트로서는 득달할 수 없는 일이며, 성도들이 회복될 수 없이 타락할 수 있다는 것을 주장함으로 신앙은 도무지 완전하지 못한 것으로 로마카톨릭교회의 구원의 미확실성으로 돌아가는 것이다.

3. 개혁파

1) 확신이 신앙의 본질이라는 설

개혁파 신학자들은 확신이 신앙의 본질이라는 객관적 확신과 확신은 신앙의 열매라는 주관적 확신이라고 주장하는 두 가지로 견해로 나누어진다. 확신이 신앙의 본질이라는 견해에는 일반적으로 동의한다. 아브라함 카이퍼, 헤르만 바빙크, 게할더스 보스와 같은 화란계 신학자들은 확신이 신앙의 본질이라 주장한다. 구원적 신앙은 그리스도와 그의 중보 사역에 의한 복음의 약속들 즉 그리스도는 우리를 구원하시기에 유능하시다는 것, 신실하시어 우리가 믿으면 구원하시리라는 것을 확실히 믿는 것이 참 신앙의 본질이라는 것이다. 그러나 확신이 항상 그리스도의 능력이나 사랑에 관한 전부를 제외하는 마음 상태를 즐긴다는 것은 아니다. 신앙이 의지하는 영적 조명(靈的照明)이 자주 정도에서 신앙은 약할 수도 있고, 의심 때문에 제한될 수도 있으며, 의심 교대할 수도 있기 때문이다.

2) 확신은 신앙의 열매라는 설

개혁파 신학자들과 신도게요서에서 신앙의 주관적 확신, 즉 은혜와 구원의 확신이 신앙의 열매라는 주장에 대해서는 강조와 신중의 두 반응으로 나타나고 있다. 「웨스트민스터 신도게요서」의 「은혜와 구원의 확신」이라는 제목으로 진술하기를 「주 예수를 참으로 믿고 그를 사랑하며 그 앞에 모든 선한 양심으로 행하기를 노력하는 자들은 금생에서 그들이 은혜의 상태에 있다는 것을 확실히 확신할 수 있으며 하나님의 영광의 소망으로 기뻐할 수 있으니 그 소망은 결코 그들을 부끄럽게 하지 않을 것이다. 이 무오한 확신은 신앙의 본질에 속한 것이 아니어서 참된 신자가 이것에 참여하기 전에 오래 기다리며 많은 난관들과 투쟁해야 할 것이다. 그러나 성령의 능하게 하심을 받아 하나님이 그에게 값없이 주신 선물들을 알게 됨으로 그는 비상한 계시 없이, 통상한 방편들을 올바르게 사용함으로 이것에 득달할 수 있다. 그러므로 자기의 소명과 선택을 확신하기 위하여 근무하는 것은 각 사람의 의무이다.」라고 하였다(제 18장 1, 3조).

찰스 하지의 말하되 「구원에 대한 확신을 신앙의 본질적인 것으로 만드는 것은 성경에 또는 하나님의 백성의 경험에 배치한다.」고 하였다.[18] 또한 A. A. Hodge 교수는 자신의 주관적 구원의 확신이 신앙의 본질이 될 수 없는 것은 ① 구원적 신앙의 참된 대상은 그리스도와 그의 중보적 사역이라는 것, ② 탁월한 성도들이 자신에 관해 의심한 실례들이 성경에 있는 것, ③ 이미 신자인 사람들에게 보다 더 높은 정도의 신앙에 도달할 것을 권면하는 것, ④ 만대에 하나님의 백성의 경험을 들었다.[19](롬 8:16; 벧후 1:10; 요일 2:3, 3:14)

이상의 내용을 다시 말하면 참된 구원적 신앙의 확신에는 두 가지 유형이 있는데 하나님은 신실하시고 변함이 없으시기 때문에, 구원에 대한 하나님의 언약은 반드시 성취되어진다고 믿는 것을 객관적 확신이다. 참된 믿음을 가진 사람은 모두 객관적 확신을 가지고 있다. 객관적 확신은 참된 믿음에서 없어서는 안 될 요소이다. 그러므로 모든 성도는 객관적 의미의 구원에 대한 확신을 가지고 있다. 성도는 자신의 형편이나 주변의 상황과 관계없이 구원에 대한 분명한 확신을 가져야 한다. 객관적 확신은 구원의 본질적인 요소이다.

---

18) Charles Hodge, op. cit., 106－07.
19) A. A. Hodge, *op. cit.*, 478－79.

그러므로 객관적 확신을 가지지 못한 사람은 구원받은 사람이라고 말 할 수 없다. 그러나 참된 신앙적 구원의 확신은 하나님의 선물로 주어지기 때문에 구원의 조건이 아니라, 구원의 열매일 뿐이다.

그러나 예수 그리스도를 말미암아 죄 용서를 받고 영혼의 구원을 받았다는 사실을 자기 마음속으로 인정하고 안정감을 느끼는 것은 주관적 확신이다. 성도는 객관적 확신과 함께 주관적 확신도 가질 수 있다. 그러나 객관적 확신과 주관적 확신이 반드시 일치하는 것은 아니다. 왜냐하면 그리스도의 사역과 말씀에서 나오는 객관적 확신은 개인적인 차이가 있을 수 없지만, 각 개인이 가지는 주관적 확신은 많은 차이가 있기 때문이다. 그러므로 주관적 확신의 여부만 가지고 참된 구원적 신앙으로 단정하기 어렵다. 예수님께서 누가복음 18장에서 세리가 가슴을 치며 하나님이여 나를 불쌍히 여기옵소서 나는 죄인이로소이다 라고 통곡하며 내려갔을 때에 구원의 확신을 가지고 내려갔다고 판단되지 않는다. 그러나 주님께서는 "이 사람이 저보다 의롭다 하심을 받고 집에 내려갔느니라"고 말씀하셨다(눅 18:13, 14). 이 비유에서 세리는 의롭다함을 받은 사람, 즉 구원받은 사람이라고 보아도 좋을 것이다. 그러나 그 세리가 구원에 대한 주관적 확신까지 가졌을 것이라고 단정할만한 근거를 찾아볼 수 없다. 그러므로 주관적 확신은 구원의 본질적인 요소가 아니다. 주관적 확신은 구원받은 사람에게서 나타나는 열매이다. 열매는 맺히고 익어가는 정도에서 한 나무 가지 중에서도 서로 차이가 있게 마련이다. 그러므로 주관적인 확신이 부족하다고 하여 구원받지 못했다고 쉽게 단정하는 것은 잘못이디. 믿음은 사람마다, 시기마다 그 정도가 다양하여서 약하기도 하고 강하기도 하다(히 5:13, 14, 롬 4:19, 20). 믿음은 종종 여러 가지 공격을 받아 약해지기도 한다. 그러나 참 믿음은 여러 면에서 성장을 하여(히 6:11, 10:22), 마침내 성령의 내주하심과 견인하심으로 충만한 확신에 이르게 된다(히 12:2).

제6장 칭   의

「인생이 어찌 하나님 앞에 의로우랴」(욥 9:2). 「모든 사람이 범죄를 범하였으매 하나님의 영광에 이르지 못하더니 그리스도 예수 안에 있는 구속으로 말미암아 하나님의 은혜로 값없이 의롭다하심을 얻은 자 되었느니라」칭의는 이처럼 성경에 직접적으로 단언하고 있는 말씀으로 프로테스탄트 복음의 핵심이며, 종교개혁의 원리이기도 했으나, 종교개혁의 교회를 분열한 부딪는 돌이였다.

「의인은 믿음으로 말미암아 살리라」하는 진리는 루터가 고해와 미사(Mass)와 기타 교회가 칭의와 사죄의 방편으로 설정해 놓은 허례들의 돌무더기 속에서 더듬어 얻은 귀중한 선물이었다. 이 칭의에서 하나님의 공의와 긍휼히 서로 만나고 인간은 종교적 공포로부터 해방되어 하나님과의 직접 교제가 이루어지게 된다. 하나님께서 "자기도 의로우시며 또한 예수를 믿는 자를 의롭다"(롬 3:28) 하시는 비밀을 인간이 깨달을 때 비로소 인간은 죄의 공포로부터 해방될 수 있고 또 적극적인 하나님의 축복에 참여할 수 있게 된다. 이 장에서는 성령의 구원적용의 다섯번째 단계로서 칭의에 대해 살펴보자.

Ⅰ. 어원적 고찰

1. 구약―「하츠띠크」

이 말은 잠언 17:15 "악인을 의롭다 하며 의인을 악하다 하는 이 두 자는 다 여호와의 미워하심을 입느니라"는 말씀에서 "의롭다 하며"는 히브리어 「하츠띠크」는 사람의 신분이 율법의 요구에 조화된다는 재판적으로 선고함을 의미한다. 불의한 자를 의롭게 만드는 상태의 변화를 뜻하는 것이 아니고 법정적 결정에 의하여 그 사람에게 의롭다고 선언하는 것을 뜻한다. 구약에서 이 말은 한결같이 법정적 선언의 의미로 쓰였다(출 23:7; 신 25:1; 사 5:23). 또 「의롭다고 하다」라는 말과 병행하여서 유죄선고를 뜻하는 「정죄」라는 말이 쓰이고 있음을 보아 이 말이 법정적 선언의 의미로 쓰임을 알 수 있다(사 50:8~9).

2. 신약―디카이오($\delta\iota\kappa\alpha\iota\acute{o}\omega$)

히브리어 「하츠띠크」와 같은 의미를 가지며 「의롭다고 선고함」을 가리킨다. 이 말은 윤리적인 의(義)가 아닌 재판적, 법적 결과인 의(義)의 신분을 말한다. 즉 죄인으로 하여금 하나님 앞에 의(義)의 신분을 가지게 하는 칭의(稱義)의 법적 행위를 언급하는 것이다. 예를 들면 갈라디아서 2:16에 "사람이 의롭게 되는 것은 율법의 행위에서 난 것이 아니요 …… 그리스도를 믿음으로써 의롭다 함을 얻으려 함이라"고 하였다.「디카이오」의 명사형「디카이오시스」는 사람들이 죄책에서 해방되고 하나님께 열납 된다는 것을 선고하는 하나님의 행위를 선고하는 하나님의 행위를 표시한다. 이것은 그리스도의 의가 법적으로 우리의 것이 된 결과로 형벌 받을 책임에서 해방되고 순종함으로 약속된 모든 상들이 우리에게 속한다는 것을 선고하는 것이다(롬 4:25, 5:18).

3. 정 의

칭의(稱義, justification)의 정의를 살펴보면 먼저 「웨스트민스터 소요리 문답 제33」에서는 「의롭다 하심은 하나님의 값없는 은혜로 정하신 것인데 저가 우리의 모든 죄를 고하시고 그 앞에서 우리를 옳게 여겨 받으시는 것이니 이는 다만 그리스도의 의를 우리에게 돌려 붙이심인데 우리는 오직 믿음으로 받는 것이니라」고 하였다.

루이스 벌코프 교수는 「칭의는 예수 그리스도의 의를 기초로 하여 죄인에 대한 율법의 모든 요구가 만족된 것을 선언하시는 하나님의 재판적 행위이다」라고 하였다.[20]

훅스마 교수는 「칭의란 죄책과 저주를 받을 죄인들(단, 그리스도 안에 선택된)에게 그리스도의 대속의 공로에 근거하여 그리스도 안에 있는 하나님의 완전한 의를 전가해 주며 또한 그 죄인에게 영생권을 주시는 하나님의 은혜로운 역사이다」라고 하였다.[21] A. A. 하지 교수는 「칭의는 그리스노의 의를 그의 택한 자들에게 전가시키기로 한

---

20) L. Berkhof, *op. cit.*, 513.
21) Herman hoeksema, *op. cit.*, 493.

언약의 실행이며, 한편 칭의는 그 주권적 전가에 의하여 율법이 우리에 관하여 완전히 만족됨을 선언하시는 하나님의 재판적 행위이다」라고 하였다.[22] 이상의 여러 정의들을 종합해 보면 칭의란 하나님의 유효한 부르심을 받은 자들을 그리스도의 의를 기초로 하여 의롭다고 선언하시며 영생의 자격을 얻게 하는 하나님의 재판적 행위이다.

Ⅱ. 칭의의 특성

1. 성 질

1) 은혜성(恩惠性)

칭의는 하나님의 은혜의 행위이다. 칭의는 인간의 행위에 의한 결과도 아니며, 어떤 공로에 의해 취득되는 것이 아니다. 칭의는 하나님의 사랑으로 값없이 거주시는 선물이다. 성경은 단언하기를 "그러므로 율법의 행위로 그의 앞에 의롭다 하심을 받을 육체가 없나니, 하나님의 은혜로 값없이 의롭다 하심을 얻은 자 되었느니라."(롬 3:20~24). "내가 가진 의는 율법에서 난 것이 아니요 오직 그리스도를 믿음으로 말미암은 것이니 곧 믿음으로 하나님께로서 난 의라." (빌 3:3). 칭의는 예수 그리스도께서 십자가 위에서 대속의 죽으심으로 하나님의 모든 공의를 만족케 하신 구속의 의를 하나님의 택하신

---

22) A. A. Hodge, *op. cit.*, 498.

성도에게 전가하여 의롭다 여기시는 하나님의 은혜로운 행위이시다.

2) 법정성(法廷性)

칭의는 중생, 회심, 성화와 같은 갱신의 과정이 아니라 하나님의 법정적 결정을 죄인에게 선언하신다는 점에서 구속사역의 적용에 독특한 것이다. 칭의는 하나님의 법정에서 되어지는 일로서, 우리의 변호사가 되시는 그리스도께서 십자가에서 행하신 대속의 사역에 의해 우리의 사죄를 주장하시고, 하나님은 그리스도께서 십자가에서 성취하신 그 의를 우리에게 전가하여 하나님 앞에 의롭다고 선포하시는 법정적 결정이시다. 중생과 칭의를 비교하여 설명한다면, 중생은 우리 안에 성령의 역사로 죽였던 심령을 살리시는 상태의 변화라고 한다면, 칭의는 죄인의 신분을 가지고 있던 우리를 의인이라는 신분으로 변화시키는 법적 지위의 변화라고 할 수 있다.

3) 선언성(宣言性), 제정성(制定性)

칭의는 하나님께서 의로운 재판적 관계를 제정하시고 경건치 않은 자를 그리스도의 순종의 의를 우리에게 전가시켜 재판상 의롭다고 만드신 것을 선포하시는 선언적 행위이시다. 그러므로 칭의는 우리의 상태를 거룩하게 만드시는 행위가 아니다. 칭의는 아직도 실질적으로는 죄의 상태에 있는 우리를 의인이라고 선언하시는 하나님의 재정적 행동이시다.

사도 비울은 칭의의 근거가 되는 하나님의 제정적 행동에 대해 말하기를 "한 사람의 순종치 아니함으로 많은 사람이 죄인된 것같이 한 사람의 순종하심으로 많은 사람이 의인이 되리라."(롬 5:19) 하나

님은 십자가에서 대속의 피를 흘려주신 그리스도의 의를 우리의 의
로 전가하심으로 말미암아 우리를 의롭다고 선언하시는 것이다.

4) 즉각 완전 최종성(卽刻完全 最終性)

칭의는 모든 성도들에게 즉각적, 완전적, 최종적이다. 칭의가 즉각
적이라 함은 우리의 선행이나 공로가 아닌 성령으로 거듭나서 최초
로 예수 그리스도를 믿을 때 즉각적으로 완성되는 것이며(마 6:24),
완전적이라 함은 우리가 예수 그리스도를 믿는 순간 그리스도와 연
합하여 율법의 요구들에 대한 그의 완전한 만족에 참여하기 때문이
며(골 2:9, 10), 최종적이라 함은 그리스도와의 연합은 취소될 수 없
기 때문이다(요 10:28, 29). 예수 그리스도를 믿는 신앙에 의해 즉시
되어지는 칭의는 완전하며 최종적인 것이다.

2. 특 징

1) 죄책의 제거

타락한 인간에게 죄로 인하여 죄책과 오염을 가져 왔다. 죄책이란
죄에 대한 책임으로서 범죄자는 형벌을 받게 되는 것을 말한다. 오
염이란 범죄자의 심령이 그 죄로 말미암아 더럽고 부패하게 되는 것
을 말한다. 아담의 범죄 이후 모든 인간들은 이 두 가지 죄의 결과
를 가지고 있다. 그러므로 구원이란 죄의 결과인 죄책과 오염으로부
터의 구원인데 즉 죄책에 대한 형벌의 완전 면제는 칭의에 의해 이
루어지며, 오염으로부터의 구출은 성화 및 영화에 의해 이루어지는

것이다. 그러므로 칭의는 하나님께서 죄인에게 죄책의 제거하시고 그의 자녀로 삼으시고 영원한 기업을 부여하시는 것이다.

2) 외계에서 단행

성화는 부패한 인간 심령 내면에서 성령께서 역사하심으로 일어나는 내면적 상태의 변화이며, 칭의는 단지 우리를 죄에 대한 책임만 벗겨주시는 하나님의 법정적 선언이다. 따라서 성화는 우리 안에서 일어나는 하나님의 역사이며, 칭의는 우리 밖에서 이루어지는 하나님의 재판이다. 즉 성화는 우리 속에 죄의 형벌적 결과를 제거하시는 성령의 사역이라며, 칭의는 우리의 외계에서 즉 하나님의 법정에서 단행되고 선고되어지는 하나님의 재판적 행위이시다.

3) 단번에 완성

성화는 현세의 신앙생활에서 완성되지 못하는 계속적인 과정이다. 그러나 칭의는 단번에 단행되고, 완성되는 것이다. 칭의는 반복되는 것되 아니며, 과정도 아니다. 칭의는 보다 더도 없고, 보다 적게도 없으면 사람에게 충분히 되거나, 전혀 칭의 되지 않는 것도 아니다. 앞에서 언급한 대로 칭의는 처음 신앙을 갖는 즉시 단번에 완전하게 완성되는 것이다.

4) 성부의 선고(宣告)

성화와 칭의의 공로적 원인은 모두 그리스도의 의에 근거하지만, 그 동력인은 각각 다르다. 죄인의 내부를 치료하여 거룩하게 새로운 피조물로 성화시키시는 분은 성령 하나님이시며, 죄인을 하나님의 법정에 세우시고 의롭다고 선고하시는 분은 성부 하나님이시다. 성령 하나님은 의사로서 우리의 영혼을 치료하여 새롭게 하시며, 성부 하나님은 재판관으로서 우리의 법정 신분을 판정하시는 분이시다. 사고바울은 로마서 8:1에서 "이제 그리스도 예수 안에 있는 자들에게는 결코 정죄함이 없나니" 선언하였다. 또 "의롭다 하신 이는 하나님이시니 누가 정죄하리요"(롬 8:33, 34)라고 하였다.

III. 칭의의 구성

칭의는 하나님께서 죄인을 용서하시고 의인으로 여기심과 그들에게 영생 얻을 권리를 부여하심으로 구성된다. 즉 칭의로 말미암아 우리에게 주어지는 것은 첫째는 사죄(赦罪)이며 둘째는 영생권이다. 전자를 칭의의 소극적 요소라고 하며, 후자를 칭의의 적극적 요소라고 한다.

1. 사 죄

칭의는 소극적인 면에서 죄책의 제거 즉 죄에 대한 책임으로부터 면제이다. 이 요소는 그리스도의 피동적 순종에 근거한 죄의 용서이다. 그리스도의 의는 율법의 형벌을 만족시키고, 행위언약의 적극적인 조건들을 만족시켰으니 곧 율법의 모든 요구들에 온전히 순종하심으로 십자가의 고난과 대속의 죽음으로써 죄의 형벌을 보상하시고, 자기 백성의 채무를 이행하시는 것이다. 그러므로 그리스도의 의가 성도들에게 전가되어 형벌의 보상과 죄의 용서를 얻었고, 그들을 위한 언약이 성취되고, 그 언약의 모든 약속들이 법적으로 시행된 자들로 인정되었다. 따라서 사죄 곧 칭의에서 베풀어진 용서는 그 범위가 광대하여 과거, 현재, 미래의 모든 죄에 적용되어 모든 죄책과 형벌로부터 면제를 뜻한다. 이것은 칭의의 반복이 없다는 사실로 증명된다(롬 8:1,2; 8:33, 34; 히 10:14). 아무도 칭의된 자들을 대항하여 송사하지 못한다는 것, 그들은 정죄를 면한다는 것, 그들은 영생의 후사가 된다는 것을 성경은 확언한다. 뿐만 아니라 하나님의 단번의 칭의에서 용서받는 사죄의 포괄성은 원죄와 자범죄가 단번에 용서받으며, 우리의 과거, 현재, 미래의 모든 죄로부터의 영원히 칭의 되는 것으로 결코 그리스도 예수 안에서는 정죄함이 없다.

2. 영생권

칭의는 적극적인 면에서 영생의 청구권(請求權)이다. 이 요소는 그리스도의 능동적 순종에 기초한 것이다. 능동적 순종이란 그리스도께서 죄인을 위하여 영생의 공로를 세울 목적으로 아담이 완전 상태에서 가졌던 언약 관계에 들어가신 것을 말한다. 칭의된 자들의 기업은 사죄와 함께 내세의 영원한 행복을 포함하고 있음을 성경은 스가랴 3:4에서 "내가 네 죄과를 제하여 버렸으니(소극적 요소) 네게 아름다운 옷을 입히리라(적극적 요소)"고 하였다. 신앙으로 칭의된 성도들은 영생의 후사(後嗣)들이다. 그러므로 칭의는 그 자체로 영생의 나라에 들어갈 권리를 갖게 됨을 의미한다.

Ⅳ. 칭의의 구별

1. 영역에 의한 구별

칭의는 행하여지는 영역과 시간에 따라 몇 가지로 구별할 수 있다. 먼저 칭의가 행하여지는 영역에 따라 능동적과 수동적 칭의와 객관적과 주관적 칭의로 구별된다.

1) 능동적(객관적) 칭의

능동적 칭의는 하나님의 법정적 선언으로서의 칭의를 말한다. 즉 하나님께서 의롭다고 선언하시는 것 자체를 뜻한다. 그러나 이것은 하나님의 공의의 주장을 고찰함 없이 단순히 죄인을 사면하신다고 결정하여 포고하심이 아니라, 그리스도의 공로로 율법의 요구가 응수되었다는 신적 인정과 포고이다. 즉 그리스도의 의가 죄인에게 전가되었기 때문에 죄인에게 의의 신분이 제정되고 선언하심이다. 이것은 하나님께서 행하시는 것이기 때문에 능동적이라고 하며 인간의 내면에서 되는 것이 아니므로 객관적이라고 한다.(롬 3:20, 갈 3:11)

2) 수동적(주관적) 칭의

수동적 칭의는 인간의 심령 속에, 양심의 영역에서 이루어지는 칭의를 말한다. 즉 신자가 그리스도의 의의 전가로 말미암아 의의 신분을 얻었다는 사실을 사람 편에서 받아들이며 인식함을 말한다. 성경에서 "의롭다 하심을 얻는 것"이란 표현은 이런 의미에서의 칭의를 가리킨다(롬 3:28; 4:2; 5:1). 이러한 구별은 단순히 칭의의 행위를 정당히 이해함에 편리를 제공하기 위함이다. 수동적 칭의에는 양심의 내면적 평화가 흘러나오나니 그것은 우리가 하나님과 화목된 것을 성령의 역사로 인식하는 것으로 그리스도의 의가 우리의 칭의의 근거가 됨을 이해로 말미암아 위안하는 것을 포함한다(히 9:14).

2. 시간에 의한 구별

능동적 칭의와 수동적 칭의를 시간적으로 구별하여 능동적 칭의는 영원에서 또는 그리스도의 부활하실 때에 단행되었고, 수동적 칭의는 신앙에 의해 단행되었다고 주장하는 견해가 있다.

1) 영원부터의 칭의(Justification from Eternity)

A. 카이퍼(Abraham Kuiper)는 신앙으로 말미암는 칭의 이외에 하나님의 선택에 의한 '영원칭의설'을 말하고 있다. 훅스마(Herman Hoeksema) 교수도 "우리는 확실히 우리의 영원으로부터의 칭의를 말할 수 있다"[23)]고 하였다. 이들의 논거는 ① 칭의는 신앙으로 수납될 뿐이지 신앙으로 말미암지 않는다는 점 ② 하나님의 우리를 향한 인자(仁慈)는 영원부터 있었다는 점(시 25:6; 103:17) ③ 속죄언약에서 이미 그리스도가 영원 전에 피택자의 죄를 짊어지시기로 하심으로 창세전부터 하나님의 법정에서 의롭다 하심을 얻었다는 것 ④ 중생의 은혜도 전가된 그리스도의 의를 기초로 받는다는 것 ⑤ 영아들도 신앙 이전에 칭의 된다는 것을 근거로 영원 칭의설을 주장한다.

---

23) Herman Hoeksema, *op. cit.*, 502.

그러나 이 장에서 다루는 칭의는 성령의 구속 적용의 과정에서 성도에게 실질적으로 실현되는 칭의를 다루고 있다. 성경에서 칭의는 신앙을 가질 때 실현되는 것이므로 시간적 의미로 신앙보다 앞서지 못하므로 개혁파 신학자 바빙크(Herman Bavinck)와 벌카우어(G. C. Berkouwer) 교수도 영원 칭의설을 기각하였다.[24]

2) 그리스도의 부활에서의 칭의

개혁파 신학자 가운데 훅스마(Herman Hoeksema) 교수는 "그리스도의 부활에서 피택자들은 하나님 자신의 칭의의 보증을 받는다. 그리스도의 영광스러운 부활에서도 그들은 함께 살리신 바 되었고 따라서 칭의 되었다"고 한다.[25] 그는 에베소서 2:5~6을 근거로 "허물로 죽은 우리를 그리스도와 함께 살리셨고 …… 또 함께 일으키사"라고 한 말씀이 그리스도의 신체적 부활로 "우리를 의롭다 하심을 위하여 살아나셨느니라(롬 4:25)는 말씀을 들어 신자들의 현세의 영적, 육체적 부활의 원인이 되었다는 것이다. 그러나 로마서 4:25에서 바울은 그리스도의 온몸(교회)의 개관적 칭의를 생각하는 것이 아니라, 오직 죄인들의 자신적 칭의를 생각하는 것이며, 이것은 신앙으로 말미암아 되는 줄로 생각한다. 따라서 그리스도의 부활에서 그의 신체(교회) 전부가 칭의되었다고 말할 수 있으나 그것이 순전히 객관적이므로 죄인의 자신적 칭의와 혼동될 수 없는 것임을 말한다. 따라서 그리스도의 부활에서의 칭의도 기각하는 것이 좋을 것이다.[26]

---

24) 박형룡, *op. cit.*, 286~89.
25) Herman Hoeksema, *op. cit.*, 503.
26) 박형룡, *op. cit.*, 292.

3) 신앙으로 말미암는 칭의

① 신앙과 칭의의 관계

칭의는 죄인이 신앙으로 그리스도를 수납할 때에 이루어진다. 성경은 말하기를 "믿음으로 말미암아"($\delta\iota\acute{\alpha}$ $\tau\acute{\eta}\nu$ $\pi\acute{\iota}\sigma\tau\iota\nu$, through faith) 또는 "믿음으로($\delta\iota\acute{\alpha}$ $\tau\acute{\eta}\nu$ $\pi\acute{\iota}\sigma\tau\iota\nu$, by faith)" 칭의 된다고 말한다(롬 3:25, 28, 30; 5:1; 갈 2:16; 빌3:9). 그러면 신앙과 칭의는 어떤 관계에 있는가? 성경에서 "믿음으로 말미암아"는 "믿음 때문에" 라는 뜻이 아니고 "믿음을 통하여" 즉 "믿음을 기구(器具)로 하여"라는 뜻이다. 또 "믿음으로"라는 말은 칭의가 어디에서부터 비롯되었는지 그 출처를 가리켜 주고 있다. 그러므로 성경은 칭의가 '신앙 때문에' 된다고 말하지 않는다. 만일 신앙이 칭의의 근거가 된다면 그것은 공로적인 무엇으로 간주되어야 할 것이다. 따라서 신앙 자체는 의가 아니며, 우리에 의해 성취된 무엇이 아니다. 이런 의미에서 하지(A. A. Hodge) 교수는 "신앙이란 우리가 우리의 신앙의 참 근거인 그리스도의 의에 참여하는 단순한 기구(instrument)일 뿐이다"라고 하였다.[27]

② 바울과 야고보의 교훈 비교

야고보의 교훈이 바울의 교훈과 충돌하여 행함으로 칭의된다는 교리를 지원한다고 주장하기도 한다(약 2:14~26). 바울은 우리가 의롭다 하심을 얻는 것이 믿음으로 되고 율법을 행함으로 말미암지 않는다고 하고(롬 3:20, 27; 5:1) 야고보는 "행함으로 의롭다 하심을 받고 믿음으로만 아니니라"(약 2:14~24)고 하였다. 두 교훈은 외관상 서로 모순되는 것같이 보이나 다 같이 영감된 말씀이므로 모순될 수

---

27) A. A. Hodge, *op. cit.*, 504.

없다. 야고보가 바울을 공격한 것이 아니라, 바울의 교리를 잘못 쓰는 바울주의자들을 지적함이다. 하나의 진리를 서로 다른 상대자들에게 서로 다른 측면에서 설명한 것뿐이다. 아브라함이 독자 이삭을 제단에 드렸던 사건을 예증하여 말하는데 아브라함은 이삭을 드리기 오래 전에 이미 믿음으로 의롭다 하심을 받았다(창15: 6). 바울은 율법을 지킴으로 의롭다 함을 받는다는 유대주의자들을 염두에 두고 의롭다 함을 얻는 것은 오직 믿음으로 된다는 측면을 가르친 것이고, 야고보 사도는 신앙을 소유하였다고 자처하나, 진리에 대한 지적 찬동(약 2:19)뿐이며 행함의 필요를 부인하는 자들에게 구원적 신앙은 선행을 결실하는 신앙이라는 사실을 가르쳐 주는 것이다. 칼빈(John Calvin)은 이런 의미에서 "바울은 어떻게 하나님이 우리를 의롭게 여기시는지를 보여주려 하였고 야고보는 칭의의 열매들에 의한 칭의의 증명에 관심을 두었다"28)고 하였다.

V. 그리스도의 의의 전가

1. 그리스도의 의가 우리 속에 주입됨이 아니다

우리가 아직 죄인임에도 불구하고 의롭다 하심을 받는 것은 그리스도의 의가 우리에게 전가(imputation)되기 때문이다. 그러면 그리스

---

28) John Calvin, *Commentary on James*, 2: 21.

도의 의가 우리에게 어떻게 내 것이 되는가? 그리스도의 의(義)의 전가란 그리스도의 완전무결한 의가 신자에게 직접 부은바 되어 그 신자가 실제로 성결하여지고 완전히 의롭게 된 것을 의미하지 않는다. 이런 의미에서 하지(A. A. Hodge) 교수는 "그리스도가 우리 죄를 전가 받음으로 말미암아 그가 죄인이 된 것이 아담과 같이, 우리가 그리스도의 의를 전가 받음으로 말미암아 거룩하고 의로운 자가 실제로 된 것은 아니다"라고 하였다.[29]

2. 그리스도의 의가 우리의 것으로 계산됨을 뜻한다

웨스트민스터 소요리문답은 칭의(imputation)를 설명하면서 「그리스도의 우리에게 돌려 붙임」이라고 하였다. 「전가」를 의미하는 성경적 용어는「여기심」(창 15:6), 「헤아림」(사 53:12), 「회개함」(몬 18)이며 헬라어로 「로기조마이, λογίζομαι」는 금전 회계에 사용되는 말이다. 이런 의미에서 하지(A. A. Hodge) 교수는 "전가란 사법적 처리의 근거로서 어떤 사람의 계산으로 돌리는 것"을 말한다. 그는 계속하여 말하기를 "죄책은 처벌을 위한 정당한 책임이다. 그 처벌 받을 죄책은 우리를 대신하여 그리스도에게 전가되었다 …… 칭의 전가는 영생이 조건으로 요구하고 있는 모든 언약을 대리로 성취함을 뜻한다. 언약의 근거로서 받을 만한 가치가 있는 공로는 그 보상이 약속되어 있다. 그 보상으로서의 공로가 그리스도로부터 우리에게 전거되었다 …… 이 전가로 말미암아 우리는 거룩하게 되는 것이 아니고 다만 죄책만이 우리에게서부터 그리스도에게로 옮겨지고 또한

---

29) A. A. Hodge, *op. cit.*, 501.

그의 공로만이 그리스도에게서부터 우리에게로 옮겨지는 것이다. 그리스도는 분명히 우리의 죄를 인하여 형벌을 받으셨고 우리는 그리스도의 의로 말미암아 보상을 받게 되었다(요일 1:9)"고 하였다.[30] 한마디로 말해서 우리가 계산해서 지불해야 할 죄의 값은 그리스도께서 지불하시고, 그리스도의 의는 우리의 것으로 계산된 것이 곧 그리스도의 의의 전가라는 내용이다.

이 전가의 기초는 우리의 그리스도에게 연합이다. 그는 우리의 법적 머리가 되시며, 영적 머리도 되시므로 우리의 죄가 그에게 전가되고 그의 의가 우리에게 전가되는 것이 정당화되어진다(롬 4:6; 사 53:5; 히 9:28; 벧전 2:24; 고전 1:30; 롬 5:18, 19).

3. 그리스도의 의가 값없이 증여됨을 뜻한다

칭의는 도덕적으로 의롭지 못하고 실제적으로 의를 행한 공로가 없는 죄인들을 의인같이 대우할 계획으로 값없이 공작되었고 죄인들에게 값없이 증여되는 것이다. 가히 전가 될 수 없는 것이지만 전가되는 것은 그리스도의 자신적 의가 아니라, 행위언약의 대리적 성취의 효과이다. 그리스도의 의로움이 죄인에게 이전한다는 것은 상상할 수 없는 것이나 죄인의 힘이 미치지 못하여 지켜 행하지 못하는 행위언약을 그리스도께서 대신 지켜 행하시고 그 공로를 죄인에게 값없이 증여하는 것은 하나님의 법정에서 가능한 일이다. 그 결과 '찬송받기에 합당한 공로'(merit of praise worthiness)는 그리스도에게 보존되고, '상받을 만한 공로'(merit of rewardableness)만이 죄인들에

---

30) *Ibid.*, 501.

게 증여된다. 이 의가 값없이 증여됨은 영광스러운 은혜의 찬송이
주님께 돌아가기 위한이다. 이 어찌 찬송하지 않을 수 있겠는가?

VI. 칭의와 반복적 회개의 관계

1. 칭의 후에 왜 반복적인 회개가 필요한가?

참된 구원적 신앙으로 칭의된 성도는 칭의로 말미암아 모든 죄
즉 원죄와 자범죄와 그리고 과거, 현재, 미래의 모든 죄에 대한 책
임으로부터 완전히 벗어나게 되었다. 성경에 "이제 그리스도 예수
안에 있는 자들에게는 결코 정죄함이 없나니"(롬 8:1), 또 "의롭다
하신 이는 하나님이시니 누가 정죄하리요"(롬 8:33, 34)라고 하였다.
그러나 또 한편 성경에 성령으로 거듭나서 참된 구원적 신앙을 가진
신자도 범죄를 행한다는 사실과 그 죄를 용서받기 위한 회개가 요구
되고 있다는 사실이다(약 3:2; 1:8; 마6:12). 또 실제로 다윗은 "주께
내 죄를 아뢰고 내 죄악을 숨기지 아니하였더니 곧 주께서 내 죄의
악을 사하셨나이다"(시 32:5; 51:1) 사죄를 위한 기도를 하였다.

그러면 신앙으로 말미암은 칭의가 불완전하다는 말인가? 아니면
로마카톨릭교회의 주장과 같이 칭의 후의 죄로 취소되기 때문이란
말인가? 칭의 이후의 죄에 대하여 왜 회개가 필요한가? 그 이유는
불신자가 현세에서나 내세에 받게 되는 모든 고통은 죄로 말미암은
형벌이다. 그러나 신자는 이미 그 정죄에서 벗어났으므로 형벌을 받

지 않는다. 그러면 신자도 연약하여 죄를 범할 때가 있는데, 하나님 께서는 신자의 죄를 무엇으로 다스리시는가? 하나님은 신자의 죄를 징계(Chastisement)로 다스리신다. 그러면 형벌과 징계는 어떻게 다른 가? 형벌은 하나님이 법정의 「재판장」으로 나타나 죄에 대한 응분의 값을 선언하므로 주어지는 것이다. 징계는 하나님이 우리 신자에게 재판장이 아니라 「아버지로 나타나 우리의 죄를 꾸짖고 바른 길로 나아가도록 채찍을 가하는 일이다. 신자는 믿음으로 하나님의 자녀 가 되었다.(요 1:12) 그러므로 하나님은 그의 자녀를 법정으로 끌고 가서 응분의 형벌을 부과하시는 것이 아니라 자녀 교육의 목적으로 징계를 하시는 것이다. 이런 사실은 다음과 같은 성경 구절에서 분 명해진다. "대저 여호와께서 그 사랑하시는 자를 징계하시기를 마치 아비가 그 기뻐하는 아들을 징계함같이 하시느니라"(잠 3:12).

2. 고난의 성경적 의미

1) 불신자가 받는 고난의 의미

불신자의 받는 고난은 인류의 조상 아담과 하와의 범죄에서 유래 되었다. 그들의 범죄로 말미암아 모든 인간에게 해산의 고통과 땅이 저주를 받아 땀 흘려 일하는 수고와 흙으로 돌아가는 일, 곧 사망이 찾아오게 되었다(창 3:16~19). 여기에서 열거된 고난은 현세의 모든 종류의 고난을 포함하는 대표적 예시라고 할 수 있다. 성경은 '죄의 삯은 사망'(롬 6:23)이며, 하나님을 복종치 않는 모든 자에게는 형벌 이 임한다고 선언한다.(살후 1:8, 9) 그러므로 불신자들에게 임하는 형벌은 첫째로 형벌은 재판관이 법정에서 범죄자에 대하여 응보적 대가로 선언하는 고통이다. 둘째로 형벌은 죄에 대한 응보이기 때문에 형벌 속에는 고통 그 자체뿐이요, 어떤 소망이나 기도의 밑거름이 되지 못한다는 것이다. 실로 죄로 말미암아 이 세상 모든 사람들은 형벌로써의 모든 고난을 받고 있으며 앞으로는 지옥 형벌이 기다리고 있는 소망 없는 삶을 살고 있는 것이다(시 49:12).

2) 성도가 받는 고난의 의미

첫째는 징계로서의 받는 고난이다.

잠언 3:12에 "대저 여호와께서 그 사랑하시는 자를 징계하시기를 마치 아비가 그 기뻐하는 아들을 징계함같이 하시느니라. 또 "너희가 참음은 징계를 받기 위함이라 하나님이 아들과 같이 너희를 대우하시나니 어제 아비가 징계하지 않는 아들이 있으리요"(히 12:5~13). 성도가 죄를 범할 때에 하나님은 그 성도를 어떻게 다루시겠는가 하는 것이다. 성도는 이미 정죄에서 벗어난 고로 죄를 범하여도 형벌을 받지 않는다. 성도가 죄를 범할 때 하나님은 먼저 성도는 이미 하나님의 자녀인 고로(요 1:12; 롬 8:15~17) 법정적인 형벌을 내리지 않지만 자식을 부모가 채찍질하듯 매를 때리신다. 성도에게 이런 채찍을 가하는 것은 하나님께서 그를 "사랑하시기 때문"(잠 3:12; 히 12:6)이며 "우리의 유익을 위하여 그의 거룩하심에 참여케" 하려는 목적에서 하시는 것이다.(히 12:10) 그러므로 성도라고 하면서 죄를 계속 범하는데도 징계가 없다면 그 사람은 하나님의 참 자녀가 아니다(히 12:8). "무릇 징계가 당시에는 즐거워 보이지 않고 슬퍼 보이나 후에 그로 말미암아 연달한 자에게는 의의 평강한 열매를 맺는다"(히 12:11).

둘째는 연단으로서의 받는 고난이다.

벧전 1:7에 "너희 믿음의 시련이 불로 연단하여도 없어질 금보다 더 귀하여 예수 그리스도의 나타내실 때에 칭찬과 영광과 존귀를 얻게 하려 함이라."라고 하였다. 연단이란 광석을 불에 녹여 불순물을 제거하고 순수한 금속만을 빼내는 일, 또는 심신을 단련시키는 훈련을 뜻한다. 신앙생활에 있어 연단이란 법정적 정죄에서 벗어나기는 했으나 아직도 죄의 오염 가운데서 신앙상의 많은 불순물이 섞여 있는 성도의 심령을 불같은 시련 속에 몰아넣어 그 가운데서 모든 불순물(불신앙적 요소)을 제거시켜서 보다 순수하고 참된 신앙을 갖게 하는 성령의 역사이며, 또 다른 면에서 그리스도의 군사로 모집된 성도를 악한 영들과의 전투에서도 승리를 거둘 수 있는 강한 군사로 훈련하는 것이라 할 수 있다.

셋째는 그리스도의 고난에 참예하는 자원적 고난이다.

성경은 마 5:11~12에서 "나를 인하여 너를 욕하고 핍박하고 거짓으로 너희를 거슬러 모든 악한 말을 할 때에는 너희에게 복이 있나니 기뻐하고 즐거워하라 하늘에서 너희의 상이 큼이라. 너희 전에 있던 선지자들을 이같이 핍박하였느니라." 또 "너희가 그리스도의 이름으로 욕을 받으면 복이 있는 자로다 영광의 영 곧 하나님의 영이 너희 위에 계심이라."(벧전 4:14). 자원적 고난이란 복음을 전하기 위해, 또는 신앙을 지키려고 자진해서 받는 고난이다. 성경은 자원하는 마음으로 그리스도의 고난에 동참하는 자에게 주님께서 천국시민의 헌장을 선포하시면서 "복이 있나니 기뻐하고 즐거워하라 하늘에서 너희의 상이 큼이라"(마 5:11~12)고 약속하셨다.

제7장 양 자

Ⅰ. 양자의 개념

양자는 성령의 구속적용 순서에 의하면 칭의 다음에 단계로 소요리문답에 「그 앞에서 우리를 옳게 여겨 받으시는 것은 단순히 하나님과의 친교에 회복됨을 내포함이 아니라, 우리를 하나님의 가족 중에 자녀로 수양함에 인도 한다」(소요리문답 33). 양자는 죄인들이 하나님의 자녀로 수양되는 때에 모든 법적으로 자녀 되는 권세를 부여받아 하나님의 후사가 되어(롬 8:17) 금생에서 구원의 모든 행복을 누리고(갈 3:14, 4:6), 내세에 영원한 생명을 누리는 특권을 얻는 것이다. 웨스트민스터 소요리문답은 유효적 소명이 초래하는 유익으로 칭의와 양자와 성화를 대등한 지위에 두어 열거하였다. 양자는 성령의 구원 적용 순서에 포함된 칭의 다음에 오는 하나의 단계이다. 따라서 양자와 다른 단계들과 어떤 관계가 있는지를 살펴봄으로 양자의 개념을 밝히 이해할 수 있을 것이다.

1. 양자와 중생의 관계

양자의 판이한 성격을 제시하는 성경은 요한복음 1:12에 「영접하는 자 곧 그 이름을 믿는 자들에게는 하나님의 자녀가 되는 권세를 주셨으니」라고 말씀하신 후에 「혈통으로나 육정으로나 사람의 뜻으로 나지 아니하고 오직 하나님께로서 난(중생한) 자들이니라」라고 한 말씀에 양자는 중생과의 밀접한 관계로서 분리될 수 없는 것이다. 우리가 하나님의 자녀가 되는 것은 성령으로 거듭남으로 출생하여 실질적인 하나님의 자녀가 되었으며, 양자가 되게 하심으로 법적 자격을 갖추어 하나님의 가족 중에 전입된 것이다.

그러므로 하나님의 가족 중에 전입된 자들은 양자의 영을 받아 성령께서 그들의 마음 가운데 하나님을 아바 아버지로 부르게 하심으로 자기들의 자격을 인식하고, 그의 자녀로서의 권리와 특권을 행사하게 하신다(갈 4:6; 롬 8:15, 16). 하나님의 가족으로 수양하실 때에 그들이 하나님의 자녀로서의 권세를 보장하실 뿐 아니라 그들의 신분과 일치하는 성향도 보장하신다. 그러므로 중생과 칭의 곧 하나님의 은혜의 발생적 행위와 수양적 행위 사이에는 긴밀한 상호의존이 있으며, 중생과 양자는 분리될 수 없는 것이다.

2. 양자와 칭의의 관계

양자와 칭의와의 관계는 몇 가지 면에서 상호 분리될 수 없는 긴밀한 관계를 가지고 있다.

첫째는 칭의는 양자의 원인이 된다. 우리가 하나님의 자녀가 되는 것은 수양(收養)에 앞서 의롭다 하심을 얻었기 때문이다. 수양이란 신분이나 지위를 주는 것이다. 만일 우리가 여전히 정죄 아래에 놓여 있는 죄인이라면 하나님의 자녀가 될 수 없다.

둘째는 칭의와 양자는 그것으로 주어지는 특권에서 공통점을 가진다. 칭의는 적극적인 요소로 영생권이 주어짐으로 하나님 나라에 들어갈 권리를 갖게 된다면, 양자로는 하늘나라의 기업을 받게 하는 상속권이 주어진다. 로마서 8:17에 "자녀이면 또한 후사 곧 하나님의 후사요 그리스도와 함께한 후사니"라고 말씀한다. 이 영생권과 상속권은 결국 같은 특권이다. 그러므로 칭의와 양자는 그로 말미암아 주어지는 특권의 면에서 공통점을 지니고 있다.

셋째로 칭의와 양자는 다같이 법정적 행위이다. 칭의가 법정적 선언 행위로서의 성격을 가지고 있는 것처럼, 양자도 도덕적, 창조적 행위가 아니라 그 신분이나 지위를 바꾸어 주는 법정적 행위이다. 이 점에서 칭의와 양자는 공통점을 가지고 있다.

3. 양자와 성화의 관계

양자는 하나님 아버지 집의 문을 여시고 우리를 하나님의 가족의 자격을 주는 것이며, 성화는 우리를 하나님과 친밀히 교제할 수 있는 그의 자녀가 되기에 합당하도록 우리와 함께 역사하시는 것이다. 여기서 하나님의 훈련이 시작된다. 우리가 겪는 고난, 책망, 권면, 승리, 기쁨, 위로는 싱령의 권면과 지도를 합하여 모두 양자된 자들을 하나님 아버지 앞에 서기에 충분하도록 훈련한다. 그러하여 빛 가운데 성도의 유업을 누리도록 인도하는 것이다. 그러므로 수양은 하나님의 기업을 상속하게 하셨고, 성화는 장래 기업을 상속을 받기에 합당한 자로 세우시는 과정이다. 즉 수양은 합법적인 자녀를 만들고, 성화는 그리스도를 닮아가는 거룩한 자녀로 만든다.

II. 양자의 정의

1. 정　의

「웨스트민스터 소요리 문답 34문」에서 양자를 정의하기를 「양자로 삼는 것은 하나님의 값없는 은혜로 정하신 것인데 이로써 우리를 하나님의 자녀의 수효 중에 들게 하시고 그 모든 특권을 누리게 하시는 것이라」(요일 3:1~2; 요 1:12; 롬 8:17). 「웨스트민스터 신도게요서」에 의하면「하나님은 칭의된 모든 사람들에게 그의 독생자 예수 그리스도 안에서 또는 그를 위하여 양자되는 은혜에 동참하도록 허락하시니, 이로 인하여 그들은 하나님의 자녀의 수효 중에 들게 되며 하나님의 자녀로서의 자유와 특권을 누린다.」또 「하이델베르그 요리문답 33」에서 「그리스도만이 하나님의 영원하고 자연한 아들이시다. 그러나 우리는 하나님에 의하여 은혜로 그를 위하여 수양된 자녀들이다.」박형룡 박사는 「사람을 외계의 세속적 가족으로부터 하나님 자신의 가족 중에 전입시키는 행위이다. 이것은 확실히 은혜와 특권의 정점이다.」라고 정의하였다.[31]

2. 내 용

1) 양자는 본래적 창조적 자격을 의미하지 않는다

일부 신학자들은 누가복음 3:38에서 "그 이상은 셋이요 그 이상은 아담이요 그 이상은 하나님이시라" 예수님의 족보를 하나님의 아들로서의 아담에게 까지 기록되었음을 들어 아담이 하나님의 아들의 의미의 자격이 있다고 주장한다. 또한 창세기 1:27에 사람은 하나님의 형상으로 창조되었다고 한 말에서 창조와 수양을 동일한 사건으로 주장하려는 자들이 있다. 또 아담과의 행위언약을 예수 그리스도의 은혜언약에 추상하여 은혜언약 아래 죄인이 은혜로 구속받아 하나님의 자녀가 된 것을 양자라 칭하므로, 아담의 행위언약 아래 무죄한 아담이 행위로 하나님의 명령을 지켜 영생에 들어가는 것을 또한 수양이라고 주장하기도 한다. 양자의 대상이 창조에 포함되었다는 것은 엄청난 상상에 불과한 것이다.[32]

2) 양자는 법적 지위의 보장이다

하나님의 거룩한 가족의 일원으로 전입하는 양자는 출생에 의한 것이 아니라 입양이라는 법적 절차에 의한 성질의 것이다. 중생과의 관계에서 중생은 출생의 방법이라고 한다면 양자는 합법적 자녀로 입양의 방법이라고 할 수 있다. 따라서 양자는 법적 지위의 보장하실 뿐 아니라 합당한 자녀의 권리를 주는 것이다.

---

31) 박형룡, *op. cit.*, 319.
32) *Ibid*, 322－24.

3) 양자는 예수 그리스도와 합동후사(合同後嗣)이다

요한복음 1:1에 "영접하는 자 곧 그 이름을 믿는 자들에게는 하나님의 자녀가 되는 권세를 주셨으니"(요 1:12)라고 하셨으며, 로마서 8:17에서 "자녀이면 또한 후사 곧 하나님의 후사요 그리스도와 함께한 후사니 우리가 그와 함께 영광을 받는다.", 또 갈라디아서 4:7에서는 "그러므로 네가 이후로는 종이 아니요 아들이니 아들이면 하나님으로 말미암아 유업을 이을 자니라." 하나님의 가족에 입양된 자의 누리는 기업은 과거, 현재, 미래에 널리 관계되어 있다.[33]

① 과거

하나님의 양자된 우리는 죄로 인한 공포로부터 해방, 사죄, 염려로부터의 자유(벧전 5:7), 정죄 없는 안위하심(갈 4:1~7, 롬 8:15)을 포함한 예수 그리스도 안에서 모든 언약과 약속의 풍성함을 누리게 된 것이다.

② 현재

하나님의 가족의 입양된 우리에게는 성령의 내주하심(롬 8:16, 17)으로 성도의 교통과 성령의 주시는 은사로 하나님께 봉사의 영광, 빚된 생활, 하나님의 자녀로서의 영예와 위엄을 가지고, 일용할 양식을 공급받으며 격려와 위안을 얻게 된 것이다.

③ 미래

장래에 우리는 그리스도와 같이 되는 행복을 받을 것이다(엡 1:4,

---

33) *Ibid*, 324.

5). 우리의 주님께서 부활하신 것처럼 부활할 것이며(롬 6:5) 하나님과 더불어 영원히 살 것이며(요 14:1~3), 하나님 보좌 앞에서 주야로 그를 섬길 것이다(계 7:14-17). 우리는 그리스도와 합동후사(合同後嗣, joint heirs with Christ)가 되며, 의의 후사, 천국의 후사, 하나님의 후사가 되는 것이며(갈 3:29; 롬 8:17), 영생의 후사가 될 것이다(요일 3:1~5).

4) 양자는 성령의 내적 증거에 의한 것이다

로마서 8:14, 15에 「무릇 하나님의 영으로 인도함을 받는 그들은 곧 하나님의 아들이라 …… 양자의 영을 받았으므로 아바 아버지라 부르짖느니라. 성령이 친히 우리 영으로 더불어 우리가 하나님의 자녀인 것을 증명하시나니」양자는 하나님의 편에서 객관적으로 법적 지위만 변화시킨 것이 아니라 양자의 영을 통하여 하나님을 사랑하며 아바 아버지라 부를 수 있도록 하시는 행위이다. 우리가 입양으로 하나님의 법적 자녀가 된 것을 성령의 내적 증거에 의한 것이다.

III. 하나님의 부격(The Fatherhood of God)

1. 삼위일체적 부격(父格)

하나님은 수양의 행위에 의하여 자기 백성의 아버지가 되신다. 그러면 하나님의 가족 중에 수양되는 자들은 아버지는 누구로 보아야 하는가? 아버지라는 칭호는 삼위일체의 제1위의 특별한 명칭이다. 삼위일체의 제2위만이 성자요, 제3위만이 성령이심 같이 제ㅂ위만이 성부이시다. 성부 하나님은 성자 하나님의 아버지로 불린바 …… 우리가 그 영광을 보니 아버지의 독생자의 영광이요"(요 1:14) "내 아버지께서 이제까지 일하시니 나도 일한다."(요 5:17) "나는 아버지 안에 있고 아버지는 내 안에 계신 것을 네가 믿지 아니하느냐."(요 14:10) 우리가 양자로서 하나님을 아버지라고 부르는 것과 성자가 성부를 아버지로 부르는 것은 결코 같은 뜻일 수 없다. 성자는 성부와 본체에 있어 하나이신 하나님이지만 우리는 하나님이 아니다. 성부 성자는 하나님 안에서의 관계이지만 성부와 우리의 관계는 하나님과 피조물의 관계이다.

예수 그리스도 하나님에 대한 부자 관계는 참으로 그는 하나님의 독생자 일뿐 아니라(요 1:18, 3:16), "사랑하는 아들이요 ……기뻐하는 자"이다(마 3:17, 17:5), 그는 하나님의 아들로 죽으셨고(마 26:63), "죽은 자 가운데서 부활하여 하나님의 아들로 인정되셨다"(롬 1:4). 그는 하나님의 아들로 천상에서 대제사장이시며(히 4:14), 하나님의 아들로 마지막 날에 세상을 심판하러 오실 것이다(마 25:31, 16:27). 그의 하나님의 아들 되심은 영원적이다(요10:30,31).

2. 양자의 아버지

"너희는 …… 양자의 영을 받았으므로 아바 아버지라 부르짖느니라"(롬 8:15)는 말씀에서 양자에서 아버지는 누구인가? 하나님 아버지는 삼위 하나님이신가, 아니면 삼위 중에 특히 성부 하나님이신

가? 죤 머레이(John Murray) 교수는 다음과 같이 말하고 있다.[34]

수양의 행위에 주체는 성부 하나님이시므로 하나님의 백성된 자들은 삼위일체의 제1위의 양자가 되는 것은 지시하는 성경에 근거를 찾을 수 있다.

1) '아버지'라는 칭호는 삼위 중 제1위에게만 적용되는 고유한 명칭이다. 왜냐하면 신격의 삼위에서 제2위만이 성자이며 제3위만이 성령인 것과 마찬가지로 그분만이 아버지이시기 때문이다. 우리 주님이 아버지에 관하여 말씀하시고 또 아버지라고 부르셨을 때, 이는 항상 그 입장에서 보는바 삼위 중 제1위였다. 우리 주 예수 그리스도의 하나님이며 아버지이신 분은 제1위 밖에는 없다.

2) 요한복음 20:17에서 예수님은 막달라 마리아에게 하시는 말씀하시기를 "예수께서 이르시되 나를 만지지 말라 내가 아직 아버지께로 올라가지 못하였노라 너는 내 형제에게 가서 이르되 내가 내 아버지 곧, 너희 아버지, 내 하나님 곧 너희 하나님께로 올라간다 하라." 예수께서 "내가 아직 아버지께로 올라가지 못하였노라"고 하셨을 때, 이는 주님께서 삼위 중 제1위이신 성부 이외에 다른 분을 의미할 수 없음이 명백하다. 또 다시 주님이 계속해서 "내가 내 아버지께로 올라간다"고 하였을 때, 역시 제1위 이외에 다른 분을 의미할 수 없다. 왜냐하면 주님께서 성부만이 "나의 아버지"라고 부를 수 있기 때문이다. 그런데 우리의 논제를 위하여 주목할 중요한 사실은 예수께서 "나의 아버지"라고 부르신 바로 그 동일하신 분을 주님께서는 또한 그 제자들의 아버지라고 부르셨다는 사실이다. 즉 예수께서 올라가 뵙고자 힌 그 아버지는 주님의 아버지일 뿐만 아니라, 또한 그 제자들의 아버지라는 사실이다. 비록 아버지에 대한 관계를 구분할

---

34) John murray, 하문호 역, *구속론* (성광문화사, 1979), 181~83.

것을 주님으로부터 엄중히 경고 받았지만, 그래도 아버지는 역시 동일하신 분이시다. 주님은 "내가 아버지에게로 올라간다"고 말씀하시지 않았다. 이와는 달리 "내 아버지, 곧 너희 아버지" 그리고 "나의 하나님, 곧 너희 하나님"께로 올라간다고 하였다.

3) 예수님은 삼위 중 제1위이신 성부를 가리켜 "하늘에 계신 나의 아버지"라고 부르셨다. 주님은 제자들에게 말씀하시는 가운데 "하늘에 계신 너희 아버지"라고 부르셨다. 예수께서 하늘에 계신 그분 자신의 아버지를 말씀하실 때 성부 이외에 다른 분을 의미할 수 없다. 그러므로 칭호에 있어서 "하늘에 계신 너희 아버지"는 주님께서 말씀하시는 "하늘에 계신 나의 아버지"와 동일한 분이시며 따라서 제자들의 아버지가 되시는 분은 성부라는 결론에 이르게 된다.

4) 신약에서 일반적인 칭호인 '성부'는 의심의 여지없이 삼위 중 제1위를 가리키는 이름이다. 또한 바울 서신에서 '하나님'이란 칭호는 흔히 성자와 성령으로부터 구별된 제1위를 가리키는 이름으로 쓰였다. 몇몇 성구에서 제1위는 또한 "하나님 곧 우리 주 예수 그리스도의 아버지"라고 불렸다.(롬 15:6; 고후 1:3; 11:31; 렘 1:3; 골 1:3; 벧전 1:3) 이 칭호가 성자와 성령으로부터 구별된 성부임에는 의심의 여지가 없다. '하나님 아버지' 또는 이와 비슷한 칭호들도 역시 그분을 가리킨다.(갈 1:1; 엡 6:23; 빌 2:11; 살전 1:1; 살후 1:2; 딤전 1:2; 딤후 1:2; 딛 1:4; 벧전 1:2; 벧후 1:17; 요이 3; 유 1; 계 1:6) 거의 이 모든 성경 구절들에서 하나님 아버지는 성자와 구별되고 있으며 디모데전서 1:2에서는 성령으로부터 구별되고 있다. 이런 증거를 기초하여, 우리는 "하늘에 계신 우리 아버지" 또는 "우리 아버지"라는 말이 양자에 결부시켜 생각될 때에 제1위이신 성부 하나님이라는 결론 짓게 된다. 하나님의 백성은 성부 하나님의 아들들이고 하나님은 그

자녀들과 가장 고귀하고 친밀한 관계를 유지하신다. 이 사실은 양자에 의하여 이루어진 이 관계에 놀라움을 더욱 고조시켜 준다. 신격의 제1위는 다만 우리 주 예수 그리스도의 하나님이요 아버지이실 뿐만 아니라 예수의 이름을 믿는 사람들의 하나님이요 아버지이시다. 물론 성자에 대한 아버지로서의 하나님의 관계가 사람들에 대한 아버지로서의 하나님의 관계와 동일시되어서는 안 된다. 성자의 영원적 발생은 인간의 양자와 같을 수 없다. 우리 주님 자신이 이 구별을 말씀하셨다. 주님은 성부를 '우리 아버지'라고 불렀다고 해서 그 제자들을 공동으로 자기 자신과 함께 포함시킨 것은 아니다. 주님은 그 제자들에게 말씀하셨다. "그러므로 너희는 이렇게 기도하라. 하늘에 계신 우리 아버지여."(마 6:9) 주님은 그들에게 기도할 것을 가르치실 기도자로서 그들과 함께 기도한 것이 아니다. 또 실제로 그럴 수도 없다. 그리고 주님은 막달라 마리아에게 말씀하셨다. "내가 아버지 곧 너희 아버지, 내 하나님 곧 너희 하나님께로 올라간다 하라."(요 20:17) 그러나 비록 부격의 관계가 다르다 할지라도, 삼위일체의 말할 수 없는 신비 속에 있는 주 예수 그리스도의 아버지와 양자 은혜의 신비 가운데 있는 신자의 아버지는 동일한 분이시다. 성부 하나님은 양자의 행위에 있어서 특별 행위자이실 뿐만 아니라, 그분은 또한 그들을 예수의 이름을 믿는 그분 자신의 자녀들이 되게 하신다. 만물을 조성하시고 만물의 근원되시는 성부 하나님께서 친히 구원의 머리를 세우사 안전한 고난을 통하여 구원을 이루게 하시고 이 은혜 행위로 말미암아 영광에 이르게 될 많은 자녀들의 아버지가 되신다는 사실보다 양자의 경이로움을 더 잘 나타내 주며 그 주어진 특전들이 절대적으로 안전함을 보장해 주는 어떤 다른 사실들이 있겠는가? "볼지어다 나와 및 하나님께서 내게 주신 자녀라."(히 2:13)

제8장 성　화

　　하나님은 이스라엘 백성에게 "나 주 너의 하나님은 거룩하니 너희도 거룩하라"(레 19:2). 사도 베드로는 "오직 너희를 부르신 거룩한 자처럼 너희도 모든 행실에 거룩한 자가 되라"(벧전 1:15). 하나님이 거룩하시니 하나님의 자녀들도 거룩하여야 한다. "하나님의 뜻은 이것이니 너희도 거룩함이니라". 이와같이 성화는 하나님께서 택한 백성을 자기와의 거룩한 사귐에 불러내시는 하나님의 말씀의 엄숙한 명령이다. 지금까지 살펴본 칭의와 양자는 법적 지위의 변화였다. 그러나 성화는 내면적 심령의 변화로서 성도 속에 남아있는 죄를 미워하고 억제하여 극복함으로 장래의 완전한 거룩을 준비하는 것이다. 이제 성령의 구속적용의 일곱번째 단계로서 성화에 대해 살펴보자.

Ⅰ. 성경적 개념

1. 어원적 고찰

1) 구약의 용어

구약성경에 「거룩하게 한다」는 뜻을 가진 말로는 동사형으로 「카다쉬」(קָדַשׁ), 명사형으로 「코데쉬」(קֹדֶשׁ) 형용사로 「카도쉬」)이다. 이 용어의 근본적인 의미는 '자르다'(cut) '분리하다'(separate)의 뜻으로 초연과 위엄을 지시한다. 이 말은 「거룩하게 함」, 「거룩함」의 의미가 본래적 관념이 될 것이다.

2) 신약의 용어

① 하기아조(άγιάζω – 거룩케 한다)

이 말은 구약의 용어 「카도쉬」와 같은 분리의 관념을 표현한다. 그러나 이 말은 신약에서 몇 가지 상이한 의미로 사용되었다. 그 사용된 경우를 보면 다음과 같다.

첫째로, 인물이나 사물에 대하여 정신적 의미로 사용되었다. 이 경우에 "어떤 대상을 거룩하게 보는 것", "그것에게 거룩을 돌리는 것", "그것의 거룩을 말이나 행동으로 승인하는 것"을 의미한다(마 6:7;눅 11:2; 벧전 3:15).

둘째로, 종종 의식적으로 사용되어 "신성한 목적을 위하여 통상으로부터 불리하는 것", 또는 "어떤 직무를 위하여 따로 떼어놓는 것"을 가르킨다(마 23:17, 19; 요 10:36; 딤후 2:21).

셋째로, 하나님께서 그의 성령을 통해서 사람 안에 주관적 성결을 만들어 내시는 그 공작을 표시함에 사용되었다(요 17:17; 행20:32, 26:18; 고전 1:2; 살전 5:23).

넷째로, 능동적 순종으로 하나님께 경건을 드림을 묘사함에도 사용되어 요한복음 17:19에서는 그리스도에게 이 의미로 사용되었다.

② 하기오스(ἅγιος)

이 용어는 기본적인 의미는 하나님의 봉사에 바치는 성결과 헌신에서의 분리를 가리킨다. 첫째는 하나님의 봉사를 위하여 통상목적으로부터 분별하여 놓은 실유를 표시함에 사용되었다. 그 예로 거룩한 선지자들(눅 1:70), 거룩한 사도들(엡 3:5), 하나님의 거룩한 사람들(벧후 1:21) 등에 나타난다.

둘째는 하나님과 밀접한 관계를 가짐과 열납될 만큼 봉사함에 필요한 성질을 묘사하기 위해 도덕적 의미로 사용되었다(엡 1:4; 5:27; 골 1:22; 벧전 1:15, 16). 우리가 성화를 논함에는 이 둘째 의미로 사용되었다는 사실을 기억해야 한다.

2. 「거룩」의 성경적 개념

성경에 나타난 거룩의 개념을 논리적으로 체계를 세워보면 거룩의 개념은 원천적 의미에서부터의 성화의 개념에까지 이르게 되는 것을 알 수 있다. 그 개념을 체계화하면 다음과 같다.

1) 속성적 의미

① 피조물과 구별되는 하나님의 속성(위엄적 거룩)

성경에서 「거룩」은 제일로 하나님께 돌려지는 것으로 그 근본적인 관념은 불가접근성(不可接近性)이다. 이 불가접근성은 하나님께서는 초인생적 비물질적이며 피조물과는 절대적으로 판이하다는 사실에 기초한 한다. 「거룩」은 본래의 뜻이 「자르다」 「구별한다」라고 하였는데, 이런 뜻은 본래 하나님이 모든 피조물로부터 초월해 계시는 속성을 나타내는 데 사용되었다. 「거룩」은 피조물과 절대적으로 구별되어 계시는 위엄적 거룩을 나타내는 하나님의 속성이다.

② 죄와 구별되는 하나님의 속성(윤리적 거룩)

죄인은 하나님의 위엄스러운 순결에 대립하여 자기의 불순결을 인식하게 된다(사6장). 하나님의 거룩에 대립하여 사람은 자기가 무의미할 뿐 아니라, 또한 적극적으로 불순결하며 범죄하여 하나님의 진노의 대상이라는 스스로 느낀다. 특별히 이를 죄와 불결에서부터 절대적으로 분리되어 있는 하나님의 속성을 뜻하는 윤리적 거룩이다.

2) 파생적 의미

「거룩」의 관념은 원래 하나님의 존재와 속성을 나타내기 위하여 쓰였으나 이 거룩의 개념은 하나님과 특별한 관계를 가지는 사람이나 물건에 적용되었다.

첫째로. 예표적 의미로서 가나안 복지, 예루살렘 성, 성전, 안식일과 절기들은 모두 거룩한 것으로 칭하여졌고 또 선지자, 제사장, 레위인들은 특별 봉사를 위하여 구별된 인물들로서 거룩하다고 칭하였다. 그러나 이 경우에 그 인간이나 물건이 반드시 죄가 없는 성결을 소유하였다고는 할 수 없다. 그 사람들의 마음속에 하나님의 은혜가 전혀 없을 수도 있다. 이런 점에서 이 거룩은 장차 하나님 나라의 성도들에게서 이루어질 거룩을 예표한 것이었다.

둘째로, 성화의 의미로서 성도들이 성령으로 중생하여 신앙을 갖게 되고 이로 말미암아 의롭다 함을 받음으로 죄책으로부터 분리된 성도가 되며, 또 한편으로는 내재하시는 성령의 역사로 말미암아 죄의 오염으로부터 점차 「거룩」에로 나아가게 된다. 이 과정은 현세에서는 완성되지 않으나 영혼은 개인의 종말에서 육체는 그리스도의 재림 때에 부활에서 죄와 사망의 권세로부터 완전히 분리된 영화의 자리에 이르게 된다. 우리 안에 「거룩」, 곧 「성화」의 역사를 시작하신 하나님은 "우리의 낮은 몸을 자기의 영광의 몸의 형체와 같이 변케"(빌 3:21) 하시기까지 계속하여 그 역사를 원리적으로나 실제적으로나 완성하실 것이다. "너희 속에 착한 일을 시작하신 이가 그리스도 예수의 날까지 이루실 줄을 우리가 확신하노라."(빌 1:6)

II. 성화의 성질

1. 정 의

웨스트민스터 신앙고백 제13장 1조에 「성화는 유효적 부름을 받고 중생한 자들은 그들 안에 창조된 새 마음과 새 영을 가지고 그리스도의 죽음과 부활의 효능을 통하여 그들 안에 머무는 그의 말씀과 영에 의하여 진실로 또는 자신적으로 다시 성화되나니 죄의 전체의 관할은 파멸되고 그것의 여러 가지 정욕들은 점점 더 약화되며 억제되어, 그들은 구원적 은혜로 점점 더 고무되며 강화되어 찬된 거룩을 실행하기에 이르는 바 참된 거룩이 없이는 아무 사람도 주를 보지 못할 것이다」.

루이스 벌코프(Louis Berkhof) 교수는 "성화란 성령께서 죄인을 하나님과 특수 관계에 있는 인간에게 「거룩」이란 말이 적용될 때에 그 진정한 의미는 구원 적용에서 찾아보게 된다. 즉 하나님이 죄의 부패에서 깨끗케 하시며, 그의 전 본성을 하나님의 형상으로 갱신하여 죄인으로 하여금 선한 일을 할 수 있게 하시는 성령의 은혜로우시며 계속적인 사역이다".

훅스마(Herman Hoeksema) 교수는 "성화란 중생 및 칭의된 죄인을 죄의 오염과 지배로부터 영적, 윤리적 능력으로 이끌어 내시어서 그리스도의 형상을 따라 새롭게 하시며 그를 위하여 하나님께서 예비하신 모든 축복 가운데로 나오게 하는 하나님의 역사이다".

스트롱(A. H. Strong) 교수는 "성화란 중생에서 시작된 거룩한 성 성향을 유지시키며 또 증진시키는 성령의 계속적인 역사이다".

에이 에이 하지(A. A. Hodge) 교수는 "성화란 성령께서 진리라는 도구를 통하여 인간의 전 심령에 계속적인 감화를 줌으로써 중생에서 심겨진 거룩한 원리와 성향을 증진시켜 완전한 데까지 자라게 하는 일"이라고 하였다.

2. 성 질

1) 성화는 성령의 초자연적 역사이다

우리는 하나님의 은혜로 구원되었고(중생으로), 하나님의 은혜로 구원되고 있다(성화에서). 그러므로 성화는 우리 안에서 진행하시는 성령 하나님의 초자연적인 역사이다. 또한 성화는 예수 그리스도와의 생적 연합(生的聯合)의 결과이며(요 15:4; 갈 2:20), 내면에서부터 시행되는 성령의 역사이므로 사람의 공작일 수 없으며(엡 3:16; 골 1:11), 성령의 성화하시는 사역의 결과는 성령의 열매들로 나타난다(갈5:22). 자유주의자들은 성화를 단순히 인간의 윤리적, 도덕적 개선으로만 생각하나 성화는 성령의 초자연적인 역사로 이루어진다. "평강의 하나님이 친히 너희로 온전히 거룩하게 하시고 또 너희 온 영과 몸이 우리 주 예수 그리스도 강림하실 때에 흠 없게 보전되기를 원하노라"(살전 5:23).

2) 성화는 성도들이 협력하는 성령의 역사이다

중생과 성화의 다른 점은 중생은 성령에 단독적인 사역으로 우리의 잠재의식 속에서 일어나는 역사이다. 그러나 성화는 성령께서 인간의 의식 속에서 인간과 협력하여 이루신다. 사람이 성화의 역사에 협력한다는 말은 인간이 독립적으로 한 부분의 일을 하고 성령께서 또 다른 부분의 일을 하시는 것을 의미하지 아니한다. 이 말의 의미는 다만 하나님이 이성적 존재로서의 인간을 통하여, 기도와 회개, 의지적인 노력 등을 통해 성령과의 협력을 요구하며 성화를 이루어 가신다는 것이다. 이런 사실은 성경이 밝히 보여주고 있으니 ① 악과 시험에 대하여 인간은 능동적으로 피해야 할 것을 가르치며(롬 12:9, 16, 17; 고전 6:9, 10; 갈 5:16, 22) ② 거룩한 생활을 위하여 끊임 없는 노력으로 도덕적 영적 거룩을 위해 모든 방편을 사용할 것을 가르치고 있다(미 6:8; 요 15:2, 16; 롬 8:12, 13; 12:1, 17; 갈 6:7, 8, 15).

3) 성화는 죄의 오염을 제거하는 성령의 역사이다

범죄한 인간이 성령의 중생케 하심과 믿음으로 말미암아 칭의 받음으로 죄에 책임(죄책)은 제거되었으나 아직도 죄로 말미암은 심령의 부패(오염)는 남아 있다. 중생 이전과 한 가지 달라진 것은 과거에는 죄가 우리를 주관하였으나 지금은 죄가 우리 안에 노릇하지는 못한다. "너희가 본래 죄의 종이더니 너희에게 전하여 준바 교훈의 본을 마음으로 순종하여 죄에서 해방되어 의에게 종이 되었느니라." (롬 6:17, 18) 그러므로 중생 이전의 죄를 지배 죄(支配 罪,) 중생 이후에 남아 있는 피를 잔존 죄(殘存 罪)라고 한다. 그러므로 신자 안에는 성령의 소욕과 육신 곧 죄악의 소욕이 공존하고 있어 서로 투쟁을 하고 있으며(갈 5:17), 날마다 성령의 소욕을 따라 이 잔존 죄를 대항하여 싸워 나아감으로 말미암아 성화가 이루어지는 것이다.

4) 성화의 목표는 그리스도의 형상이다

하나님이 만물을 창조하시는 가운데 인간을 하나님의 형상으로 지으셨다. 그러나 범죄함으로 말미암아 우리 안에 남아 있는 하나님의 형상과 잃어버린 하나님의 형상이 있다. 전자는 인간의 이성, 지성, 양심, 만물통치권, 불멸성이며, 후자는 거룩함, 의, 참지식 등 이다. 우리 성도들은 우리 안에 내주하시는 성령의 역사로 이 좁은 의미의 하나님의 형상을 닮아가도록 권면을 받고 있다. "하나님을 따라 의와 진리의 거룩함으로 지으심을 받은 새 사람을 입으라."(엡 4:24) "너희가 서로 거짓말을 말라 옛사람과 그 행위를 벗어버리고 새 사람을 입었으니 이는 자기를 창조하신 자의 형상을 좇아 지식에까지 새롭게 하심을 입은 자니라"(골 3:9, 10).

5) 성화는 점진적 계속적 과정이다

성화는 단회적이며 일시적인 변화가 아니다. 성화는 성령의 계속적인 역사로 진행되는 장구한 과정이다. 성화는 중생한 사람의 마음에서 잠재의식으로 일어나기 시작하여 점차적으로 의식적으로 발전되어 간다. 즉 내면적 삶에서 시작되고 외면적 생활에 이르기 까지 나타난다. 성화는 현세에서 완성되지 않는다. 소위 완전주의자들은 완전 성화를 주장하나 이것은 잘못이다. 성화의 완성은 영혼은 죽음에서, 육체는 부활로 완성된다.

Ⅲ. 성화의 특징

1. 옛사람과 새 사람

성화는 우리에게 어떤 변화를 가져오는가? 성화는 두 가지 변화를 가져오는데 그것은 소극적으로 우리의 죄악의 성향을 점차 제거함이요, 둘째는 적극적으로 거룩한 성향을 점차로 증진시켜 그리스도의 형상을 닮아가게 하는 일이다.

1) 옛사람의 죽음

죄의 결과로 부패한 심령의 더러움과 부패를 점차적으로 제거하는 것으로 옛 사람을 십자가에 못박아 죽이는 것이다. "우리의 옛사람이 예수와 함께 십자가에 못 박힌 것은 죄의 몸이 변하여 다시는 우리가 죄에게 종노릇하지 아니하게 하려 함이니라"(롬 6:6) "내가 그리스도와 함께 십자가에 못 박혔나니."(갈 2:20) "그리스도 예수의 사람들은 육체와 함께 그 정과 욕심을 십자가에 못 박았느니라."(갈 5:24) 옛사람은 죄의 지배를 받는 사람인바, 그 성향은 중생 이후에도 남아 있으므로 이것을 제거하는 작업이 곧 성화이다.

2) 새 사람의 창조

성화는 그리스도 예수 안에서 선한 일을 위하여 새 사람이 창조된다(엡 2:10). 그리하여 영혼의 거룩한 성향을 강화하며 거룩한 수련을 증가하여 새 생활의 진로를 개시하는 하나님의 행동이다. 즉 중생으로 말미암아 새 생명의 씨가 심겨진 후에 그 씨는 점점 자라므로 옛사람의 성향이 우리 안에서 점점 몰아내게 된다. 그리하여 죄악의 옛사람의 모습은 점점 사라지고 동시에 새 사람, 곧 그리스도의 형상을 가진 성령의 사람의 모습이 점점 나타나게 되는 것이다. "이와 같이 너희도 너희 자신을 죄에 대하여는 죽은 자요 그리스도 예수 안에서 하나님께 대하여는 산 자로 여길지어다"(롬 6:11). "내가 율법으로 말미암아 율법을 향하여 죽었나니 이는 하나님을 향하여 살려 함이니라"(갈 2:19). 우리는 옛사람을 벗어 버리고 새 사람을 입는 노력을 하도록 명령받고 있다. "너희는 유혹의 욕심을 따라 썩어져 가는 구습을 좇는 옛사람을 벗어 버리고. 오직 심령으로 새롭게 되어 하나님을 따라 의와 진리의 거룩함으로 지으심을 받은 새 사람을 입으라"(엡 4:22~24).

2. 전인에 영향

성화는 육체와 영혼, 지, 정, 의를 포함한 전인에게 영향을 미친다. 성화는 사람의 내면생활에서 시작되어 진행되나 내면생활의 변화는 필연적으로 외면 생활의 변화로 나타난다. 따라서 성경은 심령과 육체의 양면에서 변화가 이루어져야 할 것을 말하고 있다. 성경은 "몸을 하나님이 기뻐하시는 거룩한 산제사로 드리는" 것을(롬 12:1), "온 영과 혼과 몸이 …… 흠 없게 보전되기를."(살전 5:23) "죄로 …… 죽을 몸에 왕노릇 하지 못하게" 할 것을(롬 6:12), "몸으로 하나님께 영광을 돌릴" 것을(고전 6:20) 가르친다. 또한 성화는 지, 정, 의를 포함한 전인격의 변화일 수밖에 없는 것은, 성화는 반복적 회심을 통하여 이루어지는 것이라고 볼 수 있는데 그 회심은 곧 지적, 정적, 의지적 요소를 포함하기 때문이다.

3. 현실적 변화

성화는 칭의나 양자와 같이 신분상의 변화가 아니다. 성화는 신자 안에 현실적으로 일으켜지는 변화이다. 이런 사실은 성화의 시작인 중생이 "새 창조", "신발생", "새 생명의 원소의 심어들임", "주관하는 성향의 제 창조"라는 개념으로부터 확실해진다. 중생에서 시작된 생명의 역사는 계속하여 심령 내부에서 역사하여 죄 및 그 죄로 말미암는 불안, 공포, 근심, 절망 등을 몰아내고 성결함과 그로 말미암는 기쁨, 소망, 평강을 증진시키는 것이다. 그러므로 성화는 우리 의식 속에서 현실적으로 체험되는 변화이다.

4. 성장성

중생은 영적 출생이라고 하면 성화는 영적 성장이라고 할 수 있다. 이 성장은 중생에서 시작하여 일평생 계속되는 과정이다. 때로는 가뭄과 홍수와 추위에 시달려 움츠릴 때가 있을지라도 결코 중생의 씨앗은 말라죽지 않는다. 루터는 "그리스도인으로 머물려 있는 자는 그리스도인이 아니다"라고 하였다. 성화는 장구한 과정이지만 우리 안에 내주하시는 성령의 역사로 말미암아 참으로 진실된 성도되게 함에 실패하지 않을 것이다.

5. 완성기는 죽음과 부활의 때

성화는 현세에서 완성되지 않고 내세에서 완성된다. 영혼은 죄인의 종말, 곧 죽음에서, 육체는 세상 종말 곧 부활에서 완성된다. 소요리 문답 37에 「신자가 죽을 때에 그 영혼이 완전히 거룩하게 되어 즉시 영광에 들어가고 그 몸은 여전히 그리스도께 연합하여 부활할 때까지 무덤에서 쉬느니라」성경은 이 세상에서 완전 성결을 자처할 자 없음을 가르치고(왕상 8:46; 잠 20:9; 롬 3:10; 약 3:2; 요일 1:8), 또 반면에 이 세상 떠난 신자들은 "온전케 된 의인의 영들"(히 12:23) "흠이 없는 자들"(계 14:5)이라고 말한다.

Ⅳ. 구원서정의 단계와 성화의 관계

구원서정에 있어 성화와 다른 단계들과의 관계를 살펴보는 것은 성화의 개념을 보다 확실히 이해할 수 있게 해 줄 것이다.

1. 성화와 중생의 관계

중생과 성화는 다른 점과 유사점이 있다.

첫째, 다른 점은 중생은 창조적 사역이며 성화는 성장적 사역이다. 중생은 죄로 허물로 죽었던 자에게 새 생명 곧 영적 생명을 발생시키는 성령의 창조적 사역이며 성화는 그 생명이 점점 자라나게 하는 성령의 성장적 사역이다.

둘째, 다른 점은 중생은 단회적 사역이나 성화는 계속적 사역이다. 중생은 새 생명의 발생으로서 단번에 이루어지고 반복되지 않는 성령의 사역이고 성화는 중생에서 시작하여 일평생 계속되는 사역이다.

셋째, 다른 점은 중생은 즉각적 완성적 사역이나 성화는 점진적 사역이다. 중생은 성령의 단독적인 사역으로 즉각으로 완성되는 사역이나 성화는 현세의 생애에서 완성되지 않는 사역이다.

넷째, 다른 점은 중생은 잠재의식적 변화이나 성화는 의식적 변화이다. 중생은 성령의 역사로 잠재의식에서 이루어지지만 성화는 반복적 회심과 우리 안에 내주하시는 성령 역사에 대한 인간의 계속적인 분투노력으로 이루어지는 의식적 변화이다.

중생과 성화는 유사점이 있다.

첫째, 중생과 성화는 같은 성령의 역사에 의한 것이다. 성령의 중생시키는 역사가 있게 되면 그때부터 성화는 시작된다. 그러므로 스트롱 교수는 "중생과 성화는 출생과 성장"의 관계로 말하고 있다. 하지(A. A. Hodge) 교수는 "성화는 중에서 심겨진 새 생명의 원리를 정화하고 조정하는 가운데 영혼의 모든 기능들을 점진적으로 향상시키는 사역"이라고 하여 중생과 성화의 긴밀한 관계를 설명하였다.

2. 성화와 칭의의 관계

첫째, 칭의는 신분의 변화이며, 성화는 상태의 변화이다. 칭의는 우리를 법적 지위의 면에서 하나님 앞에 의인으로 나타나게 하는 법정적 선언 행위로서 우리의 법적 신분을 변화였다. 그러나 성화는 그 법적 지위에 상응한 내부 심령 상태를 변화시키는 성령의 역사이다. 그러므로 성화는 심령 상태의 변화이다.

둘째, 칭의는 죄책의 제거이며, 성화는 오염의 제거이다. 결과 면에서 볼 때 칭의로 말미암아 우리는 죄책 곧 형벌에서 벗어나게 되

고, 성화로 말미암아 오염, 즉 죄로 인한 심령의 부패와 더러움으로
부터 점차 제거되어 하나님의 형상을 이루어 가는 것이다.

셋째, 칭의는 형식이라면 성화는 내용의 관계이다. 하나님이 그
사람을 왜 성화시키는가라고 묻는다면, 그 이유는 그가 칭의 되었기
때문에 그 법적 지위에 합당한 사람으로 실질적인 면에서 만들 필요
때문이다. 하나님은 우리를 천국으로 인도하실 때, 법적 지위에서만
의롭게 하시고 실질적으로 죄의 오염이 있는 상태로 들여보내지 않
으신다. 하나님은 실질적인 면에서도 완전 성화시켜 천국으로 들여
보내시니, 영혼은 죄인의 사망 시에 육신은 부활 시에 완전 성화되
어 천국에 들어가게 된다. 그러므로 칭의를 형식이라 한다면 성화는
내용이라 할 수 있다.

3. 성화와 신앙 및 회개의 관계

신앙과 회개는 성화의 기구적(器具的) 원인이다. 다시 말해서 성
화는 계속되는 신앙생활과 회개를 통하여 이루어진다. 이런 사실은
성경에 "믿음으로 저희 마음을 깨끗이 하사"(행 15:9) "만일 우리가
우리 죄를 자백하면 저는 미쁘시고 의로우사 우리 죄를 사하시며 모
든 불의에서 우리를 깨끗게 하실 것이요."(요일 1:9)

V. 성화의 방편

성경은 하나님의 아들의 형상을 본받아 하나님이 거룩하심 같이 우리도 거룩하여지려는 목표에 향하는 과정에 달릴 것을 가르쳐 주고 있다. 그럼 성도는 무엇을 통하여 점차 성화되어 가는가? 즉 이 고귀한 목표에 도달하도록 하나님이 제정하신 방편들은 무엇인가? 찰스 하지 교수는 하나님의 말씀과 성례와 섭리적 지도와 기도를 성화의 방편을 말하나, 벌코프 교수는 하나님의 말씀과 성례, 섭리적 지도를 성화의 방편으로 말한다.

1. 하나님의 말씀

성화에서 성령이 사용하시는 중요한 은혜의 방편은 하나님의 말씀이다. 로마카톨릭교회는 하나님의 말씀을 은혜의 방편으로 보지 않는다. 그러나 종교개혁의 교회들은 루터파와 개혁파는 하나님의 말씀을 은혜의 방편으로 생각하여 심지어 성례보다 우월하게 여긴다. 루터나 신학자들은 하나님의 말씀이 성령의 변화시키는 권능을 포함한다고 주장한다. 그러나 개혁파 신학자들은 신자들의 마음 가운데 행하시는 성령의 역사가 동반함에 의해서 말씀이 성화에 유효하다고 주장한다. 말씀 자체는 신자를 성화함에 상당한 효능을 가지지 못하나 성령에게 사용되는 성화의 방편이 되기에 적당하다. 성경은 거룩한 생활의 객관적 표준을 제시한다. 하나님의 말씀은 영적 활동의 동기와 목적을 제시하며 행동의 방향을 제시한다. 특히 십계명은 기독교 도덕적 율법의 요강이며, 성화 생활의 여행에 좌우명으로 삼고 나갈 것이다.

2. 성 례

로마카톨릭교회에서는 성례가 성화의 가장 중요한 방편이다. 그러나 우리는 성례를 하나님의 말씀에 종속적인 것으로 보며, 따라서 성례는 "보이는 말씀"(visible world)이며 말씀에 조역하는 은혜의 방편이다. 성례는 하나님의 말씀 속에 문자적으로 표현된 진리들의 상징과 인호이다. 따라서 성례는 그 말씀의 진리를 생동적으로 표현하는 실천적 말씀으로 고려되며, 성령의 사용하시는 사역에 방편으로만 신자들의 성화에 이바지 한다. 성례는 하나님의 말씀에 종속적이며 항상 말씀과 동반한다. 고린도 전서 12:13에서 "한 성령으로 세례를 받아"는 세례에 직접적으로 언급함이며, "한 성령으로 마시게"는 성찬에 간접적으로 관설함이니 두 성례가 다 성령의 성화하시는 사역에 방편으로 사용됨을 보여준다. 디도서 3:5에서 "중생의 씻음과 성령의 새롭게 하심"도 성례가 성령의 성화의 사역에 어떤 관계가 있음을 의미한다고 해석한다.[35]

3. 기도와 묵상

기도와 묵상의 생활을 통한 하나님과의 영적 교제는 속사람의 기

---

35) 박형룡, *op. cit.*, 350.

력을 왕성하게 하여 모든 신령한 싸움에 승리하며 선행에 민첩하게 하므로 성화생활의 진행을 활발하게 한다. 찰스 하지는 말하기를 "기도는 우리의 모든 선의 근원이신 하나님께로 가까이 오게 한다. 기도로 말미암아 이루어지는 하나님과의 대화와 교제는 모든 인자한 성정들, 경건, 사랑, 감사, 복종, 신앙, 기쁨, 헌신을 불러내어 전진케 한다. 이렇게 우리 영혼이 하나님께 가까이 나아가고, 또 하나님이 우리에게 가까이 오실 때에, 그의 영광을 나타내시며 그의 사랑을 널리 미치게 하시며 모든 지각 위에 뛰어난 평강을 주신다."36) 이같은 사귐에서 영혼은 반드시 거룩해 질 것이며 반드시 복될 것이다. "오직 여호와를 앙망하는 자는 새 힘을 얻으리니 독수리 날개 치며 올라감 같을 것이요 달음박질 하여도 곤비치 아니하겠고 걸어가도 피곤치 아니하리로다"(사 40:31). 주의 감화력을 받아 그리스도와 같이 되기를 노력하면 성화 생활의 노정은 유진무퇴할 것이다. "우리가 다 수건을 벗은 얼굴로 거울을 보는 것같이 주의 영광을 보매 저와 같은 형상으로 화하여 영광으로 영광에 이르니 곧 주의 영으로 말미암음이니라".

4. 섭리적 지도

"하나님의 사랑하는 자 곧 그 뜻대로 부르심을 입은 자들에게는 모든 것이 합력하여 선을 이루느니라"(롬 8:28). 하나님의 섭리는 그것이 순풍적인 것이든 억풍직인 깃이든 성화의 유려한 방편이 된다. 하나님의 섭리는 말씀을 통한 성령의 역사와 우리의 자연적 심성의

---

36) Charles Hodge, *op. cit.*, 708.

변천 과정을 통하여 깊은 종교적 진리에로 인도한다. 하나님의 섭리적 지도를 깨닫기 위해서는 하나님의 계시의 조명 곧 말씀의 빛이 있어야 한다(시 119:71; 롬 2:4; 히 12:10).

하나님의 섭리적 지도 아래 성도의 성화 생활의 외적 훈련을 촉진하는 3요소가 있는데 곧 직업과 시험과 유혹과 그리고 고난이다. 첫째, 직업의 훈련은 이기심을 제어하고 겸손하여 환경에 적응하며 근면과 정력 집중의 습성을 양성하여 동업자에게 동정하고 인류형제 의식을 취득하게 한다. 둘째, 시험과 유혹을 극복하면 인내와 생명의 면류관을 얻는다. 셋째, 고난 중에 징계를 받음으로 죄악을 거절하고 더욱 회개함으로 더욱 겸비해지며 성격이 고결하여지며 동정으로 다른 사람을 봉사할 능력을 얻는다.

Ⅵ. 성화에 대한 그릇된 견해들

1. 율법폐기론자들(Antinomianists)

개혁파 신학에서 성화의 완성기를 죽음과 부활의 때라고 말하는 것은 성도가 현세의 신앙생활에서는 성화를 완성되지 못하며 생존하는 동안 항상 죄와 투쟁하여야 한다는 것이다. 그러나 이에 반대하는 율법폐기론자들과 완전론자들의 성화관은 신학적 오류를 가지고 있다. 먼저 율법폐기론자들은 성화의 과정을 잘못 판단하여 그 불필요론을 주장한다.

첫째, 율법폐기론자들은 그리스도께서 온전한 복종과 대속의 죽으심으로 하나님의 공의를 만족케 하셨음으로 성도는 더 이상 율법을 지킬 의무에서 해방되었다고 주장한다.

둘째, 율법은 구약시대에 필요한 것이며 신약시대는 은혜의 시대이므로 율법대신 복음이 요구된다고 주장한다. 즉 "의문은 죽이는 것이요 영은 살리는 것"(고후 3:6)이라는 말씀을 왜곡하여 성경의 문자가 아니라 성령께서 지도해 주시는 내적 음성이라고 강조한다.

율법폐기론자들에 대해 스트롱(A. H. Strong) 교수는 이들의 신학적 오류를 다음과 같은 지적하였다.[37]

① 율법은 하나님의 거룩의 복사판이다. 그러므로 율법은 도덕적 법칙으로서 여전히 지킬 것이 요구된다. 오직 정죄 및 구원의 방편으로서만 그리스도의 죽음에서 율법이 폐지된 것이다. "내가 율법이나 선지자나 폐하러 온 줄로 생각지 말라 폐하러 온 것이 아니요 완전케 하려 함이라"(마 5:17) "그러므로 하늘에 계신 너희 아버지의 온전하심같이 너희도 온전하라."(마 5:48)

② 그리스도와 신자의 연합이란 그리스도로 말미암아 율법의 정죄로부터 보장받는 것만이 아니라 신자에게 복종하는 그리스도의 영을 나누어 주시는 것도 포함한다. 다시 말해서 신자로 하여금 그리스도의 사역에 연결시켜서 신자 자신 속에서 그 사역을 실현하도록 인도하는 것이다. "만일 너희 속에 하나님의 영이 거하시면 너희가 육신에 있지 아니하고 영에 있나니 누구든지 그리스도의 영이 없으면 그리스도의 사람이 아니라"(롬 8:9) " …… 오직 성령의 열매는 사랑과 희락과 화평과 오래 참음과 자비와 양선과 충성과 온유와 절제니 이같은 것을 금지할 법이 없느니라. 그리스도의 사람들은 그 정과 욕

---

37) A. H. Strong, *op. cit.*, 875－77.

심을 십자가에 못 박았느니라"(갈 5:22~24).

③ 성경이 말하는 율법으로부터의 자유는 단지 믿음으로 말미암아 그리스도와 하나 된 자의 특성인 율법의 속박으로부터의 자유를 의미한다. "자유하게 하는 온전한 율법을 들여다보고 있는 자는 듣고 잊어버리는 자가 아니요 실행하는 자니 이 사람이 그 행하는 일에 복을 받으리라."(약 1:25) 율법으로부터의 자유란 믿음으로 말미암아 칭의 됨으로 우리의 죄에 대한 율법적 정죄에서 자유하게 되었다는 뜻이지 율법을 지킬 의무에서 자유로운 것은 아니다. 만일 믿음이 있다 하고 율법을 행하지 아니하면 그것은 죽은 믿음이다(약 2:26).

성경은 복음은 즉 사랑은 율법의 성취(롬 13:10)라고 말하며 신자들이 율법 이상에 있다고 말하지 않는다. 바울은 율법 자체를 반대하지 않았고 "그리스도의 법을 성취"(갈 6:2)하는 것을 권장하였으며, 신앙은 율법을 폐지하는 것이 아니라 "도리어 율법을 굳게 세우느니라"고 하였다(롬 3:31).

바울은 자기는 "그리스도의 율법 아래 있는 자"라고 말하기를 서슴지 않았으며(고전 9:21), 구원의 방도로의 율법 아래는 있지 않으나 성도의 지로자(指路者)로서의 그리스도의 율법 아래 있는 것이다. 성도는 그리스도안에서 율법으로부터 해방되고 즐거워한다. 신자들에 의하여 신자들에게 율법이 성취되는 것이니 이웃 사랑은 율법을 성취한다(갈 5:13~14; 롬 13:8). 그러므로 신앙은 율법을 본래의 지위로부터 쫓아내지 않는다.

칼빈은 「나는 너를 애굽에서 인도하여 낸 너희 하나님 여호와로라」 하신 말씀은 전율법의 서문으로 은혜의 약속을 전시하여 이것의 감화력으로 그들을 유도하여 거룩을 추구하게 하신다. 십계명을 근본 원리로 한 하나님의 율법은 은혜로 구원얻은 그의 백성이 마땅히 살아야 할 감사생활의 규칙이다. 웨스트민스터 신도게요서는 「하나님의 계명에 순종하여 행하여지는 이 선행들에 의해 신자들은 그들의 감사함을 나타내」는 것이라 하였다(16장 2조).

2. 완전주의자들(Perfectionists)

소요리 문답(37)은 「신자가 죽을 때에 그 영혼이 완전히 거룩하게 되어 즉시 영광에 들어가고 그 몸은 여전히 그리스도께 연합하여 부활때까지 무덤에서 쉬느니라」고 하였다. 즉 현세의 신앙생활에서 성화는 완성되지 않는 변화이다. 그러나 신자는 현세에서 완전 성화에 이를 수 있다는 완전주의자들의 견해가 그것이다. 그들의 주장하는 내용과 신학적 오류가 무엇인가를 살펴보자.

1) 완전론의 내용

완전론자들은 현세에서 죄로부터 완전히 자유할 수 있다고 주장하는 교리이다. 이 교리는 펠라기우스파, 로마카톨릭교회, 알미니안파, 몇몇 신비파(Labadists, Quietists, Quacker 등)와 오벌린(Oberlin) 신학자들(Mahan, Finney, Ritschl)에 의해 여러 방식으로 가르쳐지고 있다. 이들은 신자들이 현세에서 "그들을 관할하는" 율법 또는 "그들의 능력과 필요에 조정된" 율법의 요구들에 순응하는 상태에 도달할 수 있으며 따라서 죄에서 해방할 수 있다고 주장함에 있어서 한가지로 일치하고 있다. 그러나 그들은 다음의 관점에서 차이가 있다.

① 죄관: 펠라기우스파는 다른 모든 파와는 달리 사람의 고유적 부패(固有的 腐敗)를 부인한다. 그러나 그들은 죄를 외면화하는 데

있어서 한가지로 일치하여 죄의 수를 축소한다.

② 율법관: 신자들은 지금 율법을 성취해야 할 책임이 있다는 것
이다. 웨슬레파를 포함하여 알미니안파는 다른 모든 파와는 달리 이
율법은 본래적인 도덕법이 아니라 복음적 요구들, 복음적 순종의 새
율법, 그리스도의 율법이라고 주장한다. 로마카톨릭교회와 오벌린 신
학자들은 그것이 본래적인 율법이라고 주장하지만, 이 율법의 요구
가 사람의 타락된 능력과 그의 현재 능력에 조달된다는 것을 인정한
다. 리출(Ritschl)은 사람이 외면적으로 부과된 율법에 예속된다는 전
체 개념을 기각하였으며, 도덕적 행위의 자율성을 변호하고 우리는
우리의 천직(vocation)을 성취하기 위한 활동들의 진로에 있어서 우
리 지신의 도덕적 성향으로부터 발전되어 나오는 율법 이외의 아무
율법 아래도 있지 않다고 주장하였다.

③ 은혜관: 죄인이 율법을 성취할 능력을 얻기 위하여 하나님의
갱신적인 은혜에 의존한다는 개념에서, 펠라기우스파 외에는 모두
죄인이 완전에 이르기 위하여 어떤 의미에서 신적인 은혜에 의존한
다고 주장하고 있다. 모든 주요한 완전론자의 이론들(사람의 고유적
타락을 부인하는 펠라기우스파는 유일한 예외임)이 완전의 표준을
낮추는 것이 필요하다고 생각하며 또한 사람이 본래적인 도덕법에
의해 의심할 여지없이 요구되는 많은 분량의 것에 대해 책임이 있다
고 주장하지 않는다는 사실은 매우 의미심장하다. 또한 그들이 오직
의식적 행악만이 죄로 인정될 수 있다고 주장하며 성경에서 죄로 제
시된 많은 부분을 죄로 인정하기를 거절함으로써 죄의 개념을 구체
화할 필요성을 느낀다는 것도 역시 의미심장하다.

2) 완전론의 성경적 변론

① 거룩과 완전의 명령: 성경은 신자들에게 거룩하고 완전할 것을 명령하고 있으며(벧전 1:16; 마 5:48; 약 1:4), 또한 그들에게 죄를 범하지 않으신 그리스도의 모범을 따를 것을 말한다(벧전 2:21 ff). 이와 같은 명령들은 무죄한 완전성에 도달할 수 없었다면 비합리적일 것이라고 한다. 그러나 거룩하고 완전하라는 성경적 요구는 중생한 자뿐만 아니라 중생치 못한 자에게도 효력을 가지고 있는데, 이는 하나님의 율법이 처음부터 거룩을 요구하고 있으며 또한 그것이 결코 취소되지 않았기 때문이다. 만일 그 명령이 그것을 받은 자들이 그 요구를 실천할 수 있다는 것을 함의한다면 이것은 각 사람에게도 다 적용될 수 있을 것이다. 그러나 펠라기우스적인 의미로 완전론을 가르치는 자들만이 이 견해를 취할 수 있다. 우리의 능력의 전도가 성경적 명령으로부터 추론될 수는 없다.

② 거룩과 완전이 성도에게 돌려짐: 하나님의 약속과 준비: 거룩과 완전은 종종 성경에서 신자들에게서 돌려지고 있다.(아 4:7; 고전 2:6; 고후 5:17; 엡 5:27; 히 5:14; 빌 4:13; 골 2:10) 성경이 신자들을 거룩하고 완전한 자로 말하고 있는 것은 그들이 죄가 없다는 것을 의미하지 않는다. 하나님의 특별한 봉사를 위해 성별된 사람들은 그들의 도덕적 상태와 생활에 관계없이 성경에서 거룩하다고 불린다. 신자들이 거룩하다고 불릴 수 있고 또 그렇게 불리는 것은 그들이 객관적으로 그리스도 안에서 거룩하거나 또는 원리상 주관적으로 하나님의 영에 의해 성화되기 때문이다. 또한 신자들이 완전한 자로 묘사될 때 그들이 자신들의 직무를 충분히 감당할 자격을 부여받았다(딤후 3:17)는 것을 의미한다. 이 모든 것은 분명히 무죄 완전론을 지지하지는 않는다.

③ 완전한 사람의 실례: 노아나 욥, 아사(창 6:9; 욥 1:1; 왕상 15:14)
와 같이 완전한 생활을 영위한 성도들의 실례가 성경에 있다고 한
다. 그러나 이같은 실례들은 그 요점을 입증하지 못하고 있는데, 이
는 그들이 무죄한 완전의 실례들이 아니기 때문이다. 성경의 가장
주목할 만한 성도들이라도 실수하고 또 어떤 경우에 처참한 죄를 지
은 사람들로 묘사되어 있다. 노아나 모세, 욥, 아브라함과 기타 사람
들도 다 그러하였다. 사실상 이것은 그들의 생활이 지상에 있는 동
안 죄 가운데 머물러 있었다는 것을 입증하지는 않지만 그중에서 죄
없는 자는 한 사람도 없었다는 것은 주목할 만한 사실이다. 솔로몬
의 질문은 오히려 타당하다. "내가 내 마음을 정하게 하였다. 내 죄
를 깨끗하게 하였다 할 자가 누구뇨."(잠 20:9) 사도 요한은 "만일
우리가 죄 없다 하면 스스로 속이고 또 진리가 우리 속에 있지 아
니할 것이요"라고 말하고 있다(요일 1:8).

④ 하나님께로서 난 자는 범죄하지 않는다는 선언: 사도요한은 하
나님께로서 난 자마다 죄를 짓지 아니한다고 명확히 선언하고 있다.
(요일 3:6, 8, 9; 5:18) 그러나 요한은 하나님께로서 난 자마다 죄를
짓지 않는다고 말할 때에 옛사람과 새 사람에 의해 표현된 두 신분,
즉 그것들의 본질적인 성질과 원리를 대조하고 있다. 새 사람의 본
질적인 특성들 중의 하나는 그가 죄를 범하지 않는다는 것이다. 요
한이 하나님께로서 난 자마다 죄를 범치 않는다는 개념을 나타내기
위하여 언제나 현재형을 사용한 사실에 비추어 볼 때 그는 하나님의
자녀가 마귀처럼 "습관적으로 죄를 범하는 것을 계속하지" 않는다는
개념을 나타내려고 한 것 같다.(요일 3:8, cf. Robertson, The Minister
and His Greek Testament, p.100) 그는 신자가 결코 죄를 범하지 않
는다고 주장하지는 않는다.(요일 1:8~10) 더욱이 완전론자가 자기의

논점을 입증하기 위하여 이 구절들을 잘 사용할 수 없는 것은 그것들이 그의 목적하는바 보다 그 이상의 많은 효과를 내기 때문이다. 그는 담대히 모든 신자들이 실제적으로 무죄하다고 말하지 못하며 다만 그들이 무죄 완전의 상태에 도달할 수 있다고만 주장할 뿐이다. 그러나 요한 서신의 구절들은 완전론자의 해석대로 한다면 모든 신자들이 죄 없다는 뜻이 될 것이다. 그보다도 이 구절들은 또한 신자들이 결코 은혜의 상태에서 타락하지 않는다는 사실을 의미할 것이다. 그렇지만 완전론자들은 비록 완전한 그리스도인이라고 할지라도 타락할 수 있다고 믿는 인물들이 아닌가?[38]

3) 완전론에 대한 비판

① 성경의 솔직한 부정: 성경적 진술들에 의하면 완전론은 결코 주장될 수 없다. 성경은 지상에 있는 그 누구도 죄를 범치 않은 사람은 없다고 분명히 또한 확실히 언명하고 있다.(왕상 8:46; 잠 20:9; 전 7:20; 롬 3:10; 약 3:2; 요일 1:8) 이러한 성경의 명백한 진술들에 비추어 볼 때, 신자들이 무죄한 생활을 할 수 있으며 실제적으로 모든 죄를 능히 피할 수 있다는 주장은 성경을 불신하는 태도이다.

② 그리스도인 경험에 거슬러 행함: 성경에 의하면 하나님의 자녀들의 생활에 육신과 성령 사이의 끊임없는 싸움이 있으며 그들 중에서 가장 훌륭한 자라고 할지라도 완전을 여전히 추구하고 있다. 바울은 로마서 7:7~26에서 이 고투의 참상을 눈부시게 묘사하였는데 이 구절은 분명히 중생한 상태에서의 그에 대해 언급하고 있다. 갈라디아서 5:16~24에서 그는 동일한 고투를 말하면서 이것을 하나님

---

38) 박형룡, *op. cit.*, 361~63.

의 자녀들의 공유(共有)한 고투로 지시하였다. 또 빌립보서 3:10~14
에서 그의 노년에 자신을 가리켜 아직도 완전에 도달하지 못하고 목
표를 향하여 달음질하는 자로 제시하였다.

③ 자백과 사죄 기도의 계속적 요구: 죄 고백과 사죄를 위한 기도
가 계속적으로 요구되고 있다. 예수님은 모든 제자들에게 예외 없이
사죄와 또한 시험과 악한 자로부터의 구원을 위해 기도하도록 가르
치셨다(마 6:12, 13). 사도 요한은 성도들에게 "만일 우리가 우리 죄
를 자책하면 저는 미쁘시고 의로우사 우리 죄를 사하시며 모든 불의
에서 우리를 깨끗케 하실 것이요"라고 하였다.(요일 1:9) 성경에서
성도들은 그들의 죄를 고백하는 것으로 끊임없이 제시되고 있다(욥
9:3, 20; 시 32:5; 130:3; 143:2; 잠 20:9; 사 64:6; 단 9:16; 롬 7:14).

④ 율법관, 죄관, 이상(理想)의 저하: 완전론자들은 그들의 이론을
주장하기 위하여 율법의 표준을 낮추며 죄의 개념을 외면화하는 것
이 필요하다고 주장한다. 더욱이 그들 중의 어떤 사람은 자기들의
견해에 신자들이 도달할 수 있다고 믿는 이상을 반복 수정하여 낮추
었다. 처음에 그 이상(ideal)은 "모든 죄로부터의 자유"였으며 그다음
은 "모든 의식적 죄로부터의 자유", 그다음은 "전적으로 하나님께
헌신" 끝으로 "그리스도인의 확신"이었다. 이것은 그 자체가 그들의
이론에 대한 충분한 정죄이다. 우리는 자연적으로 그리스도인이 신
앙의 확신에 이를 수 있다는 것을 부인하지 않는다.[39]

---

39) *Ibid.*, 363−64.

제9장 성도의 견인

성도의 견인(堅忍)의 교리는 전적 부패, 무조건적 선택, 제한적 속죄, 불가항력적 은혜와 더불어 칼빈주의 5대 교리 중 하나로 개혁파 신학의 중요한 위치를 차지하고 있다. 성도의 견인 교리는 하나님이 중생시키시고 은혜의 상태에 유효적 부르심을 받은 자들은 그 상태로부터 전적으로도 최후로도 떨어지기 불가능하고 그 상태에서 끝까지 견인하여 영원히 구원얻을 것이 확실하다는 교리이다. 이 교리는 최초로 어그스틴에 의해 교훈되었으나 여러 학파들과 교파들로부터 다양한 견해와 불일치와 반대에 부딪치기도 했다. 이제 성령의 구속 적용의 여덟 번째 순서로 성도의 견인에 대해 살펴보자.

Ⅰ. 역사적 고찰

교회사를 살펴보면 중생된 자는 구원에서 타락할 수 없다는 성도의 견인 교리는 반대하여 로마카톨릭교회와 루터파와 알미니안주의에서는 성령의 구원은혜는 인간의 신앙과 행위에 따라 상실될 수 있음을 주장하는 데서 공통점을 가지고 있다. 이들의 주장하는 내용을 간략히 살펴보자.

1. 로마카톨릭교회

로마카톨릭교회는 트렌트회의에서 말하기를 빌립보서 2장에 의하면 우리의 의지와 행동을 일으키시는 하나님이 또한 그가 시작하신 선행을 필하신다. 그러나 신자가 은혜를 떠나지 않는 한 조건 아래서 이 일이 생긴다(Denzinger, *Enchridion Symbolorum*, 806). 따라서 그들의 주장은 만일 한번 의롭다 함을 받은 사람이 그것을 유지하기만 하면 은혜는 상실될 수 없다. 그러므로 타락하고 범죄하면 결코 의롭다 함을 받지 못하고 저주 가운데 떨어진다. 로마카톨릭교회는 자유 의지의 교리에 인간론의 바탕을 두고 있어서 반펠라기우스적 입장을 취하고 있으므로 구원은 처음부터 끝까지 신인 협력으로 이루어지는 것으로 보고 인간의 범죄로 구원은 언제든지 상실될 수 있는 것으로 보았다.

2. 루터파

루터파는 개혁파의 성도의 견인교리는 변할 수 없는 선택의 작정으로부터 은혜의 양도 불가능함을 사색적으로 변론하여 낸다고 보았다. 루터파는 구원서정 가운데 최종단계로 보존을 말하나 이것은 그 사람의 신앙생활 여하에 따라 구원이 좌우된다고 한다. 또 그들은 죽음에 이르는 죄와 경(輕)한 죄를 구별하고 전자만이 은혜를 잃어지게 한다고 주장하였다. 칼빈은 사죄(死罪)와 경죄(輕罪)를 구별에 반대하고, 신자들의 모든 죄를 경죄라 칭하고 「그것들이 죽음을 받기에 적당치 아니한 때문이 아니라 하나님의 은혜로 말미암아 그리스도 안에 있는 자들에게는 정죄가 없기 때문이며, 그것들이 그들에게 전가되지 않고 용서에 의해 말소되기 때문이다」라고 하였다(Inst., Vol. III, 4:28). 루터파는 그리스도인들이 그리스도를 굳게 붙잡음으로 위안을 받을 것뿐이라고 주장함으로 성도의 견인은 기각하였으나 구원의 확신은 부정하지 않았다. 벌코프(Louis Berkhof) 교수는 이 사실에 대하여 "루터 교회는 성도의 견인을 신앙의 계속된 활동에 따라 일어나는 것으로 봄으로써 또한 참된 신자가 은혜로부터 완전히 떨어질 수 있다고 추측함으로써 또다시 이것을 불확실하게 만들고 있다"고 하였다.[40]

3. 알미니안주의

개혁파의 입장에 근본적으로 반대하는 알미니안주의자들은 "참 신자들의 견인은 선택의 결과나 그리스도의 죽음에 기초를 둔 하나님의 선물이 아니라, 새 언약의 조건이다 …… 이 조건은 사람이 그의 결정적 선택과 칭의에 앞서 반드시 그의 자유의지로 말미암아 성취해야 되는 것이다."(Canons V, Rejection of Errors, 1)라고 하였다. 이에 대해 박형룡 박사는 "항론파는 신앙을 구원의 근본적 요소인

---

40) Louis Berkhof, *op. cit.*, 545.

은혜로 보지 않고 성도들이 능히 배교할 수 있다는 관념에 도달하였다. 그들은 참으로 중생한 신자들이 능히 또는 자주, 최종적으로 칭의 받을 신앙으로부터 타락한다고 가르쳤다"고 하였다.[41] 이러한 주장들에 반대하여 칼빈주의 개혁파에서 불가항력적 은혜를 말하였다. 그들은 모든 그리스도인의 신앙의 전투에 관하여 예레미야와 함께 고백하기를 「여호와여 주께서 나를 권유하시므로 내가 그 권유를 받았사오니 주께서 나보다 강하사 이기셨으므로 내가 조롱거리가 되니」라고 한다. 결국 그들의 성도의 견인 교리는 불가항력적 은혜와 동일하였다.

II. 교리의 진술

1. 성도의 견인 교리의 오해

성도의 견인이란 명사가 오해를 받기 쉽다. 이 교리에 주의할 것은 견인은 신자 안에 성령의 계속적인 역사이므로 심령에 시작된 신적 은혜의 사역은 계속되고 완성에 이르게 된다는 것이다. 그러므로 성도의 견인(perseverance of saint)이란 하나님의 은혜의 상태에서 최종적으로 타락할 수 없고 끝까지 보존된다는 뜻이다.

첫째, 신자의 신앙생활과 관계없이 구원받는다는 뜻이 아니다. 어

---

41) 박형룡, *op. cit.*, 386−87.

떤 사람들은 이 교리를 잘못 이해하여서 선택받은 사람은 그 신앙생활을 어떻게 하든지 결국 구원받는다는 교리로 생각한다. 그러나 견인 교리는 구원을 위하여 신자들에게 참되고 성실한 신앙생활을 계속적으로 강조한다. "나중까지 견디는 자는 구원을 얻으리라.(마 10:22) "우리가 시작할 때에 확신한 것을 끝까지 견고히 잡으면 그리스도와 함께 참여한 자가 되리라"(히 3:14).

둘째, 믿다가 타락하는 자들이 없다는 뜻이 아니다. 성경은 외형상 신앙생활을 하다가 타락하여 구원받을 수 없는 자리에 떨어지는 사람들이 많이 있음을 말한다. 가룻 유다는 주님의 제자이었으나 제 곳으로 왔고(행 1:25), "어떤 이들이 양심을 버리고 믿음에 관하여는 파선하였으며"(딤전 1:19), 또 "게바는 이 세상을 사랑하여 나를 버리고 데살로니가로 간다."(딤후 4:10) 그러나 이들의 신앙은 참된 구원적 신앙이 아니라 일시적 신앙이다. 예수님은 씨 뿌리는 비유에서 이런 일시적 신앙을 가졌다가 결실치 못하는 자들이 있음을 지적하셨다(마 13:20~23; 막 4:5~17 참조). 성경은 일시적 신앙만으로도 사람이 어느 정도까지 변모케 될 수 있는가를 보여주고 있다. 히브리서 6:4~6에서 "한번 비침을 얻고 하늘의 은사를 맛보고 성령에 참여한바 되고 하나님의 선한 말씀과 내세의 능력을 맛보고 타락한 자들은 다시 새롭게 하여 회개케 할 수 없다"고 하였다. 이 말씀은 외적 소명만 받은 자로 보는 것이 개혁파 신학자들의 공통된 견해이다. 요한 칼빈은 "하나님의 자녀가 아닌 자도 본문이 보이는 영적 은혜에 참여할 수 있다"고 하였으며, 박윤선 박사도 본문을 주석하면서 "하나님의 자녀는 진정한 중생의 은혜를 받은 후 아주 타락하는 법이 없으니 이는 성경이 확언하는 바이다(눅 22:3; 요 6:39, 40; 10:28, 29; 17:2, 6, 11, 12; 롬 8:30, 11:29; 빌 1:6; 살전 5:23; 살후

3:3; 벧전 1:4, 5; 요일 3:9). 그럼 구원받지 못한 자로서 이런 참신자의 외양을 어느 정도까지 가질 수 있는가? 주님은 말씀하시기를 "그날에 많은 사람이 나더러 이르되 주여 주여 우리가 주의 이름으로 귀신을 쫓아내며 주의 이름으로 많은 권능을 행치 아니하였나이까 하리니 그때에 내가 저희에게 밝히 말하되 내가 너희를 도무지 알지 못하니 불법을 행하는 자들아 내게서 떠나가라 하리라"(마 7:22, 23)고 하였다. 성경은 성령으로 거듭나지 못하고 참신자가 되지 못하였으면서도 심지어는 선지자 행세까지 할 수 있고 이적까지 행할 수 있다는 것이다. 이처럼 일시적인 신앙만으로도 외형상으로 광명의 천사처럼 행세하는 수준에까지 나아갈 수 있다는 것이다. 그러므로 이들을 참된 구원적 신앙을 가졌었으나 결국 멸망의 자리에 떨어진 것이라는 오해를 하지 말아야 한다.

2. 성도의 견인 교리의 진술

1) 웨스트민스터 신앙고백서

칼빈주의 개혁파 교회가 주장하는 이 견인 교리가 과연 무엇을 뜻하고 있는가? 웨스트민스터 신앙고백서 제17장 1에서 "하나님께서 자기의 사랑하시는 자 안에서 용납하시고 실제로 부르시고 또한 성령으로써 거룩하게 하신 자들은 은혜의 자리에서 전적으로 또는 최종적으로 타락할 수 없다. 그들은 마지막 날까지 그 상태에 있을 것이며 또한 영원히 구원을 받을 것이다." 계속하여 웨스트민스터 신앙고백서 제17장 2에서 "성도의 견인은 저희의 자유 의지에 달려있는 것이 아니고 변할 수 없는 선택의 예정에 의존하는데 이것은 성부 하나님의 값없이 주시고 불변하시는 사랑에서 나온 것이요. 예수 그리스도의 공로와 중보의 노력에 의존되어 있으며 성령의 내주하심과 성도들 속에 있는 하나님의 씨(seed)와 은혜 언약에 의존되는 것이니 이 모든 것에서 확실성과 무오성이 생긴다.

2) 돌트 신경(The Canons of Dort, 1618-19)

돌트 신경 제6조에서 "긍휼이 풍성하신 하나님은 그의 불변적 선택의 목적에 따라서 비록 피택자들이 타락할 때에도 그들에게서 성령을 완전히 거두시지 않으신다. 하나님은 성도들이 양자의 은혜와 칭의의 신분을 상실하고 '죽음에 이르는 죄'(성령 훼방죄)를 범하고 스스로 자신을 전적으로 포기하고 영원한 패망에 뛰어드는 정도까지 타락하도록 내버려두지는 않으신다.

돌트 신경 제7조에서 "그러므로 견인은 그들 자신의 공로나 능력에 의해서가 아니라 그들이 신앙에서 전적으로 타락하여 멸망에 이르지 않도록 하시는 하나님의 변함없는 긍휼에 의하여 완성된다. 신자 편에서 이런 멸망은 쉽게 발생할 수 있을 뿐만 아니라 틀림없이 발생한다. 그러나 하나님 편에서는 그의 계획이 변동될 수 없고 그의 약속이 실패할 수 없으며, 그의 목적에 따라 되어진 소명은 취소될 수 없으며, 그리스도의 중보 기도와 견인과 더불어 그리스도의 공로는 무효화될 수 없고, 성령의 인치심 또는 무효로 되거나 소멸될 수 없다.

2) 개혁파 신학자들의 견해

개혁파 신학자 루이스 벌코프(Louis Berkhof) 교수는 "성노의 견인 교리의 요지는 하나님이 중생시키시고 은혜의 상태에로 유효적으로 부르신 자들은 그 상태로부터 전적으로 또한 궁극적으로 떨어질 수

없으며 그 상태에서 끝까지 견인하여 영원히 구원받을 것이라는 것이다"라고 하였다.42)

헤르만 훅스마(Herman Hoeksema) 교수는 "개혁파 신학자들은 언제나 그리스도 안에 있는 신자들은 분명히 끝까지 신앙을 보존하며 은총으로부터 최종적인 또는 완전한 배교나 타락은 있을 수 없다고 주장한다. 왜냐하면 그들은 모든 일을 그 마음의 원대로 역사하시는 통치자이시며 전능자이신 하나님의 모든 구원 역사에 힘입고 있기 때문이다 …… 물론 하나님의 이 역사는 신자들을 가두어 두거나 봉쇄하지는 않으며 그들의 의무나 이성적 도덕적 성질들을 무시하지 않는다. 오히려 그런 것들을 유지케 한다."고 하였다.43) 그는 "하나님은 그의 능력으로 자기 백성들이 자기에게서 떠나 타락하지 않도록 지켜 주시며, 그리스도는 자기 손에서 누가 자기의 양들을 빼앗아 가는 것을 결코 용납하지 않으며, 성령께서는 구속의 날까지 그들을 인치셨다. 하늘에 계신 우리 아버지는 그의 손으로 우리를 붙들어 주심으로 우리를 안전하게 지키신다. 우리는 최종적으로 우리가 하나님을 붙드는데 의존하지 않고 하나님께서 우리를 붙들어 주심에 의존한다."(Saved By Grace, p. 255)라고 하였다.

죤 머레이(John Murray) 교수는 "견인의 교리는 신자들이 「견딘다」(persevere)는 교리이다. 성도의 견인에 있어서 「견딤」이란 점을 강조하는 것은 아무리 해도 지나치지 않다. 이 말은 성부의 유효적 소명으로 그리스도와 연합되고 성령에 의하여 그리스도가 내주하시는 그 성도들은 끝까지 신앙을 유지할 것이라는 사실을 의미한다."고 하였다.44)

---

42) Louis Berkhof, *op. cit.*, 545.

43) Herman Hoeksema, *op. cit.*, 547.

44) John Murray, *Redemption Accomplished and Applied*, 161.

스트롱(A. H. Strong) 교수는 "성경은 하나님의 본래의 목적과 계속적인 역사에 의하여, 믿음으로 말미암아 그리스도와 연합된 사람들은 은혜의 상태를 틀림없이 계속 유지할 것이며 마침내는 영생을 얻을 것이라고 선언하고 있다."고 하였다.[45]

팔머(Edwin Palmer) 박사는 "성도의 견인 교리는 한번 구원받으면 계속해서 구원받는다는 교리이다. …… 성도의 견인이란 그리스도인이 계속해서 그리스도를 자기 구주로 믿을 것을 강조한다. …… 이는 성도의 보전이라고도 할 수 있는데 성도의 견인은 사람이 무엇을 행함에, 보전은 하나님의 활동에 강조점을 준다."고 하였다.[46] 이제 성도의 견인 교리에 대한 성경의 증언을 살펴보기로 하자.

Ⅲ. 성경의 증언

다음의 성경 구절들은 하나님의 주권적 은혜의 불가항성을 지향함으로 성도의 견인의 진리를 지시하는 것이다.

로마서 11:29에서 「하나님의 은사와 부르심에는 후회하심이 없느니라」고 하신 말씀은 하나님의 은혜는 인생적인 선택의 자유의 제한을 받아 중지되지 않는다. 하나님의 주권적 은혜는 불가항력적이라는 것을 의미한다. 이스라엘의 냉정, 불신앙, 배교에도 불구하고 그들을 구원하시는 하나님

---

45) August H. Strong, *op. cit.*, 881.
46) Edwin Palmer, 박일민 역, *The five points of Calvinism*, 칼빈주의 5대 교리 (성광문화사, 1982), 117~18.

의 주권적 계획은 방해받지 아니한다는 것이다.

바울은 계속하여 고후 7:10에서 「하나님의 뜻대로 하는 근심은 후회할 것이 없는 구원에 이르게 하는 회개를 이루는 것이요 세상 근심은 사망을 이루는 것이니라」는 말씀에서 신자의 생활은 그 시작에서부터 그것을 성취하는 모든 과정이 하나님의 사역이라고 말한다. 신자들 곧 「너희 안에서 착한 일을 시작하신 이가 그리스도 예수의 날까지 이루실」이요(빌 1:6). 「주는 미쁘사」신자들을 「굳건하게 하시고 악한 자에게서 지키」실 것이요(살후 3:3), 그를「모든 악한 일에서 건져내시고 또 그의 천국에 들어가도록 구원하실」이었다(딤후 4:18).

사도 베드로 또한 신자의 생활의 완성, 경화(硬化), 강화(强化)가 하나님의 손에 있음을 지시하기를 "모든 은혜의 하나님 곧 그리스도 안에서 너희를 부르사 자기의 영원한 영광에 들어가게 하신 이가 잠깐 고난을 당한 너희를 친히 온전하게 하시며 굳건하게 하시며 강하게 하시며 터를 견고하게 하시리라".

예수 그리스도께서는 후회할 것이 없는 구원의 약속을 자기 백성에 관해 말씀하시기를「내가 그들에게 영생을 주노니 영원히 멸망하지 아니할 것이요 또 그들을 내 손에서 빼앗을 자가 없느니라」고 하셨다(요 10:27, 28). 그리스도의 백성을 그의 손에서 빼앗을 자가 없음은 그들을 그리스도에게 주신 만물보다 크신 성부 하나님께서 자기 손으로 그들을 보호하시기 때문이다(요 10:29). 하나님의 백성의 완전성이 이보다 더 명백히 표현되기는 불가능할 것이다. 그리스도께서는 후회할 것이 없는 구원의 약속을 말씀하시기를「아버지께서 내게 주시는 자는 다 내게로 올 것이요 내게 오는 자는 내가 결코 내쫓지 아니하리라」고 하셨다(요 6:37).

사도 바울은 성령을 인치심의 표로 말하기를 「우리에게 인치시고 보증으로 성령을 우리 마음에 주셨느니라」고 하였다(고후 1:22). 그는 계속하여 하나님의 은혜의 항구성과 절대적 보호를 증명하는 다른 한 방식으로 성령의 첫 열매(롬 8:23)와 보증(고후 5:5)을 말하였다. 이것은 「그리스도 안에서 예가 되」는 하나님의 약속(고후 1:20)에 관계되어 있다. 그러므로 성도의 최종 구원은 그들의 미확실한 노력에 의지하지 않고 하나님의 불변하는 계획의 보증을 갖고 있다. 하나님의 구원 계획은 영원부터 작정되었고 인생의 미확실한 신실에 방임되어 그 실시가 우연에 속하게 되지 아니한다. 따라서 성도의 견인은 하나님의 주권적 은혜의 불가항성을 의한 진리임을 성경은 지시한다.

Ⅳ. 견인 교리에 대한 이의(異議)

1. 인간의 자유의지와 모순

알미니안주의자들과 로마카톨릭교회에 의해 견인 교리에 대한 이의가 제기되었다. 이들의 주장은 개혁파는 성도의 견인을 사람의 활동으로 보지 않고 성령의 계속적인 역사로 보기 때문에 인간의 자유의지와 모순된다는 것이다. 그러나 이러한 견해는 인간이 전적 부패와 전적무능의 상태에 떨어져 있음을 간과한 데서부터 생긴 오류이다. 인간은 영적 도덕적 선으로 나아가려 하여도 나갈 수가 없다. 성령께서 신실한 성도들의 마음을 감화시킴으로 인간은 그들의 자유의지로 영적 도덕적 선을 향하여 나아갈 수 있다. 다시 말하면 죄악으로 속박당하고 있는 인간의 자유의지를 성령으로 말미암아 죄의 속박에서 벗어나게 하심으로 제 기능을 발휘하게 한다. 그러므로 진정한 자유는 사람이 하나님의 거룩한 뜻을 따라 의식적으로 나아갈 때에 오직하나님의 은혜와 진리 안에서 자유할 수 있다(요 8:32).

2. 태만과 부도덕으로 인도

성도는 궁극적으로 구원받는다는 견인 교리는 성도로 하여금 신앙의 나태함과 방종에 빠지게 하는 그릇된 안전감을 갖게 할 것이라는 주장이다. 그러나 이러한 주장은 견인 교리에 대한 심각한 오해이다. 견인 교리는 성도의 거룩한 생활과는 관계없이 구원받는다는 교리가 아니다. 성도의 견인이란 성령께서 우리 안에 내주하심으로 우리로 하여금 끊임없는 경성, 근면, 기도로 지속적인 신앙을 유지하게 될 것이라는 교리이다. 성령께서는 성도가 참되고 충성스런 거룩한 생활을 할 수 있도록 인도하시고 이끄신다. 그러므로 견인 교리는 중생되지 못한 자들에게는 악용되어 나태와 방종으로 흐르는 구실이 될지 모르나, 신실한 성도에게는 오히려 더욱 거룩한 생활을 고무시켜 끝까지 인내하며 견디게 함으로 믿음의 경주를 하게 한다.

견인 교리의 영향을 받는 사람은 나태와 방종으로 흐르게 하며, 또한 부도덕에 빠지게 한다는 주장이다. 그러나 사도 바울은 디모데후서 2:19에서 「하나님의 견고한 터는 섰으니 인침이 있어 일렀으되 주께서 자기 백성을 아신다 하며 또 주의 이름을 부르는 자마다 불의에서 떠날지어다 하였느니라」성도의 견인이 사람의 확고부동성에 의해 추구될 수 없으며, 변함도 없으시고 회전하는 그림자도 없으신 하나님의 신실성의 끊임없음에 의지한다는 사실을 말하였다. 그러므로 하나님의 신실성은 우리에게 다가오는 모든 시험과 유혹에 대해 저항하게 한다. 따라서 하나님의 신실성은 성도의 견인을 위한 가장 견고한 기초이다.

3. 성경에 위배

1) 배교에 대한 경고

성경은 끊임없는 타락과 배교에 대해 경고하고 있음으로 성도의 견인은 불필요한 것일 수밖에 없다는 주장이다(마 24:12; 골 1:23; 히 2:1; 6:11; 요일 2:6). 그러나 이러한 경고들은 견인 교리와는 전혀 모순되지 않는다. 왜냐하면 이러한 경고들은 신자들의 자성을 촉진하여 그들을 견인의 길로 수호하는 기구들이다. 이러한 말씀들은 경고받는 자들이 누군가 배교하리라는 것을 증명하지 않고, 다만 그들을 수호하여 이같은 죄를 범하지 않게 하려는 방편의 사용이 필요하다는 것을 증명할 뿐이다. 그러므로 이 경고들은 신자가 타락하기에 불가능한 경우에는 무용한 공론일 뿐이다. 마치 여행하는 사람들에게 어떠한 길을 잃지 말고 진행할 것을 경고함으로 그들로 하여금 장차 다가올지 모르는 어떤 위험으로부터 미리 대처하게 하려는 것이다. 그러므로 이러한 성경에 기록된 경고들은 견인의 가능성을 부정하는 것이 아니라 도리어 긍정하는 것이다.

2) 성화의 권면

성경은 신자들이 계속적으로 성화의 길에 진행할 것을 권면하고 있다. 그러나 그들은 만일 끝까지 견인할 것이 확실하다면 이런 권면은 필요하지 않을 것이라고 주장한다.

그러나 성경은 신자들에게 성화의 계속을 권면하고 있을 뿐 아니라, 하나님의 말씀은 성화를 이루어 가는 객관적 방편으로 제시하고 있다. 성경에서 성화를 권면하기를 그리스도의 계명을 지키면 그의 사랑 안에 거할 것이요(요 15:4), 그의 명하신 대로 행하면 그의 친구가 될 것이다(요 15:14). 그리스도안에 거하는 자는 그가 행하시는 대로 행할 것이다(요일 2:6). 주의 계명을 지키는 자는 주 안에 거하고 주는 그 안에 거하신다(요일 3:24). 신자들은 자기들 안에 있는 것을 주께서 오실 때까지 굳게 잡을 것이다(계 2:25. 3:11). 그러나 이러한 권면들은 이 권면을 받는 신자들 중에 누군가 견인하지 못할 것 증명하는 것이 아니라 신자의 성화를 이루어 가시는 성령의 역사에 사람의 노력과 도덕적 방편을 사용하신다는 것을 증명할 뿐이다.

3) 배교한 자들

성경은 참혹한 타락과 배교한 자들의 실례들을 기록하고 있다. 또 후일에 믿음을 떠나 미혹케 하는 영과 귀신의 가르침을 좇을 사람들이 있을 것이요(딤전 4:1), 거짓 선지자들의 멸망케 할 이단을 좇을 사람들도 있을 것을 말한다(벧후 2:1, 2). 그러나 이들은 참으로 중생하여 구원적 신앙을 가진 택한 자들이 아니다. 다시 말해서 이들이 참으로 중생하여 구원적 신앙을 가진 자라는 증명을 되지 않는 한 참 신자들이 신앙에서 타락할 수 있다는 주장을 할 수 없다. 사도 요한은 그들 중 어떤 사람이 배교한 것을 말하면서 그 배교의 이유를 다음과 같이 설명한다. "저희가 우리에게서 나갔으나 우리에게 속하지 아니하였나니 만일 우리에게 속하였다면 우리와 함께 거하였으려니와 저희가 나간 것은 다 우리에게 속하지 아니하였음을 나타내려 함이니라."(요일 2:19). 그들은 외면적으로 신자들이었으나 내면적 변화가 없었던 인물로 보지 않을 수 없다. 다윗과 베드로는 참신앙을 소유했기 때문에 비록 한때 타락하였을지라도 결국 회개하고 하나님께로 돌아온 것이다. 따라서 성도의 견인 교리는 "큰 위안과 능력의 원천이 되며 감사의 자극이며, 자아 희생의 동기이며, 위험의 시간에 불기둥일 것이다."

이 교리에 이의를 제기하여 사람의 구원을 하나님의 은혜보다도 사람의 의지를 의뢰하게 만든다는 허튼 소리를 하는 자들은 성경이 가르치는 하나님의 은혜에 의한 견인을 부정하려는 자들이다. 그러나 성경은 하나님의 은혜의 불가항성, 불변성, 신실성, 확고부동성을 가르쳐 주는 동시에, 견인에 대한 훈계, 호소, 경고를 발하는 성구들은 견인 생활에 위험과 실패가 있을 수 있음을 가상적으로 지시하여 신중을 촉구하므로 실천에 만전을 기하도록 의도하는 것이며, 견인의 실재를 부정하려는 것이 아니다.

제10장 영 화

영화는 성령의 구속 적용의 마지막 단계이다. 영화는 유효적 소명으로부터 시작하여 중생, 회심, 신앙, 칭의, 양자, 성화, 성도의 견인을 거쳐 마지막 단계 곧 영화의 단계로서 구속의 전 과정을 완성하는 것이다. 영화는 하나님의 택하신 자들의 최후의 상태로서 그리스도의 속죄사역으로 주어진 구속의 목적을 실현시키시는 위대한 역사이다. 그러므로 영화는 구원 서정에 있어 중생과 칭의로 성취된 구원, 성령과 더불어 성화를 이루어 가는 현재적 구원, 그리고 우리의 영혼과 육체가 죄와 그 결과로부터 완전히 해방되어 성결의 자리에 이르고 참 행복한 상태에 이르는 영화는 미래적 구원이다. 이제 성령의 구속 적용의 마지막 단계로서 영화에 대해 살펴보자.

Ⅰ. 성경적 개념

1. 좁은 의미의 영화

성경은 어떤 상태를 가리켜 영화라고 하는가? 우리는 좁은 의미로서의 영화와 넓은 의미로서의 영화로 두 가지로 나누어 생각할 수있다. 먼저 좁은 의미로서의 영화에 대해 존 머레이(John Murray)교수는 부활의 상태로 보았다. 그는 성도의 영화란 성도들이 죽을때 그 영혼이 들어가는 축복의 상태를 말하지 않는다. 육체를 떠난그들의 영혼 편에서 보면 그들은 완전 성화되었고, 그리스도께서 계신 곳으로 즉시 들어간 것은 사실이다. 몸을 떠나는 것은 주님과 함께 거하는 것이다.(고후 5:8 참조) 영광스런 그리스도와 함께 거하는것은 죄의 어떤 오염도 내포할 수 없다 …… 육체를 떠날 성도의 영혼은 "온전케 된 의인의 영들이다(히 12:23). 소요리 문답은 이 진리에 대해 "신자들이 죽을 때 그리스도로부터 받는 혜택은 그들의 영혼이 완전히 거룩하여지며 그 즉시로 영광에 들어가고 그리스도에게연합되어 부활할 때까지 육체는 그들의 무덤에서 쉬게 된다. 그러나하나님의 백성들이 죽을 때 그 변화가 아무리 영광스러운 것이라 할지라도, 또 그들이 사도바울이 말한 대로 아무리 육체를 떠나 그리스도와 함께 있는 것을 더 좋아한다 할지라도(빌 1:23 참조), 이것은그들의 변화는 아니다. 이 상태는 신자의 소망과 염원의 궁극 목표는 아니다. 그리스도께서 자기 백성을 위하여 보장하신 구속은 다만죄로부터의 구속뿐만 아니라 모든 그 죄의 결과로부터의 구속이다.죽음은 죄의 삯이고 신자들의 죽음은 그들을 죽음으로부터 구출하는

일은 아니다. 최후의 원수인 죽음은 아직도 파괴되지 않았다. 그 죄
는 아직도 승리에게 삼킨바 되지 않았다. 그러므로 영화는 죽음 그
자체의 파괴로 생각된다. "이 썩을 것이 썩지 아니할 것을 입고 이
죽을 것이 죽지 아니할 것을 입을 때"(고전 15:54) 나타나게 되는
그 영광을 신자들이 죽을 때 들어가게 되는 축복의 상태로 대치시키
는 것은 그리스도에게 욕을 돌리며 그리스도인들의 소망의 독특성을
깎아내리는 결과가 될 것이다. 죽음과 관련하여 이러한 선입견을 갖
게 되면 믿음과 사랑과 소망이 삐뚤어지게 될 것이다. 성경은 "성령
의 첫 열매를 가진 우리까지도 속으로 탄식하며 양자될 것, 곧 우리
몸의 구속을 기다린다"고 말한다.(롬 8:23) 이것이 영화이다.[47]

2. 넓은 의미의 영화

넓은 의미의 영화에 대해 헤르만 카이퍼(Herman Kuiper)는 성도가
부활할 때에 가지게 될 영육 간에 완전 성화의 상태만을 영화로 보
지 않고 성도가 죽을 때 그 영혼이 죄악에서 완전히 벗어나 천국에
이르게 되는 것도 영화라고 보았다. 그는 말하기를 "통상으로 영화
라는 명사는 성령이 하나님의 자녀들을 영혼과 육체를 아울러 죄의
세력과 부패로부터 완전 해방하시는 역사이지만 그것은 두 부분으로
나누어진다. 성도가 죽을 때 영혼의 영화와 부활 때 육체의 영화가
그것이다."[48]

이상과 같이 영화는 두 부분으로 나누어지는데 넓은 의미로서 영

---

47) 하문호, *op. cit.*, 349~50.
48) Herman Kuiper, *op. cit.*, 148.

화는 성도가 죽을 때에 죄의 최종적 흔적으로부터 구출되고 하나님의 직접 임재 앞에 들어가는 성화의 완성과 좁은 의미로서의 영화는 장차 신체의 부활 때에 비천한 몸이 그리스도의 영광스러운 몸에 유사하게 될 때에 온 사람의 완전 곧 최종적인 구속으로서 영화이다.

II. 영화의 시기

1. 영혼의 영화

영화는 두 부분으로 나누어 넓은 의미로서 영혼이 영화되는 시기와 육체가 영화되는 시기는 서로 다르게 된다. 신자의 영혼은 육체적 사망의 순간에 죄의 흔적에서 완전히 구출되고 하나님의 직접 임재 앞에 허락해 들인바 되어 생명의 원천이신 그로 더불어 완전한 교제를 즐긴다. 다시 말해서 성도의 영혼은 죽음과 동시에 영화되어 천국으로 직접 들어간다. 우리는 다음과 같은 두 가지 사실을 말할 수 있다.

1) 영혼의 영화는 순간적 변화이다

영화는 중생과 마찬가지로 성령의 역사로 이루어지는 즉각적이며 순간적인 변화이다. 중생은 성화의 출발점이요 영화는 성화의 도착지점이라고 할 수 있다. 성경은 죽는 순간에 성도의 영혼이 즉각적

으로 영광스럽게 변화된다는 직접적인 진술을 찾기 어렵지만 성경에
서 이 사실에 대해 매우 밝은 빛을 던져 주고 있다. 예수님께서 십
자가에 함께 못 박힌 강도에게 "오늘 네가 나와 함께 낙원에 있으리
라"(눅 23:43)고 말씀하신 것은 영혼의 즉각적인 완전 성화로 인해
흠없는 순결한 경역에 들어가기에 합당하도록 즉각적인 변화됨을 의
미하는 명백하게 보여주는 것이다. 또 고린도후서 5:6~8과 빌립보
서 1:21~23에서 바울이 몸을 떠나 그리스도와 함께 거하기를 원하
는 것은 영혼이 몸을 떠날 때에 주와 동거하기에 합당하도록 즉시
변화됨을 함의한다고 볼 수 있다. 세상을 떠난 성도들은 흠점 없이
순결한 자들로 묘사된 것(계7:14, 15), 거룩하지 못한 자들은 천당에
허용되지 않는다고 한 것(계21:27)은 성도들이 세상을 떠날 때에 완
전히 거룩하여짐을 암시한다.[49]

2) 영혼의 영화는 전적인 하나님의 사역이다

영화의 시기에서 주목할 것은 성도가 세상을 떠나는 순간에 성령
에 의해 순간에 즉각적으로 완전 정화를 받는다고 성경은 말하는데
그 일을 이루시는 구원의 조성자는 누구신가? 그것은 하나님의 전적
역사이다. 신자가 기진맥진한 임종의 시간에 자력으로 그 영혼을 눈
같이 희어지도록 급격한 변화를 일으키는 것은 전적으로 불가능한
일이다. 이것은 인간으로서 전적으로 어찌할 수 없는 순간에 성령이
역사하셔서 그들의 영혼으로부터 모든 죄악의 흔적들과 하나님의 거

---

[49] 위에 열거된 성경교훈들은 천주교(로마카톨릭교회)의 연옥교리에 대한
충분한 반박이 될 것이다. 신자들이 세상을 떠나는 순간에 연옥 불에
들어가는 오랫동안 정화하는 불길에 고초를 받은 후에야 천당으로 올
라간다는 연옥 교리는 전혀 성경적 지원을 받지 못하고 외경 <마카비
2서>의 한 구절에 의거할 뿐이다.

룩한 뜻에 배치하는 성향들을 완전히 뿌리 뽑아 주시는 하나님의 역사인 것이다.

2. 육체의 영화

성도는 임종할 때에 그 영혼은 완전 성화되어 천국에 이르나 육신은 사망의 권세 아래에 놓여 썩음을 당하게 된다. 그럼 육체는 언제 완전히 사망의 권세에서 해방되어 영화로운 몸이 될 것인가? 사도 바울은 성령의 첫 열매를 받은 우리 까지도 속으로 탄식하여 양자(養子)될 것 곧 우리 몸의 구속을 기다린다는 것을 우리에게 기억시켜 주었으니(롬 8:23) 그것은 신체의 부활에서 구속의 최종 완성을 볼 것이다. 성경은 이 문제에 대해 구체적으로 언급하기를 "우리가 다 잠잘 것이 아니요 마지막 나팔에 순식간에 홀연히 다 변화하리니 나팔 소리가 나매 죽은 자들이 썩지 아니할 것으로 다시 살고 우리도 변화하리라, 이 썩을 것이 불가불 썩지 아니할 것을 입겠고 이 죽을 것이 죽지 아니함을 입으리로다."(고전 15:51~53) 이 성구에서 우리는 육체의 영화에 대하여 다음 몇 가지를 알 수 있다.

1) 육체의 영화는 부활의 때에 이루어진다

사도 바울은 부활장인 고린도전서 15장에서「썩을 것으로 심고 썩지 아니할 것으로 다시 살아나며 욕된 것으로 심고 영광스러운 것으로 다시 살아나며 약한 것으로 심고 강한 것으로 다시 살아나며 육의 몸으로 심고 신령한 몸으로 다시 살아나나니 육의 몸이 있은즉 또 영의 몸도 있느니라 …… 우리가 흙에 속한 자의 형상을 입은 것 같이 또한 하늘에 속한 이의 형상을 입으리라 …… 이 썩을 것이 반드시 썩지 아니할 것을 입겠고 이 죽을 것이 죽지 아니함을 입으리로다 이 썩을 것이 썩지 아니함을 입고 이 죽을 것이 죽지 아니함을 입을 때에는 사망을 삼키고 이기리라고 기록된 말씀이 이루어지리라」(고전 15:42~54). 철장을 권세를 가지신 주님께서 호령과 천사장의 소리와 하나님의 나팔로 재림하실 때에, 부활의 사건으로 육체의 영화는 이루어진다. 그때는 곧 예수 그리스도의 재림의 때이다. "주께서 호령과 천사장의 소리와 하나님의 나팔로 친히 하늘로 쫓아 강림하시리니 그리스도 안에서 죽은 자들이 먼저 일어"날 것이라고 말한다(살전 4:16).

2) 육체의 영화는 죽은 자가 먼저 영화된다

육체의 영화는 "그리스도 안에서 죽은 자들이 먼저 일어나고."(살전 4:16)하고 말씀하심으로 그리스도 안에서 죽은 자가 먼저 육체의 영화를 입게 될 것을 말한다. 그러나 죽은 자가 다시 살아나는 것만이 부활이 아니다. 예수님의 부활 당시에 죽은 자들 가운데 많이 살아났다. "무덤들이 열리며 자던 성도의 몸이 많이 일어나되."(마 27:52) 또 죽은 나사로는 다시 살아서 무덤에서 걸어 나왔다.(요 11:43－44) 그러나 이것은 예수님의 재림 시에 비추어 성도의 부활과는 다르다. 그들은 다시 살아났으되 썩지 아니할 것으로 살아난 것은 아니다. 세상 종말에 성도들의 부활은 그리스도 안에서 먼저 잠자는 자들이 썩지 아니할 육체, 영화로운 육체로 부활할 것이다.

3) 육체의 영화는 살아 있는 자도 영화된다

육체의 영화는 죽은 자 뿐만 아니라 "보라 내가 너희에게 비밀을 말하노니 우리가 다 잠 잘 것이 아니요 마지막 나팔에 순식간에 홀연히 다 변화되리니 나팔 소리가 나매 죽은 자들이 썩지 아니할 것으로 다시 살아나고 우리도 변화되리라(고전 15:51, 52).” 즉 살아 있는 자들의 육체도 영화된다. 현재 우리의 육신은 성도라 할지라도 잔존 죄가 있으며 따라서 질병과 나약함과 썩어질 요소들을 내포하고 있다. 그러나 그날에 변화된 육체는 죄와 및 그 결과로부터 완전 해방되어 영광스러운 육체가 될 것이다.

4) 육체의 영화는 그리스도와 유사한 상태일 것이다

“만물을 자기에게 복종케 하실 수 있는 자의 역사로 우리의 낮은 몸을 자기 영광의 몸의 형체와 같이 변케 하시리라.”(빌 3:20, 21) “장래에 어떻게 될 것은 아직 나타나지 아니하였으나 그가 나타내심이 되면 우리가 그와 같을 줄을 아는 것은 그의 계시 그대로 볼 것을 인함이니.”(요일 3:2) 성도의 영화된 육체가 어떤 것일지 정확히 알기는 어려우나 성경은 부활하신 주님의 육체와 흡사할 것으로 말하고 있다. 주님은 부활 이전과 동일성을 유지하여 도마와 제자들이 보아 알 수 있었으나 또 쉽게 알아볼 수 없는 경우도 있었으며(눅 24:16), 활동에 공간의 제약을 받지 아니하시면서(요 20:19; 행 1:9, 10) 음식을 직접 잡수시기도 하셨다.(눅 24:30) 성도의 육체도 부활 후에 이와 같을 것이다. 그 육체는 죄의 모든 형벌들이 제거되어, 다시 사망이나 아픈 것이 있지 아니할 것이며(계 21:4), 구원의 원천이신 삼위일체 하나님과의 친밀한 교제의 모든 행복한 상태로 들어갈 것이다.

5) 육체의 영화는 순간적 홀연적 변화이다

육체의 영화는 “마지막 날에 순식간에 홀연히 변화하리니.”(고전 15:51), 영혼의 영화에서도 말한 바와 같이 이 변화는 순간적이며 홀연적 변화이다. 순식간에 홀연히 임할 변화이다. 그리고 이 변화는 완전히 하나님의 역사에 의하여 일어난다. "그가 만물을 자기에게 복종케 하실 수 있는 자의 역사로 우리의 낮은 몸을 자기 영광의 몸의 형체와 같이 변케 하시리라."(빌 3:21)

Ⅲ. 영화와 종말론과의 관계

성령의 구속 적용의 마지막 완성의 단계로서의 영화는 단순히 구속받은 하나님의 백성들에게만 국한된 것이 아니다. 이 사건은 첫째로 그리스도의 재림과 관련을 가지고 있고 또한 모든 피조물이 새롭게 되는 사건과 깊은 관련을 맺고 있다. 즉 성도의 영화는 전 우주적 의미를 갖는 것이다. 죤 머레이 교수는 그 내용을 다음과 같이 설명하고 있다.[50]

1. 그리스도의 재림

영화는 그리스도의 재림과 관련되어 있다. 그리스도께서 누구나 볼 수 있게, 영광스러운 모습으로 재림하실 일을 그리스도의 이름을 고백하는 많은 성도들에게 환영되지 않을 것이다. 이런 태도에 대해

---

50) John Murray, *op. cit.*, 218∼20.

베드로 사도는 "먼저 이것을 알지니 말세에 기롱하는 자들이 와서 자기의 정욕을 좇아 행하며 기롱하여 가로되, 주의 강림하신다는 약속이 어디 있느뇨? 조상들이 잔 후로부터 만물이 처음 창조할 때와 같이 그냥 있다 하니."(벧후 3:3, 4)라고 한 것이다. 우리 주님의 동정녀 탄생에 관해서 의심을 품는 것이나, 대속적 속죄를 부정하거나, 또는 우리 주님의 육체적 부활 교리를 배척하는 태도는 다같이 결국 구름타고 오실 영광스러운 주님의 재림에 대하여 무관심할 수밖에 없는 불신앙적 태도들이다. 그리고 이런 불신앙적 태도는 특히 주님이 육체로 볼 수 있게, 공개적으로 오실 것이라는 사실을 부정하는 데서 더욱 두드러지게 나타난다. 만일 이러한 확신과 기대가 미래를 향한 우리의 소망이 되지 못한다면, 그것은 우리의 정신적 바탕을 이루어야 할 그리스도인의 특성을 잃어버렸기 때문이다.

신자들의 소망은 죄에서 완전 해방된 구원을 위해 다시 오실 구주의 강림에 그 중심을 둔다. 바울은 이 사실을 "복스러운 소망과 우리의 크신 하나님 구주 예수 그리스도의 영광이 나타나심"이라고 말했다(딛 2:13). 그를 믿고 사랑하는 성도들은 고대하기를 "아멘 주 예수여 오시옵소서"(계 22:20)라고 한다. 영광스런 소망은 주님의 재림과 너무나도 밀접하게 관련되어 있기 때문에 신자들을 위한 영화는 그리스도의 영광스러운 재림 없이는 무의미한 것이다. 영화는 그리스도와 함께하는 영화이다. 우리가 그리스도를 떠나게 되면 말할 수 없는 기쁨과 충만한 영광과 확신 가운데서 소망을 갖게 하는 이 영화는 빼앗겨 버리게 될 것이다. 그러므로 베드로는 "오직 너희가 그리스도의 고난에 참여하는 것으로 즐거워하라. 이는 그의 영광을 나타내실 때에 너희로 즐거워하고 기뻐하게 하려 함이라"라고 하였다(벧전 4:13).

2. 만물의 갱신

영화는 모든 피조물의 새롭게 하심과 관련되어 있다. 썩어짐의 종 노릇한 데서 해방되는 것은 신자들뿐만 아니라 피조물 그 자체까지 이다. "피조물이 허무한 데 굴복케 하는 것은 자기 뜻이 아니요 오 직 굴복케 하시는 이로 말미암음이라."(롬 8:20) 그러나 "그 바라는 것은 피조물도 썩어짐의 종노릇한 데서 해방되어 하나님의 자녀들의 영광의 자유에 이르는 것이니라."(롬 8:21) 그러면 언제 피조물의 이 영광이 실현될 것인가? 바울은 우리를 의심의 상태에 놓아두지 아니 한다. 그는 우리에게 피조물이 썩어짐의 종노릇하기 때문에 당하게 되는 그 탄식과 고통이 끝나는 시기는 바로 "양자될 것, 곧 우리 몸 의 구속"(롬 8:23) 받는 때임을 분명히 말해 주고 있다. 이 말은 곧 신자들만 그들의 영광스러운 자유를 가져다 줄 부활을 기다리는 것 이 아니라 하나님이 창조하신 모든 피조물들도 그것을 기다리고 있 다는 말이다. "즉 그 기다림의 내용은 하나님의 자녀들의 영광스런 자유"이다. 바울이 여기서 말하고 있는 진리는 다른 곳에서 새 하늘 과 새 땅이라고 표현된 것과 동일한 진리를 가리킨다. 베드로는 "우 리는 그의 약속대로 의(義의)거하는바 새 하늘과 새 땅을 바라보도 다."(벧후 3:13) 그리고 또 베드로는 이것을 신자들이 바라보고 간절 히 사모하는 우주적 갱신과 결부시켜 "하나님의 날이 임하기를 바라 보고 간절히 사모하라, 그날에 하늘이 불에 타서 풀어지고 채질이 뜨거운 불에 녹아지려니와"라고 말하고 있다.(벧후 3:12) 그러므로 우리가 영화를 생각할 때 우리 성도들만이 받는 것으로 생각해서는 안 된다. 우리는 성도들의 영화를 생각함에 있어서 새롭게 된 우주, 곧 새 하늘과 새 땅을 생각하지 않으면 안 된다. 그때 우주는 모든 죄의 지배로부터 해방되고 거기에는 더 이상 저주가 없고 모든 것들을 바르게 하고 완전케 하는 의가 충만하게 된다. "무엇이든지 속된 것이나 가증한 일, 또는 거짓말하는 자는 결코 그리로 들어오지 못하되 오직 어린 양의 생명책에 기록된 자들뿐이라."(계 21:27) "다시 저주가 없으며 하나님과 그 어린 양의 보좌가 그 가운데 있으리니 그의 종들이 그를 섬기며 그의 얼굴을 볼 터이요 그의 이름도 저희 이마에 있으리라."(계 22:3, 4) 이와 같은 그리스도인의 소망은 우리를 둘러싸고 있는 물질적인 우주를 하나님이 창조하신 세계와 무관한 것이 아니다. 그들은 본의 아니게 허무한 데 굴복하였으며, 인간의 죄로 말미암아 저주를 받았으며, 인간의 패역함으로 말미암아 더럽혀졌다. 그러나 그들은 썩어짐의 종노릇하는 데서부터 해방될 것이며 그 해방은 하나님의 백성들의 구원의 완성과 때를 같이하게 될 것이다. 이 양자는 시간상으로 일치할 뿐만 아니라 같은 소망 안에서 상호관련을 갖고 일어날 것이다. 영화는 전우주적인 폭을 가진 것이다. "우리는 그의 약속대로 의의 거하는바 새 하늘과 새 땅을 바라보도다."(벧후 3:13) "그 후에는 나중이니 저기 …… 나라를 아버지 하나님께 바칠 때라." 그리고 "이는 하나님이 주로서 만유 안에 계시려 하심이라"(고전 15:24, 28).

3. 물질과 육체

교회의 탄생에서부터 지금까지 교회를 괴롭게 하고, 기독교 사상의 조류를 불결하게 하였던 이단들 중의 하나는 물질적 실체를 악의 근원으로 간주하는 이단이었다. 사도 요한은 기록하기를「많은 거짓 선지자가 세상에 나왔음이라 이로써 너희가 하나님의 영을 알지니 곧 예수 그리스도께서 육체로 오신 것을 시인하는 영마다 하나님께 속한 것이요 예수를 시인하지 아니하는 영마다 하나님께 속한 것이 아니니」(요일 4:1~3), 이단에 관하여 정통 신앙의 판단의 표준은 예수님의 육체에 대한 시인이었다. 이 이단이 나타난 또 다른 형태는 구원을 육체와의 연합의 장애와 얽힘으로부터 인생 영혼이 해탈됨에 있는 것으로 간주하는 것이다. 이들은 영혼의 불멸을 주장하여 관심과 강조가 영혼 불멸에만 두어 영생과 영복에 대한 성경적 영화의 교리로부터 중대한 탈선이 있다.

장차 성도들이 입게 될 영화로운 몸과 현재의 몸을 비교하여 고린도전서 15장:38~50에서 현재의 몸은 썩어질 몸이며 질병과 죽음이 침범할 수 있는 몸이나 부활체는 부패할 수 없으며 질병이나 죽음이 침범할 수 없다. 또 현재의 몸은 복된 것으로 심겨진 것이나, 부활체는 영광스러운 것으로 나게 된다. 현재의 몸은 연약하나 부활체는 강력하다. 그리고 현재의 몸은 육신적이나 부활체는 영적이다.51) 성도들의 부활한 몸은 그리스도의 부활하신 몸과 방불하며 그 영광스러운 모습으로 천국에서 영생 복락을 누리게 된다.

성령의 구속 적용의 마지막 완성 단계인 영화에서 우리가 부분적으로 알고 있던 것들이 온전한 지식을 소유하게 될 것이다. 사도 바울은 우리의 현재의 지식과 미래의 지식을 비교하여 말하기를 「우리가 지금은 거울로 보는 것 같이 희미하나 그 때에는 얼굴과 얼굴을 대하여 볼 것이요 지금은 내가 부분적으로 아나 그 때에는 주께서 나를 아신 것 같이 내가 온전히 알리라」(고전 13:12) 아멘.

---

51) Milard J. Erikson, *op. cit.*, 273.

· 저자 ·

이홍찬

· 약 력 ·

이홍찬(李洪贊) 교수는 고신대학교와 총신대학교 신학대학원을 졸업하고 도미하여, 미국 Central University(BA & MA), Calvin Theological Seminary(Th. M)에서 기독교교육학을 전공하였으며, Reformed Theological Seminary(D. Min)에서 설교학을 전공하였으며, Columbia University Graduate School 및 Faith Christian University Graduate School(Ph. D)에서 상담심리학을 전공하여 철학박사 학위를 받았다. 서울창신교회에서 부목사, 뉴욕새순교회 부목사, 동뉴욕교회 담임목사, 前 뉴욕총신대학신학대학원 전임강사, 미국 Piedmont University 전임교수, 서울중앙교회 담임목사로 섬겼다. 현재 서울성경신학 대학원대학교 전임교수로 재직 중이며, 개혁신학회, 고려신학회, 한국복음주의신학회 회원이며, 기독일보와 교육일보 논설위원으로, 서울왕성교회 협동목사로 섬기고 있다.

· 주요논저 ·

「연구논문」
「삼위일체론에 대한 교리사적 고찰」(M.Div)
「The Relationship between Student Participation Rates in New York Public School Extracurricular Activity Programs and Related Factors of Academic Achievement」(MA)
「An Action Research Approach to Strategic Planning in the Context of a Christian Organization」(Th.M)
「An Analysis of Problems in Preaching to a Korean Congregation from the Expository Preacher's View」 (D.Min)
「A Study of the Application of Orienting Framework in Theoretical Sociology for Facilitating Integrative Family Therapy」(Ph.D)

『저서 및 역서』
『Redemptive Expository Preaching』, 에센스서적(주)
『Korean Religion and Protestant』, 에센스서적(주)
『언약과 이스라엘』(공역), 예장총회출판국
『성경적 구원론』, 예장총회출판국
『요한복음강론』, 칼빈신학연구원(출)
『신약총론』(편저), 칼빈신학연구원(출)
『개혁주의 설교학』, 한국학술정보(주)
『개혁주의 목회상담학』, 한국학술정보(주)
『개혁주의 기독교교육학』, 한국학술정보(주)

개혁주의 구원론

• 초판 인쇄	2008년 7월 21일
• 초판 발행	2008년 7월 21일
• 지 은 이	이홍찬
• 펴 낸 이	채종준
• 펴 낸 곳	한국학술정보㈜
	경기도 파주시 교하읍 문발리 513-5
	파주출판문화정보산업단지
	전화 031) 908-3181(대표) · 팩스 031) 908-3189
	홈페이지 http://www.kstudy.com
	e-mail(출판사업부) publish@kstudy.com
• 등 록	제일산-115호(2000. 6. 19)
• 가 격	18,000원

ISBN 978-89-534-9735-1 93230 (Paper Book)
978-89-534-9736-8 98230 (e-Book)